CBTA专用教材

高等教育体育专业通用教材

篮球培训教程

LANQIU PEIXUN JIAOCHENG

张 辉◎主编

北京体育大学出版社

策划编辑 王英峰
责任编辑 潘海英
责任校对 陈晓旭
版式设计 博文宏图

图书在版编目（CIP）数据

篮球培训教程/张辉主编. --北京：北京体育大学出版社，2019.8（2020.9 重印）
ISBN 978-7-5644-3198-3

Ⅰ.①篮… Ⅱ.①张… Ⅲ.①青少年-篮球运动-运动训练-教材 Ⅳ.①G841.2

中国版本图书馆 CIP 数据核字（2019）第 161444 号

篮球培训教程 张 辉 主编

出版发行：北京体育大学出版社
地　　址：北京市海淀区农大南路 1 号院 2 号楼 4 层办公 B-421
邮　　编：100084
网　　址：http://cbs. bsu. edu. cn
发 行 部：010-62989320
邮 购 部：北京体育大学出版社读者服务部 010-62989432
印　　刷：北京玺诚印务有限公司
开　　本：710mm×1000mm 1/16
成品尺寸：170mm×240mm
印　　张：15.5
字　　数：259 千字
版　　次：2019 年 8 月第 1 版
印　　次：2020 年 9 月第 2 次印刷
定　　价：58.00 元

编写委员会

主　编： 张　辉

副主编： 姜志军　李　虎　姜　勇　彭　伟

编　委：（按姓氏笔画排序）

王　涛　邢振超　李忠山　吴杰清

宋利娜　陆　柳　陈家枫　庞启蒙

郝庆伟　谢戴西　雷　蕾

前　言

《篮球培训教程》（以下简称《教程》）是由CBTA（中国）篮球培训联盟教研部撰写的基层篮球培训班参考教程。CBTA（中国）篮球培训联盟教研部是CBTA（中国）篮球培训联盟的下属研究部门，由6位博士和10位硕士组成，成员均毕业于国内知名体育院校，并长期从事篮球运动科研、训练相关事业，对《教程》的编写有丰富的理论和实践经验。

《教程》按照青少年生长发育的基本规律和优秀篮球运动员的成长规律，系统地涉及不同年龄段的教学训练手段与方法，科学地制定不同年龄段的教学训练评价指标与标准，客观地检验不同年龄段的教学训练质量与效果，以保持我国篮球后备人才培养的可持续健康发展。

《教程》制定出训练计划样本，并根据各阶段学生的年龄特征，选取简便易行、方便基层开展的篮球训练方法，辅以少量理论基础，同时借鉴国内外先进的训练方法及篮球游戏，给基层培训教练员提供多种选择，为基层篮球培训班提供了大量的理论依据和丰富的实践指导。编写组用浅显易懂的语言及生动的配图，帮助学生了解篮球基本知识，培养学生对篮球运动的兴趣，让缺乏运动的学生自觉自愿地走出家门、走上球场；更可为有篮球天赋、有志从事篮球事业的学生提供科学的训练方法，充分发挥优势。

《教程》共分为四章：

第一章，篮球运动概述。本部分简单介绍了篮球运动的起源、在中国的发展历史，以及中国篮球运动的现状，旨在使读者更加全面地了解篮球运动，并为今后更好地从事篮球培训事业提供思路和方向。

第二章，CBTA 青少年篮球训练大纲及教案。此部分是本教材的核心部分。编者根据篮球训练的方法及规律，用简洁而又专业的术语，将烦琐的篮球基础训练合理系统地划分为初级、中级、高级 3 个部分，明确教学目的，规范训练课程，分配训练阶段。通过对本部分的学习，既能够对青少年篮球培养形成一个宏观的框架，又能使每节课得到充实和拓展。

第三章，青少年篮球训练的基本方法。此部分是本教材的主体部分。编者针对每项篮球基本技术训练，收集并独创了数十种训练方法和游戏，并附有图表。教师在进行教学训练的过程中，可以充分结合上课时的实际情况来进行有针对性的选择。

第四章，CBTA 运动员等级评价标准。该等级评价标准，是根据国际篮联的竞赛规则，结合我国青少年篮球开展的实际情况制定的。科学合理地将我国青少年篮球训练系统分为初级（5~10 岁）、中级（11~14 岁）、高级（15~16 岁）共 3 大级别 9 个等级。根据每个阶段青少年的身体素质发展情况，制定了不同阶段的身体素质测试指标体系。评价测试的方法简洁实用，评价评级的作用明显；每项指标的设计都体现了篮球实战与实用的思路，测试方法新颖、针对性强，技术评价方法科学，具有很好的引领作用。最终的评价标准是 CBTA 聘请国内篮球及体能训练专家，通过采集数百家培训俱乐部的上万名不同年龄、不同级别的运动员数据，并结合国家体育总局青少年体育司与中国篮球协会审定的最新的《中国青少年篮球训练教学大纲》制定的。

《教程》作为 CBTA 的第一部教材，为 CBTA 各会员单位提供了科学的理论支撑和实操性强的教学大纲。通过对本书的学习，可以有效提高篮球培训课程的专业性和规范性。同时，希望能够培养出越来越多的优秀篮球后备力量，为国家和社会输送优秀篮球人才，促进我国篮球运动的健康、持续、稳定发展，将篮球运动发扬光大。

通过对 CBTA 的介绍，让更多人了解 CBTA，并认同 CBTA 的理念，使更多志同道合的人加入 CBTA 这个大家庭，为中国篮球的未来，为中国篮球的青少年培训事业，奉献出自己的一份力量。

目　录

第一章

篮球运动概述

篮球运动被人文学者称为一种体育文化；

被社会学者称为一种社会活动现象；

被哲学工作者称为特殊和典型的矛盾运动；

被史学工作者称为民间儿童娱乐游戏的变异体；

被生命科学工作者称为一种健身手段与方法；

被经济工作者称为一种新兴的产业；

被教育工作者称为体育教育课程；

被竞技体育工作者称为竞技体育项目。

上述各种对篮球运动的称谓，虽各有不同，但其本质是游戏，属性是文化，表现形式是特殊的社会人文现象，这是人所共识的。

现代篮球运动是世界各国人民最喜爱的运动之一。国际篮球联合会（其前身为国际篮球业余联合会，以下简称“国际篮联”）的成员国已经达200多个，是国际单项竞技运动协会中成员国最多的一个组织。国际篮联所组织的四年一度的奥运会男、女篮球比赛，以及篮球世界杯赛，已成为引人注目的现代大型国际体育竞赛全球性赛事，代表着世界篮球技术最高水平，汇集着全世界最强的队伍和最著名的球星；加上美国职业篮球联赛（National Basketball Association，NBA），这三大赛事由于其竞赛水平之高、国际影响力之大、涉及层面之广，已经被誉为现代世界最高层次的篮球文化活动。

所以，现代篮球运动是集现代体育、科技、教育、社会于一体的一项竞技运动，是一门多学科交叉的学科。

第一节　篮球运动的起源

篮球运动是由美国马萨诸塞州斯普林菲尔德市（旧译春田市）基督教青年会干部训练学校的体育教师，在加拿大出生的詹姆斯·奈史密斯（图 1－1）于 1891 年发明的。由于美国马萨诸塞州的冬季较为寒冷，很难在室外开展体育活动，于是奈史密斯便将这一最初在室外试行的篮球游戏移至室内，并将摆置在地面上的筐悬挂于室内两侧离地面约 10 英尺（1 英尺＝0.3048 米，10 英尺＝3.048 米，约 3.05 米，即现用篮圈高度的来源）处的墙壁上，选用足球向篮内投掷，投入篮内得 1 分，以得分多少决定胜负。之后，将篮筐底部取消，悬挂在两端墙壁的立柱支架上，为避免将球投掷到场外而影响观看者，曾在篮筐后部设立了大小不同的挡网，类似于在大网的笼中活动，因此，韩国等一些国家，以及一些书刊中至今仍将篮球运动称为笼球运动。由于篮球运动具有较强的对抗性，便制定了某些限制性规定，并且不断地改进比赛方式，从而使篮球游戏得到逐步完善并向现代篮球运动过渡。至今，篮球运动已经成为世界上人们最喜爱的体育运动之一。据统计，世界上从事篮球运动的人口已达 5 亿～6 亿人，所成立的国际组织——国际篮球联合会已拥有 200 多个成员协会，成为当前世界上第二大体育组织，分布于五大洲的各个国家和地区。

图 1－1

第二节　篮球运动在中国

一、篮球运动传入中国

现代篮球运动于 1895 年由美国国际基督教青年会派往中国天津基督教青年会就职的第一任总干事来会理介绍传入我国天津市。因此，天津市是我国篮球运动的发源地。1896 年在天津基督教青年会举行了我国第一次篮球比赛，此后逐步由天津向北京、保定等华北地区，上海、南京、苏州、杭州等沿海沿江的华东地区，广州、香港等华南地区，武汉、重庆等华中地区，以及内地其他省市的青年会组织、教会、学校流行与传播，并逐步推向社会，至今已有 100 余年的历史，成为广大人民群众喜闻乐见的体育运动项目。

二、篮球运动在中国的发展状况

篮球运动在我国的传播、普及、发展、提高受到不同时期政治、经济、文化、教育等各方面因素的影响和制约。为了便于了解篮球运动在我国的发展历史，通常将中国篮球运动发展分成以下 3 个时期和 7 个不同阶段。

（1）缓慢传播普及时期（1895—1948 年）。

该时期，我国篮球运动的发展包括 3 个阶段：1895—1918 年为初始传播阶段；1919—1936 年为缓慢推广时期；1937—1948 年为局部普及阶段。

（2）有限推广、停滞困惑、复苏发展时期（1949—1995 年）。

该时期，我国篮球运动的发展包括 3 个阶段：1949—1965 年为普及、发展阶段；1966—1978 年为徘徊、困惑阶段；1979—1995 年为复苏、提高阶段。

（3）总结经验、深化改革、解放思想、更新观念、创新攀登的新时期（1996 年至今）。

该时期，我国篮球运动的发展处于改革创新、市场化日趋规范的阶段。

三、中国篮球运动的现状

（一）社会大众篮球活动的发展

篮球运动的诱人魅力及其运动价值，吸引了社会各界近亿人参与篮球活动，在广大厂矿、企业、部队、农村，篮球运动是人们喜闻乐见的文体健身活动。篮球比赛已成为中国最引人注目的竞赛项目之一。运动员来自全国各基层单位的业余体育协会，这既表明了群众性篮球运动的大普及，也反映了群众性篮球水平的不断发展与提高。

篮球运动寓文化、健身于一体，具有很强的教育性，因此，我国从20世纪50年代初，在党和政府提出“发展体育运动，增强人民体质”和“身体好、学习好、工作好”的号召下，各级学校将篮球作为体育教学的重要内容，并列入教学大纲。除在体育课安排篮球项目教学外，还组织开展校内外竞赛活动，建立了各级各类篮球学校和篮球俱乐部。这些基层组织已成为中国篮球运动攀登世界竞技高峰的坚实后备基地。从1957年起，为了培养高级篮球教学科研人才，国家聘请了苏联专家任教于上海体育学院，开设了篮球专修班和各种篮球教师、教练员培训班。从1978年起扩大招收硕士生，并在北京体育师范学院创办了“全国篮球高级教练员岗位培训班”，以造就大批从事篮球训练和院校篮球教学与理论研究的专门队伍。

（二）篮球运动科学理论研究的发展

随着篮球运动的普及提高，为适应攀登世界高峰的需要，一批院校篮球教学工作者与篮球竞技工作者相结合，根据我国篮球运动的现状，针对世界篮球运动的发展趋势，积极从事篮球科学研究，以及篮球俱乐部组织管理、篮球竞赛制度改革、篮球产业发展战略等综合研究，并取得了显著的效果。中国篮球协会、中国体育科学学会及省市体育科研部门多次召开科研论文报告会。目前，我国篮球界以高等院校篮球专家为基础逐步建成了一支较高水平的篮球科研队伍，这是中国篮球发展史的重要组成部分。

随着篮球运动的实践与总结，篮球运动科研领域不断扩大深化，我国已形成自己的篮球运动理论与实践体系，为推动世界篮球运动成为一门科学化、系统化的独特学科做出了积极贡献。据统计，由我国专家撰写的篮球运动书刊门类之多是世界之最。20 世纪 50 年代至 80 年代，国家体委和教育部多次组织篮球课程教授出版全国体育学院和全国师范院校篮球专修、普修教材。特别是 1996 年由教育部和国家体委批准立项为“九五”国家级重点教材的《篮球运动高级教程》，总结了国内外篮球运动的发展趋势和特点，进一步探索了篮球运动的规律，是我国篮球运动发展史上的一项可喜的理论成果。

四、中国篮球运动近期面临的任务

虽然我国篮球运动通过几十年的发展有了长足的进步，也有过辉煌，但从 20 世纪 90 年代中期以来，未能在国际大赛中取得更好突破。因此，在新时期内需要抓好以下几项主要任务。

（一）坚持全方位的改革、创新、发展

面对新形势下篮球运动的发展契机，中国应坚持深化改革，扩大开放，促进发展。国家必须建立起适应社会主义市场经济需要，以及符合现代篮球运动发展规律的社会化、产业化管理体制，形成依托社会、自我发展、良性循环的运行机制，为我国篮球事业更快、更好地发展提供机制保障。同时加强组织建设，强化县以上基层篮球协会的作用，形成从中央到地方以会员制相联系的篮球协会组织网络；因地制宜地建立多种形式的篮球俱乐部，使职业篮球与非职业篮球各成体系，互为依托、相互促进，形成管理规范、运转有序、发展稳定的篮球俱乐部组织体系。

（二）建立完善的科学化训练体系，提高训练水平

全面提高篮球训练水平，向世界篮球运动高技术水平的国家学习，并开创出符合中国国情的科学化训练体系。要采取扎实合理的措施，建立起新的多种形式多种渠道相结合、层层相接的训练体系，形成合理的人才梯队结构。

（三）坚持篮球职业化改革，加强职业俱乐部和联赛的建设

中国篮球的改革是从联赛改革开始的。联赛对篮球运动水平的提高与普及起着承上启下的重要作用。承上，培养高层次人才，促进联赛竞争激烈。良性发展的联赛可以为国家队培养、输送更高水平和更具职业素养的优秀球员。培养优秀教练员，迅速提高科学化的训练水平和管理水平。启下，精彩纷呈、包装精美的联赛可以吸引更多青少年参与篮球运动，从而可以进一步打好篮球运动的群众基础。职业联赛在给广大球迷带来娱乐享受的同时，也创造出市场价值，带动配套产业的发展。姚明作为中国篮球协会新一届主席，大刀阔斧推动中国篮球的改革，目的就是将中国男子篮球职业联赛打造成初步具有职业化特点的“精品”赛事，目标是成为中国最好的体育赛事，进而成为亚洲最好的体育赛事，最终向成为世界高水平职业联赛的方向努力。

（四）坚持发展社会性篮球，迅速壮大青少年篮球队伍

社会性篮球是中国篮球事业金字塔结构的重要基础，它包含青少年系统训练和社会性篮球活动两大部分，只有社会性篮球活动活跃，参加系统培训的青少年运动员多、人才辈出，关注篮球、参与篮球及消费篮球相关产品的人数多，篮球才有可能成为强势运动。社会性篮球应主要围绕三方面开展工作：其一，积极扩大参加青少年篮球训练的人数。一方面，继续推进青少年篮球业余训练工作；另一方面，要与教育部门精诚合作，坚持走“体教结合”的道路，形成合力，探索提高青少年人才培养质量和数量的社会化之路。其二，加强青少年篮球基本功训练。根据中国篮球训练指导思想和技战术风格，依据青少年生长发育规律和篮球基础训练规律，改变单纯以竞赛为导向的急功近利思想，积极探索并建立能够真正激发社会力量参与青少年篮球人才培养的有效机制。其三，加强协会建设，建立健全全国篮球协会的组织网络。

要科学设计“学”“训”融合的构架模式，进一步扩大篮球运动普及面，继续发展篮球人口；要建立起一支篮球技术辅导队伍，增加篮球活动场地设施，针对不同阶层人群特点，经常开展多种形式的篮球活动，让更多的青少年学生掌握篮球基本技能，使篮球运动成为我国参与人数最多的社会文化活动，并成为人们健

身娱乐的重要运动项目。

（五）进一步解放思想，加速篮球产业的发展

在重视全面规划的同时，要有重点地采取特殊措施在一些省、市培育开发篮球市场，内外结合，上下协调；采取多种形式，逐步形成较为规范的适合中国国情的篮球产业市场，并以点带面调动社会各方面办篮球的积极性，形成多种所有制并存的合作开发机制，全面开发竞技市场、训练（培训）市场、健身娱乐市场、标志产品市场和电视转播市场，形成规模化的产业开发体系和确保稳定的资金来源；增强各省、市篮球协会和各俱乐部的自我发展能力，着力培养篮球经营开发队伍。

第二章

CBTA 青少年篮球训练大纲及教案

第一节　CBTA 青少年篮球训练大纲

一、CBTA（中国）篮球培训联盟初级班 10 次（20 节）课程训练大纲

CBTA（中国）篮球培训联盟初级班 10 次（20 节）课程训练大纲详见表2－1。

表 2－1　CBTA（中国）篮球培训联盟初级班 10 次（20 节）课程训练大纲表

课时	主题	训练内容
第一课	热情	1. 运动教育模式课程简介，公布小组名单与角色分工 2. 分组讨论小队名称、口号、角色责任分配表 3. 热身操 4. 各种球性练习，原地运球练习
第二课	运出活力	1. 行进间球性练习热身 2. 脚步的学习，复习原地运球 3. 练习行进间运球 4. 专项体能训练

续表

课时	主题	训练内容
第三课	坚持	1. 行进间运球热身 2. 双手运双球练习（原地、行进间） 3. 抗阻力运球训练 4. 专项体能训练
第四课	制胜一投	1. 球性练习热身，投篮专项韧带拉伸 2. 学习原地单手肩上投篮 3. 专项体能训练
第五课	信心	1. 球性练习热身，投篮专项韧带拉伸 2. 进行定点投篮比赛 3. 学习行进间上篮及篮球规则 4. 教学比赛
第六课	快乐传递	1. 各种抛接球球性练习 2. 学习双手胸前传接球并练习，学习篮球规则 3. 教学比赛
第七课	团结	1. 各种抛接球球性练习 2. 练习四角传球、行进间传接球上篮技术 3. 教学比赛
第八课	沟通	1. 四角传球热身 2. 学习持球突破技术及篮球规则 3. 结合传接球、行进间上篮和运球急停投篮进行练习 4. 教学比赛
第九课	竞争	1. 进行技巧大赛，投篮、运传球比赛 2. 队内进行 1 对 1 斗牛 3. 决出投篮之星、技巧王和单挑王
第十课	竞争	热身后，进行组间的半场 3 对 3 或全场 5 对 5 比赛，决出优胜队，评选出最有价值球员（Most Valuable Player，以下简称“MVP”）

二、CBTA（中国）篮球培训联盟中级班10次（20节）课程训练大纲

CBTA（中国）篮球培训联盟中级班10次（20节）课程训练大纲详见表2－2。

表2－2　CBTA（中国）篮球培训联盟中级班10次（20节）课程训练大纲表

课时	主题	训练内容
第一课	热情	1. 热身：行进间球性练习与韧带拉伸 2. 原地与行进间的单双手球性练习 3. 原地与行进间的双手双球球性练习 4. 各种传接球技术练习 5. 专项体能训练与放松
第二课	快乐传递	1. 热身：行进间球性练习，投篮专项拉伸 2. 行进间各种传接球技术练习 3. 投篮与行进间投篮技术练习 4. 专项体能训练与放松
第三课	制胜一投	1. 热身：行进间球性练习与韧带拉伸 2. 投篮与跳投技术练习 3. 各种脚步移动技术练习 4. 专项体能训练与放松
第四课	信心	1. 热身：行进间球性练习与韧带拉伸 2. 急停跳投的专项技术练习 3. 持球突破技术练习 4. 专项体能训练与放松

续表

课时	主题	训练内容
第五课	活力	1. 热身：行进间球性练习与韧带拉伸 2. 防守的专项技术练习 3. 持球突破与防守技术练习 4. 专项体能训练与放松
第六课	坚持	1. 热身：行进间球性练习与韧带拉伸 2. 防守与摆脱防守技术练习 3. 抢篮板球专项技术练习 4. 专项体能训练与放松
第七课	团结	1. 热身：行进间球性练习与韧带拉伸 2. 传切配合进攻战术练习 3. 分组教学比赛（半场） 4. 专项体能训练与放松
第八课	沟通	1. 热身：行进间球性练习与韧带拉伸 2. 内线策应进攻战术练习 3. 半场人盯人防守战术练习 4. 分组教学比赛（半场） 5. 专项体能训练与放松
第九课	竞争	1. 热身：行进间球性练习与韧带拉伸 2. 挡拆掩护进攻战术练习 3. 半场二三联防战术练习 4. 分组教学比赛（全场） 5. 专项体能训练与放松
第十课	竞争	1. 热身：行进间球性练习与韧带拉伸 2. 进行技巧大赛，投篮、运传球、1 对 1 测试或比赛，决出投篮之星、技巧王和单挑王 3. 分组进行半场 3 对 3 或全场 5 对 5 比赛，决出优胜队，评选出 MVP

三、CBTA（中国）篮球培训联盟高级班10次（20节）课程训练大纲

CBTA（中国）篮球培训联盟高级班10次（20节）课程训练大纲详见表2-3。

表2-3 CBTA（中国）篮球培训联盟高级班10次（20节）课程训练大纲表

课时	主题	训练内容
第一课	热情	1. 热身：热身操与韧带拉伸 2. 基础球性练习 3. 各种单项技术测试，如投篮、运球、传球、脚步、摸高等 4. 分组，比赛，再根据实力重新分组 5. 专项体能训练与放松
第二课	快乐传递	1. 热身：球性练习与韧带拉伸 2. 投篮专项技术练习 3. 联赛赛制确定，热身赛 4. 专项体能训练与放松
第三课	制胜一投	1. 热身：球性练习与韧带拉伸 2. 传接球与行进间投篮专项技术练习 3. 传切配合进攻战术练习 4. 联赛第一轮 5. 专项体能训练与放松
第四课	信心	1. 热身：球性练习与韧带拉伸 2. 脚步移动的专项技术练习 3. 内线策应进攻战术练习 4. 联赛第二轮 5. 专项体能训练与放松
第五课	活力	1. 热身：球性练习与韧带拉伸 2. 跳投与急停跳投的专项技术练习 3. 挡拆掩护进攻战术练习 4. 联赛第三轮 5. 专项体能训练与放松

续表

课时	主题	训练内容
第六课	坚持	1. 热身：球性练习与韧带拉伸 2. 持球突破的专项技术练习 3. 半场人盯人防守战术练习 4. 联赛第四轮 5. 专项体能训练与放松
第七课	团结	1. 热身：球性练习与韧带拉伸 2. 防守与摆脱防守的专项技术练习 3. 半场 2－3、3－2、2－1－2 联防战术练习 4. 联赛第五轮 5. 专项体能训练与放松
第八课	沟通	1. 热身：球性练习与韧带拉伸 2. 抢篮板球专项技术练习 3. 全场紧逼、半场紧逼防守专项技术 4. 联赛第六轮 5. 专项体能训练与放松
第九课	竞争	1. 热身：球性练习与韧带拉伸 2. 篮球嘉年华，各单项技术大赛，如“中投王”“三分王”“技巧王”“脚步王”“弹跳王”“单挑王”等 3. 联赛半决赛
第十课	竞争	1. 热身：球性练习与韧带拉伸 2. 篮球嘉年华，各单项技术大赛，如“中投王”“三分王”“技巧王”“脚步王”“弹跳王”“单挑王”等 3. 联赛总决赛，评选出 MVP

第二节　CBTA 青少年篮球训练教案

一、CBTA（中国）篮球培训联盟初级班 10 次（20 节）授课教案

CBTA（中国）篮球培训联盟初级班 10 次（20 节）授课教案详见表 2－4～表 2－13。

表 2－4　CBTA（中国）篮球培训联盟初级班 10 次（20 节）授课之第 1 次课教案

<table>
<tr><td>内容</td><td colspan="4">1. 篮球训练班课程简介
2. 公布小组学生名单，相互介绍认识，角色分工
3. 运球基本动作讲解，简易规则介绍
4. 身体素质训练</td></tr>
<tr><td>目的</td><td colspan="4">1. 通过训练班课程简介，让学生了解训练班课程大纲
2. 通过相互介绍、角色分工，使学生和团队小组学生相互认识，友好相处
3. 能熟悉球性，基本掌握运球的技术要点
4. 通过身体素质训练，培养学生团结协作和吃苦耐劳的精神</td></tr>
<tr><td>安全事项</td><td colspan="4">1. 准备活动要做充分，活动手指、手腕等关节，防止挫伤手指
2. 专项体能训练前要充分热身，练习结束后要做放松运动，减少乳酸堆积</td></tr>
<tr><td rowspan="2">课的部分</td><td rowspan="2">教学内容</td><td colspan="2">练习分量</td><td rowspan="2">组织教法</td></tr>
<tr><td>时间/分</td><td>强度</td></tr>
<tr><td>开始部分</td><td>1. 篮球训练班课程简介
2. 公布小组学生名单，相互介绍认识，角色分工</td><td>5</td><td>低</td><td>组织：
△
× × × × × ×
× × × × × ×
要求：服装整洁，集合快、静、齐</td></tr>
</table>

续表

课的部分	教学内容	练习分量		组织教法
		时间/分	强度	
准备部分	1. 绕篮球场跑3圈 2. 教师带领做热身操（从头到脚）	10	中	组织： × × × × × × × × × × × × △ 教法与步骤： 1. 教师讲解每节操的动作并示范 2. 学生集体练习
基本部分	1. 游戏：捕鱼	10	中	教师讲解示范
	2. 原地球性练习 （1）单手上抛拉球 （2）单手后抛拉球 （3）高抛快速击掌接球 （4）高抛落地低接反弹球 （5）前击掌膝后抓球（球不能落地，快速，腿部夹球） （6）胯下前后换手抓球（球落地1次或球不落地） （7）前后反弹抓球练习 （8）三环绕球	20	高	教师讲解示范

续表

课的部分	教学内容	练习分量		组织教法
		时间/分	强度	
基本部分	3. 原地多种运球练习 （1）原地大力运球 （2）快速低运球 （3）单手左右变向 （4）单手前推后拉 （5）“L”形直角运球 （6）体前变向运球 （7）弓步胯下运球 （8）两腿间“8”字运球	25	中	教师讲解示范、组织观察
	4. 专项体能训练 （1）绳梯练习 （2）全场见线折返跑	10	高	教师讲解示范、组织观察
结束部分	1. 放松操 2. 集合，小结 3. 表扬优秀学生和小组 4. 宣布下次课的内容	10	低	组织： × × × × × × × × × × × × △ 要求：节奏一致，动作放松
课后小结				

表2-5 CBTA（中国）篮球培训联盟初级班10次（20节）授课之第2次课教案

课的部分	教学内容	练习分量		组织教法
		时间/分	强度	
内容	1. 脚步移动讲解，篮球规则介绍 2. 行进间运球练习及游戏 3. 身体素质训练			
目的	1. 认知：了解运球基本动作，懂得篮球规则 2. 技能：能基本掌握行进间运球的技术要点 3. 品质：通过身体素质训练，培养团结协作和吃苦耐劳的精神			
安全事项	1. 准备活动要做充分，做好拉伸，防止拉伤 2. 专项体能训练前要充分热身，练习结束后要做放松运动，减少乳酸堆积			
准备部分	1. 绕篮球场跑3圈 2. 教师带领做热身操（从头到脚）	10	中	组织： × × × × × × × × × × × × △ 教法与步骤： 1. 教师讲解每节操的动作并示范 2. 学生集体练习 要求：服装整洁，集合快、静、齐

续表

课的部分	教学内容	练习分量		组织教法
		时间/分	强度	
基本部分	1. 游戏：捕猎	10	中	教师讲解示范
	2. 行进间球性练习 （1）慢跑双手（击掌）抛接高球 （2）慢跑双手前后抛接球 （3）行进间直臂单手左右抛接球 （4）走动单手（抛球）直臂向下扣球 （5）胯下内“8”字绕球练习（幅度大，略微抬头） （6）胯下外“8”字绕球练习（幅度大，略微抬头） （7）行进间胯下双手前后快速拍球	15	中	教师讲解示范
	3. 脚步的学习 （1）基本站立姿势 （2）起动 （3）各种跑的练习 （4）跨步急停和跳步急停 （5）单脚和双脚跳 （6）转身 （7）滑步、交叉步和后撤步	15	高	教师讲解示范
	4. 练习行进间运球 （1）直线单手左右变向运球 （2）直线单手前拉后推运球 （3）直线快速运球 （4）直线运球急起急停 （5）直线体前变向运球 （6）“Z”字形体前变向运球 （7）“Z”字形胯下运球	20	高	教师讲解示范、组织观察

续表

<table>
<tr><td rowspan="2">课的部分</td><td rowspan="2">教学内容</td><td colspan="2">练习分量</td><td rowspan="2">组织教法</td></tr>
<tr><td>时间/分</td><td>强度</td></tr>
<tr><td rowspan="2">基本部分</td><td>（8）全场“S”形运球
（9）运球绕障碍物练习
（10）分组运球比赛</td><td></td><td></td><td></td></tr>
<tr><td>5. 专项体能训练
（1）腿部静态拉伸
（2）臀桥
（3）爆发力俯卧撑
（4）动态拉伸
（5）高抬腿</td><td>10</td><td>高</td><td>教师讲解示范、组织观察</td></tr>
<tr><td>结束部分</td><td>1. 放松操
2. 集合，小结
3. 表扬优秀学生和小组
4. 宣布下次课的内容</td><td>10</td><td>低</td><td>组织：
× × × × × ×
× × × × × ×
△
要求：节奏一致，动作放松</td></tr>
<tr><td>课后小结</td><td colspan="4"></td></tr>
</table>

表 2－6　CBTA（中国）篮球培训联盟初级班 10 次（20 节）授课之第 3 次课教案

<table>
<tr><td>内容</td><td colspan="4">1. 行进间运球练习及游戏
2. 身体素质训练</td></tr>
<tr><td>目的</td><td colspan="4">1. 认知：熟练行进间运球技巧
2. 技能：能基本掌握运球变向的技术要点
3. 品质：通过身体素质训练，培养学生团结协作和吃苦耐劳的精神</td></tr>
<tr><td>安全事项</td><td colspan="4">1. 准备活动要做充分，活动手指、手腕等关节，防止挫伤手指
2. 专项体能训练前要充分热身，练习结束后要做放松运动，减少乳酸堆积</td></tr>
<tr><td rowspan="2">课的部分</td><td rowspan="2">教学内容</td><td colspan="2">练习分量</td><td rowspan="2">组织教法</td></tr>
<tr><td>时间/分</td><td>强度</td></tr>
<tr><td>准备部分</td><td>1. 行进间运球练习热身
2. 每组由 1 名学生带领做热身操</td><td>10</td><td>中</td><td>组织：
× × × × × ×
× × × × × ×
△
教法与步骤：
1. 教师讲解每节操的动作并示范
2. 学生集体练习
要求：服装整洁，集合快、静、齐</td></tr>
</table>

续表

课的部分	教学内容	练习分量		组织教法
		时间/分	强度	
基本部分	1. 游戏：鲨鱼和小鱼	15	中	教师讲解示范
	2. 双手运双球练习 （1）原地双手同时大力运球 （2）原地双手同时快速低运球 （3）原地双手时差运球 （4）原地双手前后运球 （5）原地双手交叉运球 （6）双手交叉运球前进	25	高	教师讲解示范
	3. 抗阻力运球练习 （1）借助阻力带运球 （2）2 人配合的抗阻力运球	20	中	教师讲解示范、组织观察
	4. 专项体能训练 （1）箭步蹲跳 （2）深蹲跳 （3）交叉跳	10	高	教师讲解示范、组织观察
结束部分	1. 放松操 2. 集合，小结 3. 表扬优秀学生和小组 4. 宣布下次课的内容	10	低	组织： × × × × × × × × × × × × △ 要求：节奏一致，动作放松
课后小结				

表 2 –7　CBTA（中国）篮球培训联盟初级班 10 次（20 节）授课之第 4 次课教案

<table>
<tr><td>内容</td><td colspan="4">1. 原地单手肩上投篮基本动作讲解
2. 练习及游戏</td></tr>
<tr><td>目的</td><td colspan="4">1. 认知：了解原地单手肩上投篮的动作要领
2. 技能：能基本掌握原地单手肩上投篮的动作和发力要求
3. 品质：制胜一投，培养学生吃苦耐劳的精神</td></tr>
<tr><td>安全事项</td><td colspan="4">1. 准备活动要做充分，活动手指、手腕、肩等关节，为投篮做好准备
2. 专项体能训练要充分热身，结束后要做放松运动</td></tr>
<tr><td rowspan="2">课的部分</td><td rowspan="2">教学内容</td><td colspan="2">练习分量</td><td rowspan="2">组织教法</td></tr>
<tr><td>时间/分</td><td>强度</td></tr>
<tr><td>准备部分</td><td>1. 行进间球性练习热身
2. 每组由 1 名学生带领做热身操
3. 专项韧带拉伸</td><td>10</td><td>中</td><td>组织：
× × × × × ×
× × × × × ×
△
教法与步骤：
1. 教师讲解每节操的动作并示范
2. 学生集体练习
要求：服装整洁，集合快、静、齐</td></tr>
<tr><td rowspan="2">基本部分</td><td>1. 学习原地单手肩上投篮
（1）原地投篮模仿练习
（2）投篮发力分解练习（蹬地、伸腰展腹、抬肘伸臂、压腕、拨指）
（3）篮下投篮练习</td><td>25</td><td>中</td><td>教师讲解示范</td></tr>
<tr><td>2. 罚球线内一大步的五点定点投篮练习</td><td>20</td><td>中</td><td>教师讲解示范、组织观察</td></tr>
</table>

续表

课的部分	教学内容	练习分量		组织教法
		时间/分	强度	
基本部分	3. 投篮游戏：抗压	10	中	教师讲解示范、组织观察
	4. 专项体能训练 （1）全场折返跑 （2）高抬腿 （3）两头起	15	高	教师讲解、组织观察
结束部分	1. 放松操 2. 集合，小结 3. 表扬优秀学生和小组 4. 宣布下次课的内容	10	低	组织： × × × × × × × × × × × × △ 要求：节奏一致，动作放松
课后小结				

表 2－8　CBTA（中国）篮球培训联盟初级班 10 次（20 节）授课之第 5 次课教案

内容	1. 复习投篮 2. 学习行进间上篮及篮球规则
目的	1. 认知：了解行进间上篮的方法及篮球规则 2. 技能：能基本掌握行进间上篮的技术要点 3. 品质：通过投篮比赛，提高学生自信心
安全事项	1. 准备活动要做充分，活动手指、手腕、肩等关节，为投篮做好准备 2. 专项体能训练要充分热身，练习结束后要做放松运动，减少乳酸堆积

续表

课的部分	教学内容	练习分量		组织教法
		时间/分	强度	
准备部分	1. 球性练习热身，投篮专项韧带拉伸 2. 每组由1名学生带领做热身操	10	中	组织： × × × × × × × × × × × × △ 教法与步骤： 1. 教师讲解每节操的动作并示范 2. 学生集体练习 要求：服装整洁，集合快、静、齐
基本部分	1. 投篮游戏：抢投10球	10	中	教师讲解示范
	2. 学习行进间运球上篮 (1) 徒手慢跑做行进间投篮的模仿练习。体会跨步、接球、起跳、举球、出手、落地等动作 (2) 走步式做行进间投篮练习 要求：迈右（左）脚接球，上左（右）脚起跳投篮 (3) 运球接行进间投篮练习 要求：运球接行进间投篮动作连贯，体会跨步和抄球的时机 (4) 传切上篮练习 要求：传球后要有变向摆脱动作，跑动接球和行进间投篮衔接连贯，注意调整步法	25	高	教师讲解示范

续表

课的部分	教学内容	练习分量		组织教法
		时间/分	强度	
基本部分	3. 运球游戏：运球接龙	10	中	教师讲解示范、组织观察
	4. 教学比赛	15	高	教师讲解示范、组织观察
	5. 专项体能训练 （1）跳绳 （2）全场见线折返跑 （3）箭步蹲	10	高	教师讲解、组织观察
结束部分	1. 放松操 2. 集合，小结 3. 表扬优秀学生和小组 4. 宣布下次课的内容	10	低	组织： × × × × × × × × × × × × △ 要求：节奏一致，动作放松
课后小结				

表 2－9 CBTA（中国）篮球培训联盟初级班 10 次（20 节）授课之第 6 次课教案

内容	1. 学习抛接球及篮球规则介绍 2. 体能训练
目的	1. 认知：了解传接球技术的动作要领 2. 技能：能基本掌握原地双手胸前传接球的技术要点 3. 品质：通过传球，传递快乐，培养学生的合作意识
安全事项	1. 准备活动要做充分，活动手指、手腕等关节，防止挫伤手指 2. 比赛前要充分热身，练习结束后要做放松运动，减少乳酸堆积

续表

课的部分	教学内容	练习分量		组织教法
		时间/分	强度	
准备部分	1. 绕篮球场跑 3 圈 2. 每组由 1 名学生带领做热身操 3. 传球专项韧带拉伸	10	中	组织： × × × × × × × × × × × × △ 教法与步骤： 1. 教师讲解每节操的动作并示范 2. 学生集体练习 要求：服装整洁，集合快、静、齐
基本部分	1. 抛接球球性练习 （1）慢跑双手（击掌）抛接高球 （2）慢跑双手前后抛接 （3）行进间直臂单手左右抛接 （4）走动单手（抛球）直臂向下扣球	10	中	教师讲解示范
	2. 传球游戏：逗猴	10	中	教师讲解示范
	3. 学习传球（双手、单手传球） （1）原地模仿练习 （2）原地对墙传接球练习 （3）原地 2 人传接球练习	10	高	教师讲解示范
	4. 分组练习 （1）全场跑动传接球练习 （2）全场 2 人传接球投篮练习	15	中	教师讲解示范、组织观察

续表

课的部分	教学内容	练习分量 时间/分	练习分量 强度	组织教法
基本部分	5. 教学比赛	15	高	教师讲解示范、组织观察
	6. 专项体能训练 （1）全场折返跑 （2）高抬腿 （3）两头起	10	高	教师讲解、组织观察
结束部分	1. 放松操 2. 集合，小结 3. 表扬优秀学生和小组 4. 宣布下次课的内容	10	低	组织： × × × × × × × × × × × × △ 要求：节奏一致，动作放松
课后小结				

表 2－10　CBTA（中国）篮球培训联盟初级班 10 次（20 节）授课之第 7 次课教案

内容	1. 四角传球练习 2. 行进间传接球上篮技术 3. 教学比赛
目的	1. 认知：进一步了解接传接球的动作要领 2. 技能：能基本掌握行进间传接球上篮的技术要点 3. 品质：通过比赛，培养学生团结协作和吃苦耐劳的精神
安全事项	1. 准备活动要做充分，活动手指、手腕等关节，防止挫伤手指 2. 比赛前要充分热身，练习结束后要做放松运动，减少乳酸堆积

续表

课的部分	教学内容	练习分量		组织教法
		时间/分	强度	
准备部分	1. 行进间抛接球球性练习 2. 每组由1名学生带领做热身操	10	中	组织： × × × × × × × × × × × × △ 教法与步骤： 1. 教师讲解每节操的动作并示范 2. 学生集体练习 要求：服装整洁，集合快、静、齐
基本部分	1. 传球游戏：叫号抛接球	10	中	教师讲解示范
	2. 四角传球 方法：顺时针方向，依次落位，可结合接球上篮	10	中	教师讲解示范、组织观察
	3. 行进间传接球上篮练习 （1）2人行进间传接球，可增加难度在2条罚球线和中圈站3个防守人干扰传球 （2）3人行进间传接球上篮 （3）全场3人“8”字传球绕切练习	25	中	教师讲解示范、组织观察
	4. 教学比赛	25	高	教师讲解示范、组织观察
结束部分	1. 放松操 2. 集合，小结 3. 表扬优秀学生和小组 4. 宣布下次课的内容	10	低	组织： × × × × × × × × × × × × △ 要求：节奏一致，动作放松
课后小结				

表 2－11　CBTA（中国）篮球培训联盟初级班 10 次（20 节）授课之第 8 次课教案

内容	1. 学习持球突破技术及篮球规则 2. 传接球、运球上篮综合练习			
目的	1. 认知：了解持球突破技术的动作要领 2. 技能：能基本掌握持球突破技术的技术要点 3. 品质：使学生学会在场上沟通交流			
安全事项	1. 准备活动要做充分，活动手指、手腕等关节，防止挫伤手指 2. 比赛前要充分热身，练习结束后要做放松运动，减少乳酸堆积			
课的部分	教学内容	练习分量		组织教法
		时间/分	强度	
准备部分	1. 四角传球热身 2. 每组由 1 名学生带领做热身操	10	中	组织： × × × × × × × × × × × × △ 教法与步骤： 1. 教师讲解每节操的动作并示范 2. 学生集体练习 要求：服装整洁，集合快、静、齐
基本部分	1. 传球游戏：捕猎	10	中	教师讲解示范
	2. 脚步移动练习 方法：向前抛球，一步急停接球，前后转身衔传接球、运球练习	10	中	教师讲解示范、组织观察

续表

课的部分	教学内容	练习分量		组织教法
		时间/分	强度	
基本部分	3. 学习持球突破技术 （1）原地的蹬、转、探、跨徒手练习 （2）突破障碍物练习 （3）全场 2 人连续行进间接球突破练习 （4）原地跨步虚晃后突破上篮练习 （5）移动接球急停突破练习 （6）背对篮的前后转身突破练习 （7）左右脚分别为中枢脚突破练习	20	中	教师讲解示范
	4. 结合传球、行进间上篮和运球急停投篮进行持球突破技术练习	15	高	教师讲解示范、组织观察
	5. 教学比赛	15	高	教师讲解示范、组织观察
结束部分	1. 放松操 2. 集合，小结 3. 表扬优秀学生和小组 4. 宣布下次课的内容	10	低	组织： × × × × × × × × × × × × △ 要求：节奏一致，动作放松
课后小结				

表 2－12　CBTA（中国）篮球培训联盟初级班 10 次（20 节）授课之第 9 次课教案

<table>
<tr><td>内容</td><td colspan="4">全明星表演赛</td></tr>
<tr><td>目的</td><td colspan="4">1. 认知：知道庆典活动、MVP、个人奖项、团队奖的意义
2. 技能：进行培训班参与情况调查问卷回馈单填写
3. 品质：通过比赛，培养学生团结协作和吃苦耐劳的精神</td></tr>
<tr><td>安全事项</td><td colspan="4">1. 准备活动要做充分，活动手指、手腕等关节，防止挫伤手指
2. 比赛前要充分热身，练习结束后要做放松运动，减少乳酸堆积</td></tr>
<tr><td rowspan="2">课的部分</td><td rowspan="2">教学内容</td><td colspan="2">练习分量</td><td rowspan="2">组织教法</td></tr>
<tr><td>时间/分</td><td>强度</td></tr>
<tr><td>准备部分</td><td>1. 绕篮球场跑 3 圈
2. 每组由 1 名学生带领做热身操</td><td>10</td><td>中</td><td>组织：
× × × × × ×
× × × × × ×
△
教法与步骤：
1. 教师讲解每节操的动作并示范
2. 学生集体练习
要求：服装整洁，集合快、静、齐</td></tr>
<tr><td rowspan="3">基本部分</td><td>1. 进行技巧大赛，投篮、运传球比赛</td><td>30</td><td>中</td><td>组织观察</td></tr>
<tr><td>2. 组内 1 对 1 斗牛</td><td>30</td><td>高</td><td>组织观察</td></tr>
<tr><td>3. 评选出投篮之星、技巧王和单挑王</td><td>10</td><td>中</td><td>教师讲解示范、组织观察</td></tr>
<tr><td>结束部分</td><td>1. 放松操
2. 集合，小结
3. 表扬优秀学生和小组
4. 宣布下次课的内容</td><td>10</td><td>低</td><td>组织：
× × × × × ×
× × × × × ×
△
要求：节奏一致，动作放松</td></tr>
<tr><td>课后小结</td><td colspan="4"></td></tr>
</table>

表 2－13　CBTA（中国）篮球培训联盟初级班 10 次（20 节）授课之第 10 次课教案

<table>
<tr><td>内容</td><td colspan="4">3 对 3（或 5 对 5，总决赛）颁发 MVP、个人单项奖、团体奖，庆祝活动</td></tr>
<tr><td>目的</td><td colspan="4">1. 认知：知道庆典活动、MVP、个人奖项、团体奖的意义
2. 技能：进行培训班参与情况调查问卷回馈单填写
3. 品质：通过比赛，培养学生团结协作和吃苦耐劳的精神</td></tr>
<tr><td>安全事项</td><td colspan="4">1. 准备活动要做充分，活动手指、手腕等关节，防止挫伤手指
2. 比赛前要充分热身，练习结束后要做放松运动，减少乳酸堆积</td></tr>
<tr><td rowspan="2">课的部分</td><td rowspan="2">教学内容</td><td colspan="2">练习分量</td><td rowspan="2">组织教法</td></tr>
<tr><td>时间/分</td><td>强度</td></tr>
<tr><td>准备部分</td><td>1. 绕篮球场跑 3 圈
2. 每组由 1 名学生带领做热身操</td><td>10</td><td>中</td><td>组织：
× × × × × ×
× × × × × ×
△
教法与步骤：
1. 教师讲解每节操的动作并示范
2. 学生集体练习
要求：服装整洁，集合快、静、齐</td></tr>
<tr><td rowspan="3">基本部分</td><td>1. 进行组间的半场 3 对 3 或全场 5 对 5 比赛，决出优胜队，评选出 MVP</td><td>50</td><td>高</td><td>教师讲解示范</td></tr>
<tr><td>2. 颁奖典礼</td><td>15</td><td>中</td><td>教师讲解示范</td></tr>
<tr><td>3. 问卷调查</td><td>10</td><td>中</td><td>教师讲解示范、组织观察</td></tr>
<tr><td>结束部分</td><td>宣布本次培训班结束</td><td>5</td><td>低</td><td>组织：
× × × × × ×
× × × × × ×
△
要求：节奏一致，动作放松</td></tr>
<tr><td>课后小结</td><td colspan="4"></td></tr>
</table>

二、CBTA（中国）篮球培训联盟中级班10次（20节）授课教案

CBTA（中国）篮球培训联盟中级班10次（20节）授课教案详见表2－14～表2－23。

表2－14 CBTA（中国）篮球培训联盟中级班10次（20节）授课之第1次课教案

<table>
<tr><td>内容</td><td colspan="4">1. 热身：行进间球性练习与韧带拉伸
2. 原地与行进间的单双手球性练习
3. 原地与行进间的双手双球球性练习
4. 各种传接球技术练习
5. 专项体能训练与放松</td></tr>
<tr><td>目的</td><td colspan="4">1. 强化基本功训练，提高球性
2. 增强学生对篮球的兴趣
3. 提高学生的身体素质
4. 培养学生团结协作和吃苦耐劳的精神</td></tr>
<tr><td>安全事项</td><td colspan="4">1. 准备活动要做充分，活动手指、手腕等关节，防止挫伤手指
2. 专项体能训练前要充分热身，练习结束后要做放松运动，减少乳酸堆积</td></tr>
<tr><td rowspan="2">课的部分</td><td rowspan="2">教学内容</td><td colspan="2">练习分量</td><td rowspan="2">组织教法</td></tr>
<tr><td>时间/分</td><td>强度</td></tr>
<tr><td>准备部分</td><td>1. 绕篮球场进行各种运球跑步方法练习
2. 教师带领做热身操</td><td>10</td><td>中</td><td>教师领做徒手操
组织：
× × × × × ×
× × × × × ×
△
教法与步骤：
1. 教师讲解每节操的动作并示范
2. 学生集体练习</td></tr>
</table>

续表

课的部分	教学内容	练习分量		组织教法
		时间/分	强度	
基本部分	1. 原地与行进间的单双手球性练习 （1）慢跑双手（击掌）抛接高球 （2）慢跑双手前后抛接 （3）行进间直臂单手左右抛接 （4）走动单手（抛球）直臂向下扣球 （5）胯下内“8”字绕球练习（幅度大，略微抬头） （6）胯下外“8”字绕球练习（幅度大，略微抬头） （7）行进间胯下双手前后快速拍球	10	中	教师讲解示范
	2. 原地与行进间的双手双球球性练习 （1）原地双手同时大力运球 （2）原地双手同时快速低运球 （3）原地双手时差运球 练习提示：双手交替运球，一心二用 （4）原地双手高低运球 （5）原地双手前后运球 （6）原地双手交叉运球 （7）双手交叉运球前进 （8）双球练习行进间大力运球衔接2次体前变向运球 （9）双球练习行进间胯下运球 （10）双球练习行进间背后运球	15	中	教师讲解示范
	3. 各种传接球技术练习 （1）四角传球 （2）2人全场传接球上篮	20	高	教师讲解示范
	4. 游戏：打“龙尾”	15	中	教师讲解示范、组织观察

续表

课的部分	教学内容	练习分量		组织教法
		时间/分	强度	
基本部分	5. 专项体能训练 （1）全场见线折返跑 （2）箭步蹲跳 （3）俯卧撑	15	高	教师讲解示范、组织观察
结束部分	1. 放松操 2. 集合，小结 3. 表扬优秀学生和小组 4. 宣布下次课的内容	5	低	组织： × × × × × × × × × × × × △ 要求：节奏一致，动作放松
课后小结				

表 2－15 CBTA（中国）篮球培训联盟中级班 10 次（20 节）授课之第 2 次课教案

内容	1. 热身：行进间球性练习，投篮专项拉伸 2. 行进间各种传接球技术练习 3. 投篮与行进间投篮技术练习 4. 专项体能训练与放松
目的	1. 强化基本功训练，提高球性 2. 增强学生对篮球的兴趣 3. 提高学生的身体素质 4. 培养学生团结协作和吃苦耐劳的精神
安全事项	1. 准备活动要做充分，活动手指、手腕等关节，防止挫伤手指 2. 专项体能训练前要充分热身，练习结束后要做放松运动，减少乳酸堆积

续表

课的部分	教学内容	练习分量		组织教法
		时间/分	强度	
准备部分	1. 绕篮球场进行各种运球跑步方法练习 2. 教师带领做热身操	10	中	教师领做徒手操 组织： × × × × × × × × × × × × △ 教法与步骤： 1. 教师讲解每节操的动作并示范 2. 学生集体练习
基本部分	1. 行进间各种传接球技术练习 （1）全场3人直线传接球上篮练习 （2）全场3人“8”字传球绕切练习	15	中	教师讲解示范
	2. 投篮与行进间投篮技术练习 （1）排成一队持球原地投篮 （2）原地持球同侧步突破一步急停投篮 （3）排成一队，队首不拿球，左右摆脱接后面学生传球投篮 （4）1分钟自投自抢	30	高	教师讲解示范
	3. 投篮游戏：谁是罚球王	15	中	教师讲解示范、组织观察
	4. 专项体能训练 （1）绳梯练习 （2）跳绳练习 （3）蛙跳练习	15	高	教师讲解示范、组织观察

续表

课的部分	教学内容	练习分量		组织教法
		时间/分	强度	
结束部分	1. 放松操 2. 集合，小结 3. 表扬优秀学生和小组 4. 宣布下次课的内容	5	低	组织： × × × × × × × × × × × × △ 要求：节奏一致，动作放松
课后小结				

表 2－16　CBTA（中国）篮球培训联盟中级班 10 次（20 节）授课之第 3 次课教案

内容	1. 热身：行进间球性练习与韧带拉伸 2. 投篮与跳投技术练习 3. 各种脚步移动技术练习 4. 专项体能训练与放松
目的	1. 强化基本功训练，提高球性 2. 增强学生对篮球的兴趣 3. 提高学生的身体素质 4. 培养学生团结协作和吃苦耐劳的精神
安全事项	1. 准备活动要做充分，活动手指、手腕等关节，防止挫伤手指 2. 专项体能训练前要充分热身，练习结束后要做放松运动，减少乳酸堆积

续表

<table>
<tr><th rowspan="2">课的
部分</th><th rowspan="2">教学内容</th><th colspan="2">练习分量</th><th rowspan="2">组织教法</th></tr>
<tr><th>时间/分</th><th>强度</th></tr>
<tr><td>准备
部分</td><td>1. 绕篮球场进行各种运球跑步方法练习
2. 教师带领做热身操</td><td>10</td><td>中</td><td>教师领做徒手操
组织：
× × × × × ×
× × × × × ×
△
教法与步骤：
1. 教师讲解每节操的动作并示范
2. 学生集体练习</td></tr>
<tr><td rowspan="2">基本
部分</td><td>1. 投篮与跳投技术练习
（1）5 点投篮
（2）原地持球同侧步、交叉步突破一步急停跳投
（3）篮下持球排成一队，传球给三分线弧顶外的教师后上提至左右 45°附近中距离投篮</td><td>20</td><td>中</td><td>教师讲解示范</td></tr>
<tr><td>2. 各种脚步移动技术练习
（1）全场或半场 1 对 1 徒手练习利用速度摆脱
（2）全场或半场 1 对 1 运球练习利用速度摆脱
（3）慢跑或中速跑中做跨步、跳步急停练习
（4）运球中急起急停突破对手
（5）原地基本防守姿势站立，看手势或其他信号做侧滑步、前滑步和后滑步练习
（6）连续做后撤步—攻击步—后撤步练习</td><td>25</td><td>高</td><td>教师讲解示范</td></tr>
</table>

续表

课的部分	教学内容	练习分量		组织教法
		时间/分	强度	
基本部分	3. 游戏：5+2 投篮比赛	15	中	教师讲解示范、组织观察
	4. 专项体能训练 （1）全场折返跑 （2）高抬腿 （3）两头起	15	高	教师讲解示范、组织观察
结束部分	1. 放松操 2. 集合，小结 3. 表扬优秀学生和小组 4. 宣布下次课的内容	5	低	组织： × × × × × × × × × × × × △ 要求：节奏一致，动作放松
课后小结				

表 2－17　CBTA（中国）篮球培训联盟中级班 10 次（20 节）授课之第 4 次课教案

内容	1. 热身：行进间球性练习与韧带拉伸 2. 急停跳投的专项技术练习 3. 持球突破技术练习 4. 专项体能训练与放松
目的	1. 强化基本功训练，提高球性 2. 增强学生对篮球的兴趣 3. 提高学生的身体素质 4. 培养学生团结协作和吃苦耐劳的精神
安全事项	1. 准备活动要做充分，活动手指、手腕等关节，防止挫伤手指 2. 专项体能训练前要充分热身，练习结束后要做放松运动，减少乳酸堆积

续表

<table>
<tr><th rowspan="2">课的
部分</th><th rowspan="2">教学内容</th><th colspan="2">练习分量</th><th rowspan="2">组织教法</th></tr>
<tr><th>时间/分</th><th>强度</th></tr>
<tr><td>准备
部分</td><td>1. 绕篮球场进行各种运球跑步方法练习
2. 教师带领做热身操</td><td>10</td><td>中</td><td>教师领做徒手操
组织：
× × × × × ×
× × × × × ×
△
教法与步骤：
1. 教师讲解每节操的动作并示范
2. 学生集体练习</td></tr>
<tr><td rowspan="3">基本
部分</td><td>1. 急停跳投的专项技术练习
（1）弧顶三分线外两侧摆脱接球跳投
（2）篮底左右两侧上提接球跳投
（3）中路三威胁（即投篮威胁、传球威胁、突破威胁）突破往左右两边急停跳投
（4）左右两边底角持球突破急停跳投</td><td>20</td><td>中</td><td>教师讲解示范</td></tr>
<tr><td>2. 持球突破技术练习
（1）原地的蹬、转、探、跨徒手练习
（2）突破障碍物练习
（3）全场 2 人连续行进间接球突破练习
（4）原地跨步虚晃后突破上篮练习
（5）移动接球急停突破练习
（6）背对篮的前后转身突破练习
（7）左右脚分别为中枢脚突破练习</td><td>25</td><td>高</td><td>教师讲解示范</td></tr>
<tr><td>3. 游戏：胯下运球接力</td><td>15</td><td>中</td><td>教师讲解示范、组织观察</td></tr>
</table>

续表

课的部分	教学内容	练习分量		组织教法
		时间/分	强度	
基本部分	4. 专项体能训练 （1）绳梯练习 （2）跳绳练习 （3）蛙跳练习	15	高	教师讲解示范、组织观察
结束部分	1. 放松操 2. 集合，小结 3. 表扬优秀学生和小组 4. 宣布下次课的内容	5	低	组织： × × × × × × × × × × × × △ 要求：节奏一致，动作放松
课后小结				

表 2－18　CBTA（中国）篮球培训联盟中级班 10 次（20 节）授课之第 5 次课教案

内容	1. 热身：行进间球性练习与韧带拉伸 2. 防守的专项技术练习 3. 持球突破与防守技术练习 4. 专项体能训练与放松
目的	1. 强化基本功训练，提高球性 2. 增强学生对篮球的兴趣 3. 提高学生的身体素质 4. 培养学生团结协作和吃苦耐劳的精神
安全事项	1. 准备活动要做充分，活动手指、手腕等关节，防止挫伤手指 2. 专项体能训练前要充分热身，练习结束后要做放松运动，减少乳酸堆积

续表

<table>
<tr><td rowspan="2">课的部分</td><td rowspan="2">教学内容</td><td colspan="2">练习分量</td><td rowspan="2">组织教法</td></tr>
<tr><td>时间/分</td><td>强度</td></tr>
<tr><td>准备部分</td><td>1. 绕篮球场进行各种运球跑步方法练习
2. 教师带领做热身操</td><td>10</td><td>中</td><td>教师领做徒手操
组织：
× × × × × ×
× × × × × ×
△
教法与步骤：
1. 教师讲解每节操的动作并示范
2. 学生集体练习</td></tr>
<tr><td rowspan="4">基本部分</td><td>1. 防守的专项技术练习
（1）防守基本脚步练习：滑步、后撤步、交叉步、攻击步
（2）原地防守有球队员练习
（3）防纵切、横切练习
（4）防背切、溜底练习
（5）防有球队员、无球队员移动选位练习
（6）防运球突破练习</td><td>20</td><td>中</td><td>教师讲解示范</td></tr>
<tr><td>2. 持球突破与防守技术练习</td><td>25</td><td>高</td><td>教师讲解示范</td></tr>
<tr><td>3. 游戏：抢球攻堡垒</td><td>15</td><td>中</td><td>教师讲解示范、组织观察</td></tr>
<tr><td>4. 专项体能训练
（1）全场折返跑
（2）高抬腿跑
（3）两头起</td><td>15</td><td>高</td><td>教师讲解示范、组织观察</td></tr>
</table>

续表

课的部分	教学内容	练习分量		组织教法
		时间/分	强度	
结束部分	1. 放松操 2. 集合，小结 3. 表扬优秀学生和小组 4. 宣布下次课的内容	5	低	组织： × × × × × × × × × × × × △ 要求：节奏一致，动作放松
课后小结				

表 2－19　CBTA（中国）篮球培训联盟中级班 10 次（20 节）授课之第 6 次课教案

内容	1. 热身：行进间球性练习与韧带拉伸 2. 防守与摆脱防守技术练习 3. 抢篮板球专项技术练习 4. 专项体能训练与放松
目的	1. 强化基本功训练，提高球性 2. 增强学生对篮球的兴趣 3. 提高学生的身体素质 4. 培养学生团结协作和吃苦耐劳的精神
安全事项	1. 准备活动要做充分，活动手指、手腕等关节，防止挫伤手指 2. 专项体能训练前要充分热身，练习结束后要做放松运动，减少乳酸堆积

续表

<table>
<tr><th rowspan="2">课的部分</th><th rowspan="2">教学内容</th><th colspan="2">练习分量</th><th rowspan="2">组织教法</th></tr>
<tr><th>时间/分</th><th>强度</th></tr>
<tr><td>准备部分</td><td>1. 绕篮球场进行各种运球跑步方法练习
2. 教师带领做热身操</td><td>10</td><td>中</td><td>教师领做徒手操
组织：
× × × × × ×
× × × × × ×
△
教法与步骤：
1. 教师讲解每节操的动作并示范
2. 学生集体练习</td></tr>
<tr><td rowspan="4">基本部分</td><td>1. 防守与摆脱防守技术练习</td><td>15</td><td>中</td><td>教师讲解示范</td></tr>
<tr><td>2. 抢篮板球专项技术练习
（1）原地自抛自抢练习
（2）对篮板自抛自抢练习
（3）2 人连续抢篮板球练习
（4）连续碰板抢篮板球练习
（5）挡抢（冲抢）练习
（6）1 对 1 拼抢练习
（7）2 对 2 拼抢练习
（8）3 对 3 拼抢练习</td><td>30</td><td>高</td><td>教师讲解示范</td></tr>
<tr><td>3. 游戏：投篮、上篮积分赛（17 分、15 分、11 分）</td><td>15</td><td>中</td><td>教师讲解示范、组织观察</td></tr>
<tr><td>4. 专项体能训练
（1）弹力棍深蹲跳
（2）平衡球单脚髋伸
（3）平衡铃俯卧撑</td><td>15</td><td>高</td><td>教师讲解示范、组织观察</td></tr>
</table>

续表

课的部分	教学内容	练习分量		组织教法
		时间/分	强度	
结束部分	1. 放松操 2. 集合，小结 3. 表扬优秀学生和小组 4. 宣布下次课的内容	5	低	组织： × × × × × × × × × × × × △ 要求：节奏一致，动作放松
课后小结				

表 2－20　CBTA（中国）篮球培训联盟中级班 10 次（20 节）授课之第 7 次课教案

内容	1. 热身：行进间球性练习与韧带拉伸 2. 传切配合进攻战术练习 3. 分组教学比赛（半场） 4. 专项体能训练与放松
目的	1. 了解并学习一些简单的攻防战术 2. 增强学生对篮球的兴趣 3. 提高学生的身体素质 4. 培养学生团结协作和吃苦耐劳的精神
安全事项	1. 准备活动要做充分，活动手指、手腕等关节，防止挫伤手指 2. 专项体能训练前要充分热身，练习结束后要做放松运动，减少乳酸堆积

续表

<table>
<tr><td rowspan="2">课的部分</td><td rowspan="2">教学内容</td><td colspan="2">练习分量</td><td rowspan="2">组织教法</td></tr>
<tr><td>时间/分</td><td>强度</td></tr>
<tr><td>准备部分</td><td>1. 绕篮球场进行各种运球跑步方法练习
2. 教师带领做热身操</td><td>10</td><td>中</td><td>组织：
× × × × × ×
× × × × × ×
△
教法与步骤：
1. 教师讲解每节操的动作并示范
2. 学生集体练习</td></tr>
<tr><td rowspan="4">基本部分</td><td>1. 传切配合进攻战术练习
（1）2 人横向传切配合
（2）2 人纵向传切配合
（3）2 人的反切配合
（4）2 人连续传切配合
（5）3 人传切配合
（6）3 人交叉传切配合</td><td>30</td><td>中</td><td>教师讲解示范</td></tr>
<tr><td>2. 游戏：全场传切运传球</td><td>15</td><td>高</td><td>教师讲解示范、组织观察</td></tr>
<tr><td>3. 分组教学比赛（半场）</td><td>20</td><td>中</td><td>教师讲解示范、组织观察</td></tr>
<tr><td>4. 专项体能训练
（1）药球砸跳
（2）阻力冲刺跑
（3）横向单脚跳
（4）药球掷追</td><td>10</td><td>高</td><td>教师讲解示范、组织观察</td></tr>
</table>

续表

<table>
<tr><td rowspan="2">课的部分</td><td rowspan="2">教学内容</td><td colspan="2">练习分量</td><td rowspan="2">组织教法</td></tr>
<tr><td>时间/分</td><td>强度</td></tr>
<tr><td>结束部分</td><td>1. 放松操
2. 集合，小结
3. 表扬优秀学生和小组
4. 宣布下次课的内容</td><td>5</td><td>低</td><td>组织：
× × × × × ×
× × × × × ×
△
要求：节奏一致，动作放松</td></tr>
<tr><td>课后小结</td><td colspan="4"></td></tr>
</table>

表2-21　CBTA（中国）篮球培训联盟中级班10次（20节）授课之第8次课教案

内容	1. 热身：行进间球性练习与韧带拉伸 2. 内线策应进攻战术练习 3. 半场人盯人防守战术练习 4. 分组教学比赛（半场） 5. 专项体能训练与放松
目的	1. 了解并学习一些简单的攻防战术 2. 增强学生对篮球的兴趣 3. 提高学生的身体素质 4. 培养学生团结协作和吃苦耐劳的精神
安全事项	1. 准备活动要做充分，活动手指、手腕等关节，防止挫伤手指 2. 专项体能训练前要充分热身，练习结束后要做放松运动，减少乳酸堆积

续表

课的部分	教学内容	练习分量		组织教法
		时间/分	强度	
准备部分	1. 绕篮球场进行各种运球跑步方法练习 2. 教师带领做热身操	10	中	教师领做徒手操 组织： × × × × × × × × × × × × △ 教法与步骤： 1. 教师讲解每节操的动作并示范 2. 学生集体练习
基本部分	1. 内线策应进攻战术练习 （1）2 人策应跳投配合 （2）2 人策应空切配合 （3）3 人策应掩护配合 （4）3 人策应空切配合	20	中	教师讲解示范
	2. 半场人盯人防守战术练习 （1）横滑步接防死球练习 （2）“Z”字形滑步练习 （3）迎球防守的脚步练习 （4）不同位置的迎球防守练习 （5）协防练习 （6）2 攻 2 守练习	20	中	教师讲解示范
	3. 游戏：全场策应运传球	10	高	教师讲解示范、组织观察
	4. 分组教学比赛（半场）	15	中	教师讲解示范、组织观察
	5. 专项体能训练 （1）绳梯练习 （2）跳绳练习 （3）蛙跳练习	10	高	教师讲解示范、组织观察

续表

<table>
<tr><td rowspan="2">课的部分</td><td rowspan="2">教学内容</td><td colspan="2">练习分量</td><td rowspan="2">组织教法</td></tr>
<tr><td>时间/分</td><td>强度</td></tr>
<tr><td>结束部分</td><td>1. 放松操
2. 集合，小结
3. 表扬优秀学生和小组
4. 宣布下次课的内容</td><td>5</td><td>低</td><td>组织：
× × × × × ×
× × × × × ×
△
要求：节奏一致，动作放松</td></tr>
<tr><td>课后小结</td><td colspan="4"></td></tr>
</table>

表 2-22 CBTA（中国）篮球培训联盟中级班 10 次（20 节）授课之第 9 次课教案

内容	1. 热身：行进间球性练习与韧带拉伸 2. 挡拆掩护进攻战术练习 3. 半场 2-3 联防战术练习 4. 分组教学比赛（全场） 5. 专项体能训练与放松
目的	1. 了解并学习一些简单的攻防战术 2. 增强学生对篮球的兴趣 3. 提高学生的身体素质 4. 培养学生团结协作和吃苦耐劳的精神
安全事项	1. 准备活动要做充分，活动手指、手腕等关节，防止挫伤手指 2. 专项体能训练前要充分热身，练习结束后要做放松运动，减少乳酸堆积

续表

课的部分	教学内容	练习分量		组织教法
		时间/分	强度	
准备部分	1. 绕篮球场进行各种运球跑步方法练习 2. 教师带领做热身操	10	中	教师领做徒手操 组织： × × × × × × × × × × × × △ 教法与步骤： 1. 教师讲解每节操的动作并示范 2. 学生集体练习
基本部分	1. 挡拆掩护进攻战术练习 （1）2 人侧掩护配合 （2）2 人后掩护配合 （3）2 人运球掩护配合 （4）3 人反掩护配合	20	中	教师讲解示范
	2. 半场二三联防战术练习 （1）外线 3 对 3 的防守 （2）外线 3 对 3 防守的延误和回位 （3）2 对 2 上步防守 （4）对挡拆的防守 （5）球传到低位时的防守训练 （6）锋线夹击的防守训练 （7）中路夹击持球人	20	中	教师讲解示范
	3. 游戏：疯狂夹击与抢断	10	高	教师讲解示范、组织观察
	4. 分组教学比赛（全场）	15	中	教师讲解示范、组织观察
	5. 专项体能训练 （1）弹力棍深蹲跳 （2）平衡球单脚髋伸 （3）平衡铃俯卧撑	10	高	教师讲解示范、组织观察

续表

<table>
<tr><td rowspan="2">课的部分</td><td rowspan="2">教学内容</td><td colspan="2">练习分量</td><td rowspan="2">组织教法</td></tr>
<tr><td>时间/分</td><td>强度</td></tr>
<tr><td>结束部分</td><td>1. 放松操
2. 集合，小结
3. 表扬优秀学生和小组
4. 宣布下次课的内容</td><td>5</td><td>低</td><td>组织：
× × × × × ×
× × × × × ×
△
要求：节奏一致，动作放松</td></tr>
<tr><td>课后小结</td><td colspan="4"></td></tr>
</table>

表 2－23　CBTA（中国）篮球培训联盟中级班 10 次（20 节）授课之第 10 次课教案

内容	1. 热身：行进间球性练习与韧带拉伸 2. 进行技巧大赛，投篮、运传球、1 对 1 测试或比赛，决出“投篮之星”“技巧王”和“单挑王” 3. 分组进行半场 3 对 3 或全场 5 对 5 比赛，决出优胜队，评选出 MVP
目的	1. 增强学生对篮球的兴趣 2. 培养学生团结协作和吃苦耐劳的精神 3. 测试中级培训班的训练成果 4. 为高级班的选材提供可靠的依据
安全事项	1. 准备活动要做充分，活动手指、手腕等关节，防止挫伤手指 2. 比赛前要充分热身，比赛后要做放松运动，减少乳酸堆积

续表

课的部分	教学内容	练习分量		组织教法
		时间/分	强度	
准备部分	1. 绕篮球场进行各种运球跑步方法练习 2. 教师带领做热身操	10	中	教师领做徒手操 组织： × × × × × × × × × × × × △ 教法与步骤： 1. 教师讲解每节操的动作并示范 2. 学生集体练习
基本部分	1. 技巧大赛	15	中	教师讲解示范，各项比赛可同时进行
	2. 投篮比赛	15	中	教师讲解示范，各项比赛可同时进行
	3. 运传球比赛	15	高	教师讲解示范，各项比赛可同时进行
	4. 1 对 1 斗牛	15	中	教师讲解示范，各项比赛可同时进行
	5. 半场 3 对 3 或全场 5 对 5 比赛	15	高	教师讲解示范，各项比赛可同时进行
结束部分	1. 放松操 2. 集合，评选出 MVP 3. 宣布本次培训结束	5	低	组织： × × × × × × × × × × × × △ 要求：节奏一致，动作放松
课后小结				

三、CBTA（中国）篮球培训联盟高级班10次（20节）授课教案

CBTA（中国）篮球培训联盟高级班10次（20节）授课教案详见表2－24～表2－33。

表2－24　CBTA（中国）篮球培训联盟高级班10次（20节）授课之第1次课教案

<table>
<tr><td>内容</td><td colspan="4">1. 热身：热身操与韧带拉伸
2. 基础球性练习
3. 各种单项技术测试，如投篮、运球、传球、脚步、摸高等
4. 分组，比赛，再根据实力重新分组
5. 专项体能训练与放松</td></tr>
<tr><td>目的</td><td colspan="4">1. 强化基本功训练，提高球性
2. 记录学生入学前的一些篮球数据
3. 对学生进行分组，并尽可能实力均衡
4. 培养学生团结协作和吃苦耐劳的精神</td></tr>
<tr><td>安全事项</td><td colspan="4">1. 准备活动要做充分，活动手指、手腕等关节，防止挫伤手指
2. 专项体能训练前要充分热身，练习结束后要做放松运动，减少乳酸堆积</td></tr>
<tr><td rowspan="2">课的部分</td><td rowspan="2">教学内容</td><td colspan="2">练习分量</td><td rowspan="2">组织教法</td></tr>
<tr><td>时间/分</td><td>强度</td></tr>
<tr><td>准备部分</td><td>1. 热身操
2. 韧带拉伸</td><td>10</td><td>中</td><td>教师带领球性练习
组织：
× × × × × ×
× × × × × ×
△
教法与步骤：
1. 教师带领韧带拉伸
2. 学生集体练习</td></tr>
</table>

续表

课的部分	教学内容	练习分量		组织教法
		时间/分	强度	
基本部分	1. 基础球性练习 （1）原地双手同时大力运球 （2）原地双手同时快速低运球 （3）原地双手时差运球 练习提示：双手交替运球，一心二用 （4）原地双手高低运球 （5）原地双手前后运球 （6）原地双手交叉运球 （7）双手交叉运球前进 （8）双球练习行进间大力运球衔接 2 次体前变向运球 （9）双球练习行进间胯下运球 （10）双球练习行进间背后运球	10	中	教师讲解示范
	2. 游戏：组合运球接力	15	中	教师组织安排
	3. 各种单项技术测试，如投篮、运球、传球、脚步、摸高等	20	高	教师组织安排
	4. 分组，比赛，再根据实力重新分组	15	中	教师组织观察
	5. 专项体能训练 （1）绳梯练习 （2）跳绳练习 （3）蛙跳练习	15	高	教师讲解示范
结束部分	1. 放松操 2. 集合，小结 3. 表扬优秀学生和小组 4. 宣布下次课的内容	5	低	组织： × × × × × × × × × × × × △ 要求：节奏一致，动作放松
课后小结				

表 2 -25　CBTA（中国）篮球培训联盟高级班 10 次（20 节）授课之第 2 次课教案

<table>
<tr><td>内容</td><td colspan="4">1. 热身：球性练习与韧带拉伸
2. 投篮专项技术练习
3. 联赛赛制确定，热身赛
4. 专项体能训练与放松</td></tr>
<tr><td>目的</td><td colspan="4">1. 强化基本功训练，提高球性
2. 提高投篮能力
3. 制定合适的联赛赛制
4. 培养学生团结协作和吃苦耐劳的精神</td></tr>
<tr><td>安全事项</td><td colspan="4">1. 准备活动要做充分，活动手指、手腕等关节，防止挫伤手指
2. 专项体能训练前要充分热身，练习结束后要做放松运动，减少乳酸堆积</td></tr>
<tr><td rowspan="2">课的部分</td><td rowspan="2">教学内容</td><td colspan="2">练习分量</td><td rowspan="2">组织教法</td></tr>
<tr><td>时间/分</td><td>强度</td></tr>
<tr><td>准备部分</td><td>1. 球性练习
2. 韧带拉伸</td><td>10</td><td>中</td><td>教师带领球性练习
组织：
× × × × × ×
× × × × × ×
△
教法与步骤：
1. 教师带领韧带拉伸
2. 学生集体练习</td></tr>
</table>

续表

课的部分	教学内容	练习分量		组织教法
		时间/分	强度	
基本部分	1. 游戏：看哪个组投篮命中率高	15	中	教师组织观察
	2. 投篮专项技术练习 （1）5 点投篮 （2）原地持球同侧步、交叉步突破一步急停跳投 （3）篮下持球排成一队，传球给三分线弧顶外的教师后上提至左右 45°附近中距离投篮 （4）弧顶三分线外两侧摆脱接球跳投 （5）篮底左右两侧上提接球跳投 （6）中路三威胁突破往左右两边急停跳投 （7）左右两边底角持球突破急停跳投	30	高	教师讲解示范
	3. 联赛赛制确定，热身赛	15	中	教师讲解示范、组织观察
	4. 专项体能训练 （1）弹力棍深蹲跳 （2）平衡球单脚髋伸 （3）平衡铃俯卧撑	15	高	教师讲解示范、组织观察
结束部分	1. 放松操 2. 集合，小结 3. 表扬优秀学生和小组 4. 宣布下次课的内容	5	低	组织： × × × × × × × × × × × × △ 要求：节奏一致，动作放松
课后小结				

表2-26 CBTA（中国）篮球培训联盟高级班10次（20节）授课之第3次课教案

<table>
<tr><td>内容</td><td colspan="4">1. 热身：球性练习与韧带拉伸
2. 传接球与行进间投篮专项技术练习
3. 传切配合进攻战术练习
4. 联赛第一轮
5. 专项体能训练与放松</td></tr>
<tr><td>目的</td><td colspan="4">1. 强化基本功训练，提高球性
2. 提高学生传球能力
3. 进行实用的战术练习，提高实战能力
4. 培养学生团结协作和吃苦耐劳的精神</td></tr>
<tr><td>安全事项</td><td colspan="4">1. 准备活动要做充分，活动手指、手腕等关节，防止挫伤手指
2. 专项体能训练前要充分热身，练习结束后要做放松运动，减少乳酸堆积</td></tr>
<tr><td rowspan="2">课的部分</td><td rowspan="2">教学内容</td><td colspan="2">练习分量</td><td rowspan="2">组织教法</td></tr>
<tr><td>时间/分</td><td>强度</td></tr>
<tr><td>准备部分</td><td>1. 球性练习
2. 韧带拉伸</td><td>10</td><td>中</td><td>教师带领球性练习
组织：
× × × × × ×
× × × × × ×
△
教法与步骤：
1. 教师带领韧带拉伸
2. 学生集体练习</td></tr>
<tr><td rowspan="2">基本部分</td><td>1. 游戏：运球上篮、投篮接力挑战赛</td><td>10</td><td>中</td><td>教师组织观察</td></tr>
<tr><td>2. 传接球与行进间投篮专项技术练习
（1）行进间传球后急停跳投
（2）行进间投篮
（3）中距离跑动接球投篮</td><td>15</td><td>高</td><td>教师讲解示范</td></tr>
</table>

续表

<table>
<tr><td rowspan="2">课的部分</td><td rowspan="2">教学内容</td><td colspan="2">练习分量</td><td rowspan="2">组织教法</td></tr>
<tr><td>时间/分</td><td>强度</td></tr>
<tr><td rowspan="3">基本部分</td><td>3. 传切配合进攻战术练习
（1）2 人横向传切配合
（2）2 人纵向传切配合
（3）2 人的反切配合
（4）2 人连续传切配合
（5）3 人传切配合
（6）3 人交叉传切配合</td><td>15</td><td>中</td><td>教师讲解示范</td></tr>
<tr><td>4. 联赛开始</td><td>25</td><td>高</td><td>教师组织观察</td></tr>
<tr><td>5. 专项体能训练
（1）药球砸跳
（2）阻力冲刺跑
（3）横向单脚跳
（4）药球掷追</td><td>10</td><td>高</td><td>教师讲解示范、组织观察</td></tr>
<tr><td>结束部分</td><td>1. 放松操
2. 集合，小结
3. 表扬优秀学生和小组
4. 宣布下次课的内容</td><td>5</td><td>低</td><td>组织：
× × × × × ×
× × × × × ×
△
要求：节奏一致，动作放松</td></tr>
<tr><td>课后小结</td><td colspan="4"></td></tr>
</table>

表 2－27 CBTA（中国）篮球培训联盟高级班 10 次（20 节）授课之第 4 次课教案

<table>
<tr><td>内容</td><td colspan="4">1. 热身：球性练习与韧带拉伸
2. 脚步移动的专项技术练习
3. 内线策应进攻战术练习
4. 联赛第二轮
5. 专项体能训练与放松</td></tr>
<tr><td>目的</td><td colspan="4">1. 强化基本功训练，提高球性
2. 增强学生脚步移动能力
3. 进行实用的战术练习，提高实战能力
4. 培养学生团结协作和吃苦耐劳的精神</td></tr>
<tr><td>安全事项</td><td colspan="4">1. 准备活动要做充分，活动手指、手腕等关节，防止挫伤手指
2. 专项体能训练前要充分热身，练习结束后要做放松运动，减少乳酸堆积</td></tr>
<tr><td rowspan="2">课的部分</td><td rowspan="2">教学内容</td><td colspan="2">练习分量</td><td rowspan="2">组织教法</td></tr>
<tr><td>时间/分</td><td>强度</td></tr>
<tr><td>准备部分</td><td>1. 球性练习
2. 韧带拉伸</td><td>10</td><td>中</td><td>教师带领球性练习
组织：
××××××
××××××
△
教法与步骤：
1. 教师带领韧带拉伸
2. 学生集体练习</td></tr>
<tr><td rowspan="2">基本部分</td><td>1. 游戏：撕名牌</td><td>10</td><td>中</td><td>教师组织观察</td></tr>
<tr><td>2. 脚步移动的专项技术练习
（1）冲刺—转身—传球脚步练习
（2）扑出防守—后退跑—滑步—冲刺跑脚步练习
（3）“之”字形滑步练习</td><td>15</td><td>高</td><td>教师讲解示范</td></tr>
</table>

续表

课的部分	教学内容	练习分量		组织教法
		时间/分	强度	
基本部分	3. 内线策应进攻战术练习 （1）2 人策应中锋进攻配合 （2）2 人策应反切跳投配合 （3）3 人策应中锋进攻配合	15	中	教师讲解示范
	4. 联赛第二轮	25	高	教师组织观察
	5. 专项体能训练 （1）全场折返跑 （2）高抬腿 （3）两头起	10	高	教师讲解示范、组织观察
结束部分	1. 放松操 2. 集合，小结 3. 表扬优秀学生和小组 4. 宣布下次课的内容	5	低	组织： × × × × × × × × × × × × △ 要求：节奏一致，动作放松
课后小结				

表 2－28　CBTA（中国）篮球培训联盟高级班 10 次（20 节）授课之第 5 次课教案

<table>
<tr><td>内容</td><td colspan="4">1. 热身：球性练习与韧带拉伸
2. 跳投与急停跳投的专项技术练习
3. 挡拆掩护进攻战术练习
4. 联赛第三轮
5. 专项体能训练与放松</td></tr>
<tr><td>目的</td><td colspan="4">1. 强化基本功训练，提高球性
2. 增强学生投篮方法的多样性
3. 进行实用的战术练习，提高实战能力
4. 培养学生团结协作和吃苦耐劳的精神</td></tr>
<tr><td>安全事项</td><td colspan="4">1. 准备活动要做充分，活动手指、手腕等关节，防止挫伤手指
2. 专项体能训练前要充分热身，练习结束后要做放松运动，减少乳酸堆积</td></tr>
<tr><td rowspan="2">课的部分</td><td rowspan="2">教学内容</td><td colspan="2">练习分量</td><td rowspan="2">组织教法</td></tr>
<tr><td>时间/分</td><td>强度</td></tr>
<tr><td>准备部分</td><td>1. 球性练习
2. 韧带拉伸</td><td>10</td><td>中</td><td>教师带领球性练习
组织：
× × × × × ×
× × × × × ×
△
教法与步骤：
1. 教师带领韧带拉伸
2. 学生集体练习</td></tr>
<tr><td rowspan="2">基本部分</td><td>1. 游戏：金牌孩子</td><td>10</td><td>中</td><td>教师组织观察</td></tr>
<tr><td>2. 跳投与急停跳投的专项技术练习
（1）弧顶三分线外两侧摆脱接球跳投
（2）篮底左右两侧上提接球跳投
（3）中路三威胁突破往左右两边急停跳投
（4）左右两边底角持球突破急停跳投</td><td>15</td><td>高</td><td>教师讲解示范</td></tr>
</table>

续表

<table>
<tr><th rowspan="2">课的部分</th><th rowspan="2">教学内容</th><th colspan="2">练习分量</th><th rowspan="2">组织教法</th></tr>
<tr><th>时间/分</th><th>强度</th></tr>
<tr><td rowspan="3">基本部分</td><td>3. 挡拆掩护进攻战术练习
（1）2 人侧掩护配合
（2）2 人后掩护配合
（3）2 人运球掩护配合
（4）3 人反掩护配合</td><td>15</td><td>中</td><td>教师讲解示范</td></tr>
<tr><td>4. 联赛第三轮</td><td>25</td><td>高</td><td>教师组织观察</td></tr>
<tr><td>5. 专项体能训练
（1）跳绳
（2）全场见线折返跑
（3）箭步蹲跳</td><td>10</td><td>高</td><td>教师讲解示范、组织观察</td></tr>
<tr><td>结束部分</td><td>1. 放松操
2. 集合，小结
3. 表扬优秀学生和小组
4. 宣布下次课的内容</td><td>5</td><td>低</td><td>组织：
× × × × × ×
× × × × × ×
△
要求：节奏一致，动作放松</td></tr>
<tr><td>课后小结</td><td colspan="4"></td></tr>
</table>

表2－29　CBTA（中国）篮球培训联盟高级班10次（20节）授课之第6次课教案

<table>
<tr><td>内容</td><td colspan="4">1. 热身：球性练习与韧带拉伸
2. 持球突破的专项技术练习
3. 半场人盯人防守战术练习
4. 联赛第四轮
5. 专项体能训练与放松</td></tr>
<tr><td>目的</td><td colspan="4">1. 强化基本功训练，提高球性
2. 增强学生持球突破的能力
3. 进行实用的战术练习，提高实战能力
4. 培养学生团结协作和吃苦耐劳的精神</td></tr>
<tr><td>安全事项</td><td colspan="4">1. 准备活动要做充分，活动手指、手腕等关节，防止手指挫伤
2. 专项体能训练前要充分热身，练习结束后要做放松运动，减少乳酸堆积</td></tr>
<tr><td rowspan="2">课的部分</td><td rowspan="2">教学内容</td><td colspan="2">练习分量</td><td rowspan="2">组织教法</td></tr>
<tr><td>时间/分</td><td>强度</td></tr>
<tr><td>准备部分</td><td>1. 球性练习
2. 韧带拉伸</td><td>10</td><td>中</td><td>教师带领球性练习
组织：
× × × × × ×
× × × × × ×
△
教法与步骤：
1. 教师带领韧带拉伸
2. 学生集体练习</td></tr>
<tr><td rowspan="2">基本部分</td><td>1. 游戏：鲨鱼和小鱼</td><td>10</td><td>中</td><td>教师组织观察</td></tr>
<tr><td>2. 持球突破的专项技术练习
（1）原地的蹬、转、探、跨徒手练习
（2）突破障碍物练习
（3）全场2人连续行进间接球突破练习
（4）原地跨步虚晃后突破上篮练习
（5）移动接球急停突破练习
（6）背对篮的前后转身突破练习
（7）左右脚分别为中枢脚突破练习</td><td>15</td><td>高</td><td>教师讲解示范</td></tr>
</table>

续表

课的部分	教学内容	练习分量		组织教法
		时间/分	强度	
基本部分	3. 半场人盯人防守战术练习 （1）横滑步接防死球 （2）“Z”字形滑步 （3）迎球防守的脚步练习 （4）不同位置的迎球防守 （5）协防练习 （6）2 攻 2 守练习 （7）3 攻 3 守练习	15	中	教师讲解示范
	4. 联赛第四轮	25	高	教师组织观察
	5. 专项体能训练 （1）弹力棍深蹲跳 （2）平衡球单脚髋伸 （3）平衡铃俯卧撑	10	高	教师讲解示范、组织观察
结束部分	1. 放松操 2. 集合，小结 3. 表扬优秀学生和小组 4. 宣布下次课的内容	5	低	组织： × × × × × × × × × × × × △ 要求：节奏一致，动作放松
课后小结				

表 2－30　CBTA（中国）篮球培训联盟高级班 10 次（20 节）授课之第 7 次课教案

<table>
<tr><td>内容</td><td colspan="4">1. 热身：球性练习与韧带拉伸
2. 防守与摆脱防守的专项技术练习
3. 半场 2－3、3－2、2－1－2 联防战术练习
4. 联赛第五轮
5. 专项体能训练与放松</td></tr>
<tr><td>目的</td><td colspan="4">1. 强化基本功训练，提高球性
2. 增强学生防守与摆脱防守的能力
3. 进行实用的战术练习，提高实战能力
4. 培养学生团结协作和吃苦耐劳的精神</td></tr>
<tr><td>安全事项</td><td colspan="4">1. 准备活动要做充分，活动手指、手腕等关节，防止挫伤手指
2. 专项体能训练前要充分热身，练习结束后要做放松运动，减少乳酸堆积</td></tr>
<tr><td rowspan="2">课的部分</td><td rowspan="2">教学内容</td><td colspan="2">练习分量</td><td rowspan="2">组织教法</td></tr>
<tr><td>时间/分</td><td>强度</td></tr>
<tr><td>准备部分</td><td>1. 球性练习
2. 韧带拉伸</td><td>10</td><td>中</td><td>教师带领球性练习
组织：
× × × × × ×
× × × × × ×
△
教法与步骤：
1. 教师带领韧带拉伸
2. 学生集体练习</td></tr>
<tr><td rowspan="2">基本部分</td><td>1. 游戏：谁是得分王</td><td>10</td><td>中</td><td>教师组织观察</td></tr>
<tr><td>2. 防守与摆脱防守的专项技术练习
（1）迎球防守的脚步练习
（2）不同位置的迎球防守
（3）反跑
（4）“V”形切入
（5）“U”形切入
（6）“L”形切入</td><td>15</td><td>高</td><td>教师讲解示范</td></tr>
</table>

续表

课的部分	教学内容	练习分量		组织教法
		时间/分	强度	
基本部分	3. 半场 2－3、3－2、2－1－2 联防战术练习 （1）外线 3 对 3 的防守 （2）外线 3 对 3 防守的延误和回位 （3）2 对 2 上步防守 （4）对挡拆的防守 （5）球传到低位时的防守训练 （6）锋线夹击的防守训练 （7）中路夹击持球人	15	中	教师讲解示范
	4. 联赛第五轮	25	高	教师组织观察
	5. 专项体能训练 （1）药球砸跳 （2）阻力冲刺跑 （3）横向单脚跳 （4）药球掷追	10	高	教师讲解示范、组织观察
结束部分	1. 放松操 2. 集合，小结 3. 表扬优秀学生和小组 4. 宣布下次课的内容	5	低	组织： × × × × × × × × × × × × △ 要求：节奏一致，动作放松
课后小结				

表 2－31 CBTA（中国）篮球培训联盟高级班 10 次（20 节）授课之第 8 次课教案

内容	1. 热身：球性练习与韧带拉伸 2. 抢篮板球专项技术练习 3. 全场紧逼、半场紧逼防守专项技术 4. 联赛第六轮 5. 专项体能训练与放松			
目的	1. 强化基本功训练，提高球性 2. 增强学生的抢篮板球的能力 3. 进行实用的战术练习，提高实战能力 4. 培养学生团结协作和吃苦耐劳的精神			
安全事项	1. 准备活动要做充分，活动手指、手腕等关节，防止挫伤手指 2. 专项体能训练前要充分热身，练习结束后要做放松运动，减少乳酸堆积			
课的部分	教学内容	练习分量		组织教法
		时间/分	强度	
准备部分	1. 球性练习 2. 韧带拉伸	10	中	教师带领球性练习 组织： × × × × × × × × × × × × △ 教法与步骤： 1. 教师带领韧带拉伸 2. 学生集体练习

续表

课的部分	教学内容	练习分量		组织教法
		时间/分	强度	
基本部分	1. 游戏：抢篮板球与投篮	10	中	教师组织观察
	2. 抢篮板球专项技术练习 （1）原地自抛自抢练习 （2）对篮板自抛自抢练习 （3）2 人连续抢篮板球练习 （4）连续碰板、抢篮板球练习 （5）挡抢（冲抢）练习 （6）1 对 1 拼抢练习 （7）2 对 2 拼抢练习 （8）3 对 3 拼抢练习	15	高	教师讲解示范
	3. 全场紧逼、半场紧逼防守专项技术 （1）1－2－1－1 全场紧逼 （2）2－2－1 全场紧逼 （3）3－1－1 半场紧逼 （4）1－2－2 半场紧逼	15	中	教师讲解示范
	4. 联赛第六轮	25	高	教师组织观察
	5. 专项体能训练 （1）绳梯练习 （2）跳绳练习 （3）蛙跳练习	10	高	教师讲解示范、组织观察
结束部分	1. 放松操 2. 集合，小结 3. 表扬优秀学生和小组 4. 宣布下次课的内容	5	低	组织： × × × × × × × × × × × × △ 要求：节奏一致，动作放松
课后小结				

表 2－32　CBTA（中国）篮球培训联盟高级班 10 次（20 节）授课之第 9 次课教案

<table>
<tr><td>内容</td><td colspan="4">1. 热身：球性练习与韧带拉伸
2. 篮球嘉年华，各单项技术大赛，如“中投王”“三分王”“技巧王”“脚步王”“弹跳王”“单挑王”等
3. 联赛半决赛</td></tr>
<tr><td>目的</td><td colspan="4">1. 强化基本功训练，提高球性
2. 检验本学期学生篮球水平的进步情况
3. 体会篮球比赛所带来的失败与胜利
4. 培养学生团结协作和吃苦耐劳的精神</td></tr>
<tr><td>安全事项</td><td colspan="4">1. 准备活动要做充分，活动手指、手腕等关节，防止挫伤手指
2. 专项体能训练前要充分热身，练习结束后要做放松运动，减少乳酸堆积</td></tr>
<tr><td rowspan="2">课的部分</td><td rowspan="2">教学内容</td><td colspan="2">练习分量</td><td rowspan="2">组织教法</td></tr>
<tr><td>时间/分</td><td>强度</td></tr>
<tr><td>准备部分</td><td>1. 球性练习
2. 韧带拉伸</td><td>10</td><td>中</td><td>教师带领球性练习
组织：
× × × × × ×
× × × × × ×
△
教法与步骤：
1. 教师带领韧带拉伸
2. 学生集体练习</td></tr>
<tr><td rowspan="4">基本部分</td><td>1. 游戏：全场大“S”形绕三圆运传球</td><td>10</td><td>中</td><td>教师讲解示范</td></tr>
<tr><td>2. 篮球嘉年华，各单项技术大赛</td><td>30</td><td>中</td><td>教师讲解示范、组织观察</td></tr>
<tr><td>3. 联赛半决赛</td><td>25</td><td>中</td><td>教师讲解示范、组织观察</td></tr>
<tr><td>4. 专项体能训练</td><td>10</td><td>高</td><td>教师讲解示范、组织观察</td></tr>
</table>

续表

<table>
<tr><td rowspan="2">课的部分</td><td rowspan="2">教学内容</td><td colspan="2">练习分量</td><td rowspan="2">组织教法</td></tr>
<tr><td>时间/分</td><td>强度</td></tr>
<tr><td>结束部分</td><td>1. 放松操
2. 集合，小结
3. 表扬优秀学生和小组
4. 宣布下次课的内容</td><td>5</td><td>低</td><td>组织：
× × × × × ×
× × × × × ×
△
要求：节奏一致，动作放松</td></tr>
<tr><td>课后小结</td><td colspan="4"></td></tr>
</table>

表 2 -33　CBTA（中国）篮球培训联盟高级班 10 次（20 节）授课之第 10 次课教案

内容	1. 热身：球性练习与韧带拉伸 2. 篮球嘉年华，各单项技术大赛，如“中投王”“三分王”“技巧王”“脚步王”“弹跳王”“单挑王”等 3. 联赛总决赛，评选出 MVP
目的	1. 强化基本功训练，提高球性 2. 检验本学期学生篮球水平的进步情况 3. 体会篮球比赛所带来的失败与胜利 4. 培养学生团结协作和吃苦耐劳的精神
安全事项	1. 准备活动要做充分，活动手指、手腕等关节，防止挫伤手指 2. 专项体能训练前要充分热身，练习结束后要做放松运动，减少乳酸堆积

续表

课的部分	教学内容	练习分量		组织教法
		时间/分	强度	
准备部分	1. 球性练习 2. 韧带拉伸	10	中	教师带领球性练习 组织： × × × × × × × × × × × × △ 教法与步骤： 1. 教师带领韧带拉伸 2. 学生集体练习
基本部分	1. 篮球嘉年华，各单项技术大赛	35	中	教师讲解示范，各项比赛可同时进行
	2. 联赛总决赛	30	中	教师讲解示范，各项比赛可同时进行
	3. 专项体能训练	10	高	教师讲解示范，各项比赛可同时进行
结束部分	1. 放松操 2. 集合，小结 3. 表扬优秀学生和小组，评选出 MVP 4. 宣布本期培训课程结束	5	低	组织： × × × × × × × × × × × × △ 要求：节奏一致，动作放松
课后小结				

第三章

青少年篮球训练的基本方法

第一节　基础球性

在篮球运动中，球性是学生必须掌握的练习，是打好篮球的基础。掌握球性需要长时间、不间断地练习，只有用心体验它，才能达到人球合一的境界。

一、原地球性练习方法

原地球性的练习方法，主要是针对手对球的控制能力所进行的针对性训练方法。

具体训练方法：

（1）手指尖转球。

（2）单手持球转体扩胸练习。

（3）单手左右侧绕环练习。

（4）双手指尖快速拨球。

（5）三环绕球。

（6）胯下“8”字绕球（前绕后绕）练习。

（7）单手直臂翻转球练习。

（8）单手上抛拉球。

（9）单手后抛拉球。

（10）单腿跪地异侧手胯下内外抛接。

（11）高抛快速击掌接球。

（12）高抛落地低接反弹球。

（13）前击掌膝后抓球（球不能落地，快速，腿部夹球）。

（14）胯下前后换手抓球（球落地 1 次或球不落地）。

（15）前后反弹抓球练习。

二、行进间的球性练习

行进间球性的练习方法，主要是为了加强手脚协调配合能力所进行的针对性训练方法。

具体训练方法：

（1）慢跑双手（击掌）抛接高球。

（2）慢跑双手前后抛接球。

（3）行进间直臂单手左右抛接球。

（4）走动单手（抛球）直臂向下扣球。

（5）胯下内“8”字绕球练习（幅度大，略微抬头）。

（6）胯下外“8”字绕球练习（幅度大，略微抬头）。

（7）行进间胯下双手前后快速拍球。

三、借助器材的球性练习

借助器材的练习方法，主要是利用一些简单的器械为提高手对球的控制能力和手脚协调配合能力而进行的针对性训练方法。

具体训练方法：

（1）借助弹力带做顺步突破练习（弹力带绑在两腿之间）。

（2）借助绳梯控球练习（将脚步和球结合起来，做开合跳、左右刺步等）。

（3）借助瑜伽半球控双球练习（单腿支撑保持好平衡）。

（4）借助跳栏和瑜伽半球控球练习（运球跨过跳栏，击打瑜伽半球）。

（5）借助弹力带控球练习（腰部拉紧弹力带控球）。

（6）借助重绳控球练习（一只手上下甩动重绳，另一只手控球）。

四、游　戏

（一）移花接木

【任务】

各组学生（7 ~ 15 人均可）围成 1 个圆圈，左右间隔 30 ~ 50 厘米，人手 1 个篮球，一只手托球，另一只手背在身后，在人不动的情况下，所有人同时按顺时针或者逆时针方向把球抛向身边的同伴，所有人接到球算成功 1 次，3 分钟的时间内在规则允许的情况下争取最多次连续成功接球，次数多者为本轮挑战的最终获胜方。

【规则】

（1）只允许一只手接球，身体其他部位辅助接球算失误。

（2）每次球掉下或者失误都要重新开始计数，取最佳成绩。

（3）每轮次数最少的小组可安排俯卧撑或者折返跑作为惩罚。

【组织】

整个项目挑战大概安排 40 ~ 60 分钟的体验时间。第一轮可以规定用右手抛球，用右手接球。第二轮可以规定用左手抛球，用左手接球。第三轮可以规定用右手抛球，用左手接球；反之，左手抛球，右手接球。每轮开始之前，给团队 5 ~ 10 分钟的讨论、总结、练习时间。

【讨论】

（1）团队如何做才能做得更好，才能连续多次成功接球？

（2）如何理解球感练习？

（二）双手抛球接力

【任务】

各组学生（7 ~ 15 人均可）站成一路纵队，前后间隔一臂距离，第一人拿球，用双手把球抛起越过自身头顶，让下一个学生接到球。同样的要求，直到最后一个学生拿到球，然后把球从地面经过所有学生的胯下滚到最前面的人手里，最前面的人向后或向前抛完球之后，跑到队伍另一端站队接力。如此循环接力，直到小组学生越过终点线结束，哪个小组最先通过终点线即为获胜。

【规则】

（1）在抛球时小组学生的脚步是不可以移动的。抛球时必须越过自身头顶，如果下一个学生没有接住，需捡球重复抛球，直至成功接到球才可进行下一步行动。

（2）学生前后之间的距离必须是一臂距离，不能相差太大。

（3）进行地面滚球时其他学生不能协助帮忙，如果没有直接到达最前面一人手里，需自己捡球，重新开始，直到前面学生拿到球才可进行下一步行动。

（4）每轮输的小组可安排俯卧撑或者折返跑作为惩罚。

【组织】

（1）整个项目挑战大概安排30～40分钟的体验时间。

（2）第一轮挑战是所有学生背对终点线站立，抛球时是越过自身头顶向身后的学生抛球。

（3）第二轮抛球是面向终点线站立，抛球时是双手在身后把球越过自身头顶抛向前面的学生，前面的学生接球时也必须是手在身体后方接球。

（4）每轮挑战之前可给3～5分钟的讨论、练习、准备时间。

【讨论】

（1）团队如何做才能做得更好，才能更快地到达终点线?

（2）如何看待前后学生之间的配合问题?

（三）单手背后抛球接力

【任务】

各组学生（7～15人均可）站成一排，左右间隔一臂距离，从起点线开始，第一人右手拿球，把球从背后抛到自身左前方，同时左边的学生用右手接到抛过来的篮球，同样也用背后抛球的方式传球给下一名学生，然后第一人传完球之后从站队后侧跑到队伍的最后面接力，如此循环传球直到终点线；到达终点线后，最左边的学生用左手从背后抛球至身体的右侧前方，右边的学生用左手接球，然后继续用左手背后抛球给下一个学生，如此循环抛球接力，直至到达起点线结束。最终哪个小组最先到达起点线即为获胜。

【规则】

（1）在抛球时小组学生的脚步是不可以移动的。抛球时必须越过自身头顶，如果下一个小组学生没有接住，需捡球重复抛球，直至成功接到球才可进行下一步行动。

（2）学生前后之间的距离必须是左右一臂距离，不能相差太大。

（3）每轮输的小组可安排俯卧撑或者折返跑作为惩罚。

【组织】

（1）整个项目挑战大概安排 30 ~ 40 分钟的体验时间。

（2）可分别进行 3 轮的挑战，每轮挑战之前可给 2 ~ 3 分钟的讨论、练习、准备时间。

【讨论】

（1）团队如何做才能做得更好，才能更快地到达终点线？

（2）当同伴出现失误时，作为团队一员该怎么做？

（四）单手地面滚球接力

【任务】

各组学生（7 ~ 15 人均可）纵队站立于底线之后，每次出一人用手滚篮球至中线然后返回，把球给下一名学生，如此至最后一人完成滚球之后，所有人的无球手连在一起，从底线开始，同时用手滚球到另一底线返回，哪个小组最快完成任务即为获胜。

【规则】

（1）在滚球时，手随时保持与球的接触。

（2）一旦球脱离了手的控制，要在失误的地方停下来拿到球之后才能继续。

（3）各组学生人数均等，同时所有学生必须参与完成任务。

（4）每轮输的小组可安排俯卧撑或者折返跑作为惩罚。

【组织】

（1）整个项目挑战大概安排 30 ~ 40 分钟的体验时间。

（2）可分别进行 3 轮的挑战，每轮挑战之前，各组可调整本组学生的出场顺序，可给 2 ~ 3 分钟的讨论、练习、准备时间。

【讨论】

（1）团队如何做才能做得更好，才能更快地到达终点线？

（2）调整学生的出场顺序是否有利于团队更好地发挥水平？

（五）手传接力

【任务】

各组学生（7~15 人均可）站成一路纵队，背对终点线，前后间隔一臂距离，第一人拿球，双手手递手向后传球（传球要求按照固定顺序），当最后一人接到球之后，把球从地面经过所有人的胯下滚到最前面的人手里，最前面的人向后传完球之后，跑到队伍后面站队接力，如此反复接力，直到小组学生越过终点线结束，哪个小组最先通过终点线即为获胜。

【规则】

（1）向后手递手传球的方向顺序是上下左右，即先从头顶向后传，再从胯下向后传，然后从身体左侧向后传，接着从身体右侧向后传，依次循环进行。

（2）学生前后之间的距离必须是一臂距离，不能相差太大。

（3）地面滚球时其他学生不能协助，如果没有直接到达最前面一人手里，需自己捡球，重新开始，直到前面学生拿到球才可进行下一步行动。

（4）每轮输的小组可安排俯卧撑或者折返跑作为惩罚。

【组织】

（1）整个项目挑战大概安排 30~40 分钟的体验时间。

（2）可分别进行 3 轮的挑战，每轮挑战之前可给 2~3 分钟的讨论、练习、准备时间。

【讨论】

（1）团队如何做才能做得更好，才能更快地到达终点线？

（2）如何看待个人和团队之间的关系？

（六）高抛接球（一）

【任务】

各组学生一般为 6 ~ 18 人，每组学生以 2 人为 1 个挑战小队，从底线出发，2 人左右间隔 2 米左右的距离，人手 1 个篮球，2 人同时用双手把球垂直抛到空中，高度在 3 米左右，然后 2 人通过快速换位来接住同伴的篮球，到中线返回，过程之中要至少 8 次抛接球，返回底线之后，下一挑战团队继续，依次接力，以完成的时间长短来分出胜负。

【规则】

（1）抛球的高度要在 3 米以上。

（2）每个来回抛接球次数要达到 8 次，每次抛接球必须 2 人都成功换位并成功接住球才算成功；反之，如果每次抛球有 1 人没接到球就算失败，要重新进行。

（3）每轮输的小组可安排俯卧撑或者折返跑作为惩罚。

【组织】

（1）整个项目挑战大概安排 10 ~ 30 分钟的体验时间。

（2）每轮挑战之前可以给每组学生 6 分钟左右的练习、讨论时间。

（3）可以根据情况挑战 2 ~ 3 轮。

【安全提示】

2 人换位时应注意事先沟通到位，避免发生碰撞。

【讨论】

（1）团队如何做才能做得更好？

（2）当同伴失误时，作为团队一员，我们该如何帮助他？

（七）高抛接球（二）

【任务】

各组学生一般为 6 ~ 18 人，每组学生围成 1 个圆圈，左右间隔约 1.5 米的距离，人手 1 个篮球，2 人同时用双手把球垂直抛到空中，高度在 3 米左右，然后所有人按逆时针或者顺时针的方向移动换位，目的是接住左边或者右边同伴的篮球，所有人同时接到篮球算成功 1 次。

【规则】

（1）抛球的高度要在 3 米以上。

（2）只要有 1 人没接到球即为失败。

（3）每轮输的小组可安排俯卧撑或者折返跑作为惩罚。

【组织】

（1）整个项目挑战大概安排 25 ~ 50 分钟的体验时间。

（2）每轮挑战之前可以给每组学生 10 分钟左右的练习讨论时间。

（3）第一轮挑战可以规定时间 5 分钟，以累计成功的次数作为胜负标准。

（4）第二轮挑战可以规定 5 分钟时间内，以连续成功的次数作为胜负标准。

【安全提示】

全队学生换位时应注意事先沟通好是逆时针还是顺时针方向，避免发生碰撞。

【讨论】

（1）团队如何做才能做得更好？

（2）当同伴失误时，作为团队一员，我们该如何帮助他？

第二节　脚步移动

篮球比赛中，学生几乎在全部上场时间里都是在移动的过程中，运用各类技术动作来完成攻守任务。为了争取比赛中的主动，经常要采取改变位置、方向、速度和争取高度等移动方法；同时，为了控制和支配球，投篮，争夺球的快速性、协调性和有效性，需要移动技术的配合。移动是篮球技术的基础，是比赛中运用最多的一项基本动作，同时也是篮球技术教学的重要一环。

一、基本站立姿势

身体重心放在两脚中间，便于身体向任意方向起动。身体正直或稍前倾，双腿左右开立，稍比肩宽。双臂自然弯曲，双手半握拳，身体成半紧张状态。

二、起　动

身体重心向跑动方向移动，后脚（向前起动）或异侧脚（向侧起动）的前脚掌内侧突然用力蹬地，同时上体迅速向前倾或侧转，手臂协调摆动，迅速向跑动方向迈步。起动后的前两三步要短促地连续蹬地。

以下介绍几种练习方法。

（一）听哨声起动练习

【目的】提高快速起动能力。

【方法】学生站成一排，两两相距 2 米，听教师哨声后做快速起动。(图 3－1)

（二）看手势起动、急停练习

【目的】快速反应、判断，提高起动能力。

【方法】学生站成一排，两两相距 2 米，看教师手势判断后做快速起动和急停。(图 3－2)

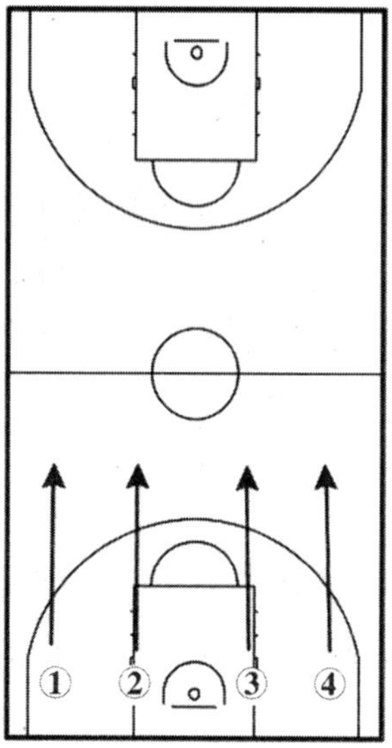

图 3－1

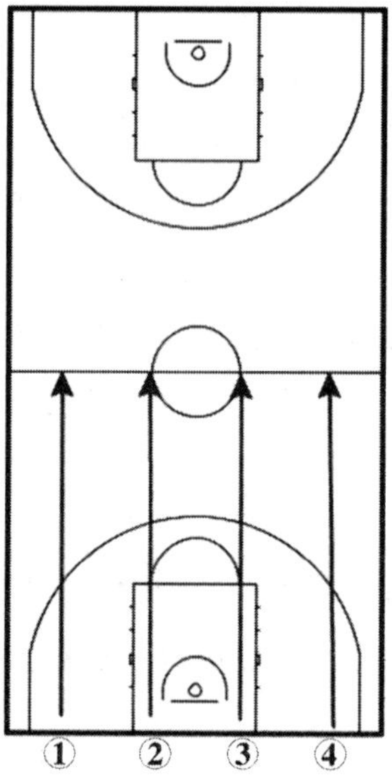

图 3－2

（三）见线起动、急停练习

【目的】增强反应能力，提高快速起动能力。

【方法】学生站成一排，两两相距 2 米，听教师哨音起动后到罚球线急停，然后起动加速到中线急停，再起动加速到对面罚球线急停，最后起动到对面端线结束。（图 3－3）

（四）半场起动竞速赛

【目的】提高快速起动能力，发展加速能力。

【方法】学生排成一排站在端线，听教师口令做快速起动加速跑过中线，看谁最先冲过中线。（图 3－4）

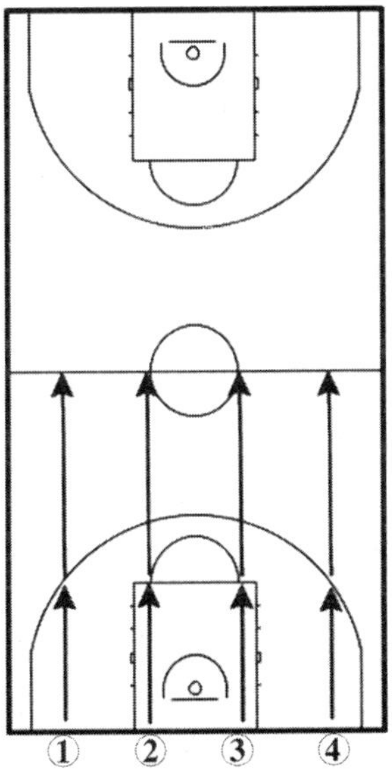

图 3－3

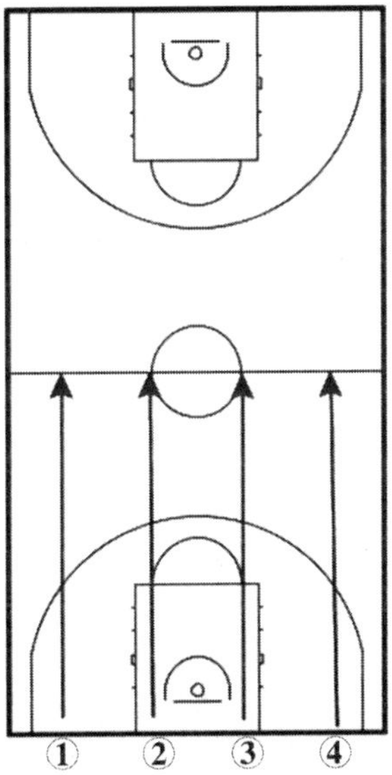

图 3－4

三、跑

跑是学生在球场上改变位置、发挥速度的重要方法，也是比赛中运用最多的一种移动动作。篮球场上的跑具有快速、多变的特点。

（一）变速跑

加速跑时，要利用双脚突然短促有力的连续蹬地来加快跑的频率，同时利用上体稍向前倾和手臂相应地摆动加以配合；减速时，利用前脚掌用力蹬地来减缓快跑的前冲力，同时上体直立保证身体重心后移，从而降低跑速。

以下介绍几种变速跑的练习方法。

1. “8”字放松跑练习

【目的】学会跑的动作。

【方法】手指微微弯曲，上臂与前臂成90°，前后摆臂，神经系统、肌肉处于半紧张状态。从端线开始依次绕过3个圆，做“8”字绕环跑。（图3－5）

2. 变速跑练习

【目的】提高变速跑的能力。

【方法】神经系统支配肌肉，该快时快，该慢时慢。慢跑过渡到加速跑，加速跑再到慢跑。重心下降，身体前倾。边线加速跑，端线慢跑。（图3－6）

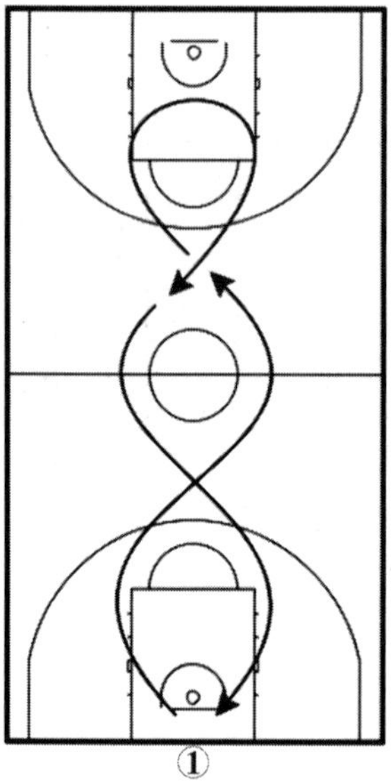

图3－5

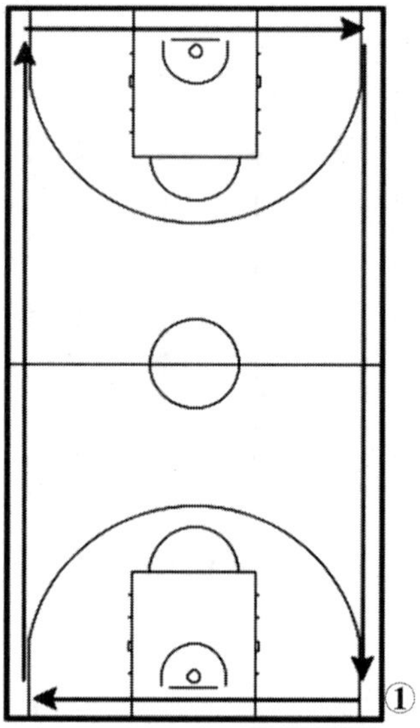

图3－6

（二）变向跑

变向跑（以从右向左变向为例）时最后一步右脚着地时，脚尖稍内扣，用前脚掌内侧用力蹬地，屈膝。腰部随之左转，快速移动重心。左脚向左前方跨出，这一步要快。右脚迅速随着跨出，继续加速跑前进。（图3－7）

要领：第一步起制动的作用，第二步脚尖转向要变的方向。制动的同时发力起动，不要有停顿，不要有跳的动作。

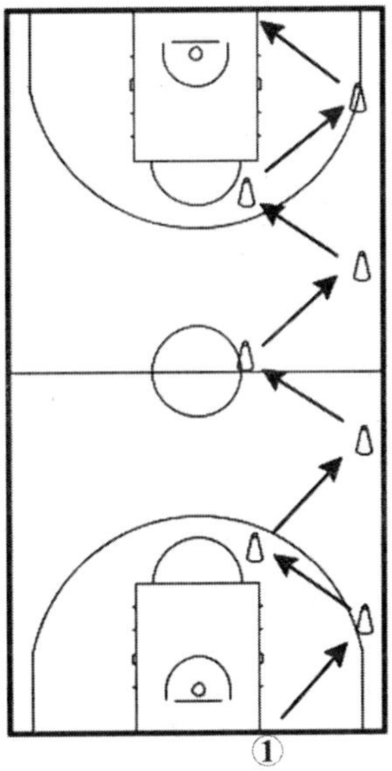

图3－7

（三）侧身跑

在跑动中头部与上体侧转向球的方向，而脚尖要朝着前进方向，既要保持跑速或者加速，又要完成攻守的动作。

以下介绍几种侧身跑的练习方法。

1. 侧身跑练习

【要领】跑动时，上体沿纵轴向有球一侧旋转，脚尖指向跑动方向。（图3－8）

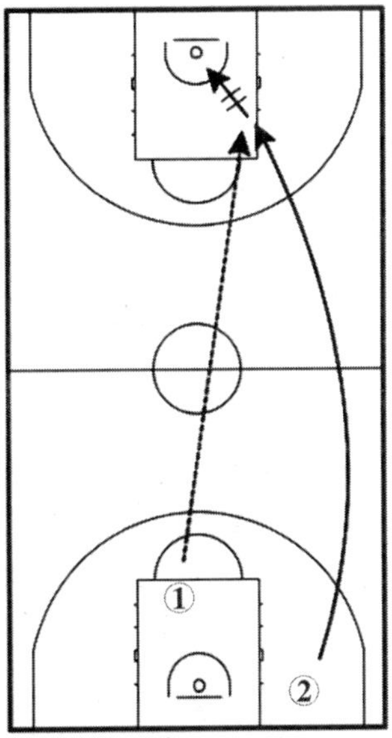

图3－8

2. 侧身变向跑

【要领】在侧身跑过程中，既要保持奔跑速度，又要及时观察场上情况，遇到防守队员以后，急停变向摆脱，保持身体平衡，然后接球上篮。(图 3－9)

(四) 后退跑

后退跑时，双脚提踵，用前脚掌交替蹬地提膝向后跑动，上体放松直起，双臂屈肘相应摆动，保持身体平衡，两眼平视，注意场上情况。(图 3－10)

【方法】后退跑到中线转身加速跑到端线。

【要领】保持重心的平衡，不要靠前，也不要靠后；跑时，小腿尽量往后伸；眼睛注意前面的情况。

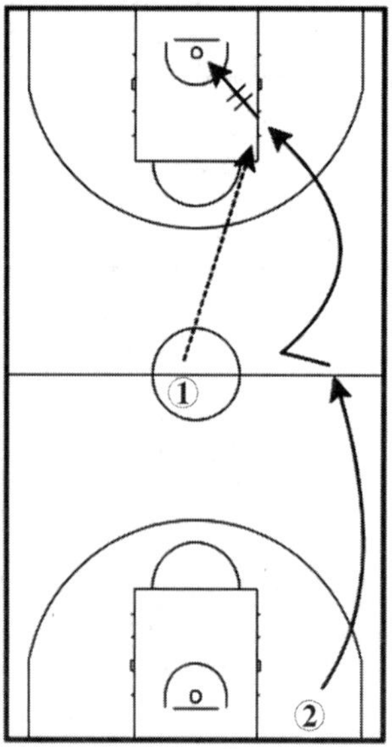

图 3－9

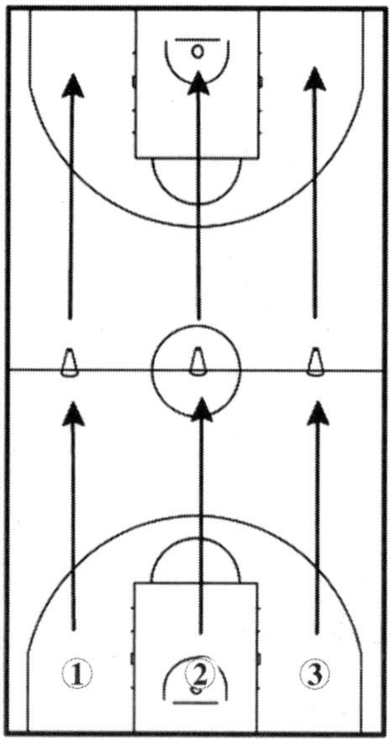

图 3－10

四、跳

跳是学生在球场上争取高度和远度的一种动作方法。

（一）双脚起跳

起跳时，双脚开立，屈膝快速下蹲，两臂相应后摆，上体前倾。然后双脚用力蹬地，伸膝，提腰，两臂迅速向前上摆，使身体向上腾起。上体在空中要自然伸展收腰，下肢放松。落地时，用前脚掌着地，并屈膝缓冲身体下落的重力，保持身体平衡，以便衔接下一个动作。

以下介绍几种双脚起跳的练习方法。

1. 上步双足跳练习

【要领】先上步，后并步。

2. 交叉步双足跳练习

【要领】第一步落好地，第二步要快。

3. 上步双足跳拍篮板练习

【要领】起跳有力，尽量往上跳；在空中稍有滞空。

4. 交叉步双足跳拍篮板练习

【要领】交叉步要大，降低重心，第二步要快；在空中稍有滞空。

5. 连续跳拍篮板练习

【要领】落地时间短，每次落地用前脚掌着地。

6. 上步双足跳箱练习

【要领】起跳有力，尽量往上跳；跳到箱子上再跳下。

7. 持球上步双足跳箱练习

【要领】起跳有力，尽量往上跳；跳到箱子上再跳下。

（二）单脚起跳

起跳时，起跳腿微屈前送，脚跟先着地，并迅速屈膝过渡到前脚掌用力蹬地，同时提腰摆臂。另一条腿提膝积极上抬，借以帮助重心上移。当身体上升到最高点时，摆动腿放膝向下与起跳腿自然合并，使腾空动作协调。落地时，双脚要分开，注意屈膝缓冲，以便迅速完成其他动作。

以下介绍几种单脚起跳的练习方法。

1. 左右单足跳练习

【要领】第一步缓冲速度，第二步制动将速度转化为高度；起跳前腰稍倾，起跳时腰往上带；两臂配合摆动。

2. 单足跳摸球网练习

【要领】往上跳，身体舒展开。

3. 单足跳摸篮板练习

【要领】掌握起跳时间。

五、急　停

急停是学生在跑动中突然制动速度的一种动作方法，是各种脚步动作衔接和变化的过渡动作。

（一）跨步急停（两步急停）

学生在快速跑动中急停时，先向前跨出一大步，用脚跟先着地过渡到全脚掌抵住地面，并迅速屈膝，同时身体微微后仰，后移重心。然后再跨出第二步，脚着地时脚尖稍向内转，用前脚掌内侧蹬地，两膝弯曲，身体稍有侧转，微向前倾，重心移至两脚之间，两臂屈肘并自然张开，帮助控制身体平衡。

以下介绍几种跨步急停的练习方法。

1. 行进间直线跨步急停练习

【要领】重心下降，先落地的脚缓冲速度，后落地的脚制动。急停后迅速接下一个动作。

2. 行进间“Z”字形跨步急停练习

【要领】重心要下降，迅速降低重心。先落地的脚缓冲速度，后落地的脚制动。第二步脚尖不要指向前，而应横过来。

（二）跳步急停（向前一步急停练习）

学生在中慢速移动时，用单脚或者双脚起跳（一般离地面不高），上体稍后仰，两脚同时平行落地。落地时全脚掌着地，用前脚掌内侧蹬住地面，两膝弯曲，两臂屈肘微张，以保持身体平衡。

以下介绍几种跳步急停的练习方法。

1. 行进间直线跳步急停练习

【要领】重心迅速降低，把跑动速度制动。双脚同时落地，有略微的内“8”字，保持重心很低、很稳。两脚基本平行。急停以后迅速接下一个动作。

2. 行进间“Z”字形跳步急停练习

【要领】重心迅速降低，把跑动速度制动。双脚同时落地，有略微的内“8”字，保持重心很低、很稳，两脚基本平行。

六、转　身

转身是学生以一脚蹬地向前或者向后跨出的同时，另一只脚作中枢脚进行旋转而改变身体方向的一种动作方法。转身时，重心移向中枢脚，另一只脚的前脚掌蹬地，同时中枢脚以前脚掌为轴用力碾地，上体随着移动脚转动，以肩带动向前、向后改变身体方向。在移动过程中要保持身体重心平稳，不要起伏。转身后重心应移到两脚之间。可分为前转身和后转身。

以下介绍几种转身的练习方法。

1. 行进间直线跳步接前转身、后转身练习

【要领】身体重心要稳，身体旋转要快，脚尖指向前进方向。

2. 行进间“Z”字形跳步接前转身、后转身练习

【要领】身体旋转要快；脚尖指向前进方向。

七、滑　步

滑步是防守移动的一种主要方法，它易于保持身体平衡，可向任何方向移动。

（一）侧滑步

两脚平行站立，深屈膝，上体前倾，两臂侧伸。向左侧滑步时，右脚前脚掌内侧蹬地，左脚向左（移动方向）跨出，落地同时右脚紧随滑动，向左脚靠近，两脚保持一定距离，左脚继续跨出。在滑步时，要保持屈膝、低重心的姿势，身体不要上下起伏，重心保持在两脚中间，眼睛注视对手。

（二）前滑步和后滑步

两脚前后站立。向前滑步时，后脚的前脚掌内侧蹬地，前脚向前跨出一小步，着地后，后脚紧随着向前滑动，保持前后开立姿势，两臂高扬，一前一后，前面的手干扰对手投篮，后面的手干扰对手传球；两腿滑动时切忌并拢，一旦并拢，防守面积变小，容易被对手突破。

八、后撤步和交叉步

后撤步是前脚变为后脚的一种起步方法。撤步时，前脚掌内侧蹬地，腰部用力向后转体，前脚后撤，同时后脚的前脚掌碾地，当前脚后撤着地后紧接滑步或者交叉步，保持身体平衡与防守姿势。后撤角度不宜过大，动作要迅速，身体不要起伏。

（一）后滑步（后撤步）练习

【要领】变方向时，甩髋要快。

（二）后滑步接抢跨步练习

【要领】用力侧蹬，动作要狠。

（三）后滑步接交叉步练习

【要领】要以最快的速度追上防守，抢占防守位置。

九、移动的综合训练方法

（一）见线折返跑

【目的】提高起动速度，练习急停和转身技术，发展快跑能力。

【方法】几个学生排成一排，由端线开始分别在罚球线、中线、对面罚球线、对面端线的位置折返回原点。（图 3－11）

（二）跑“垒”接力

【目的】提高快速跑动中急停、转身急起的衔接能力。

【方法】在篮球场中间画个边长 10 米的正方形，其 4 个角视为 4 个“垒”，以各个角为圆心、50 厘米为半径画个半弧为“踩垒点”。把学生分为 4 队，分别站在 4 个垒后面约 2 米的位置，成纵队面向场内站立。（图 3－12）

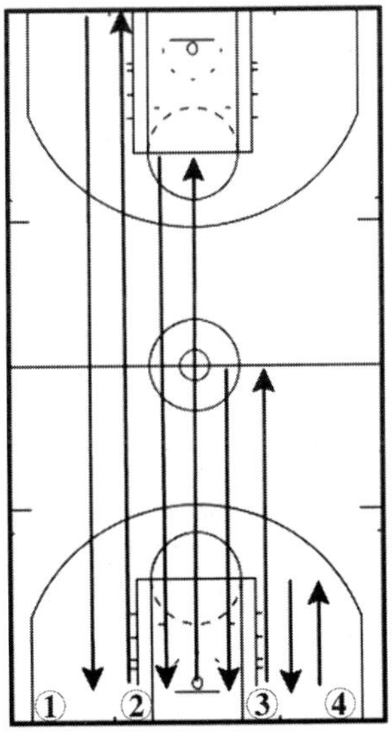

图 3－11

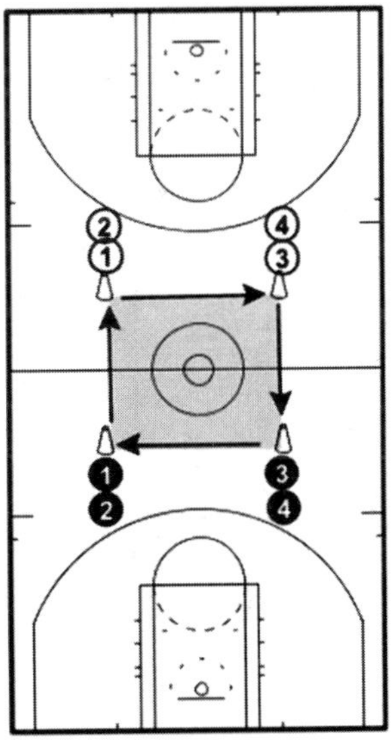

图 3－12

（三）抱多球接力

【目的】提高跑动能力。

【方法】两边端线都放 1 个里面有 10 个球的球筐，两队同时从两端开始到对方球筐去抱球，规定时间内球多的队为胜者。（图 3－13）

（四）“Z”字形滑步加后撤步

【目的】练习滑步动作的连贯性，提高滑步能力。

【方法】侧滑步到每一个障碍物时做防守动作，接着后撤步接侧滑步，连续做。（图 3－14）

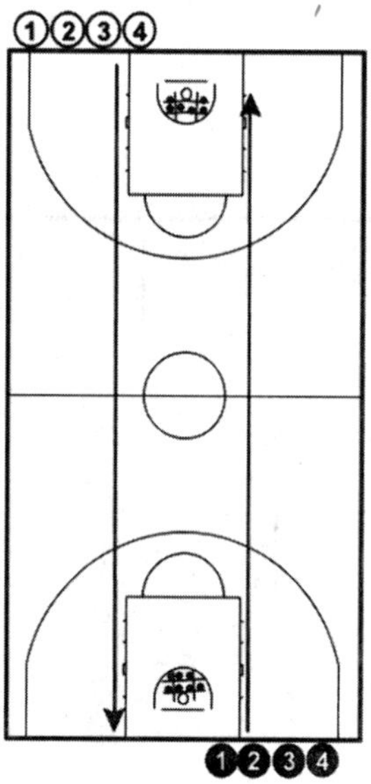

图 3－13

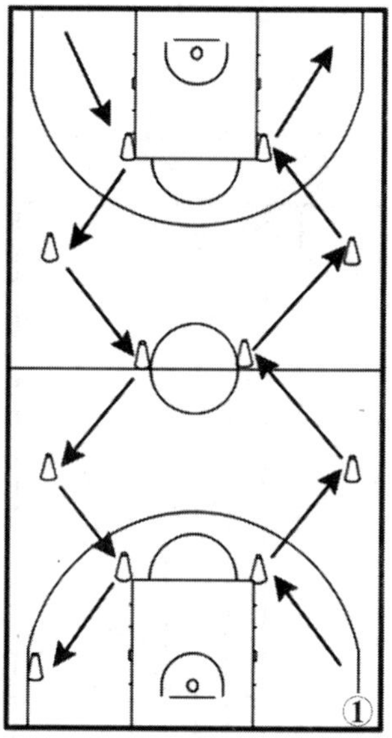

图 3－14

（五）网鱼游戏

【目的】训练灵敏反应和脚步动作的灵活性，培养集体配合能力。

【方法】先指定 2 名学生担任渔网，其他学生做鱼，可以在场地内随意跑动。游戏开始，担任渔网的 2 名学生手拉手在场内跑动，设法用手去触及其他学生，被触及的学生加入渔网队伍，直至场上剩下最后 1 名学生。（图 3－15）

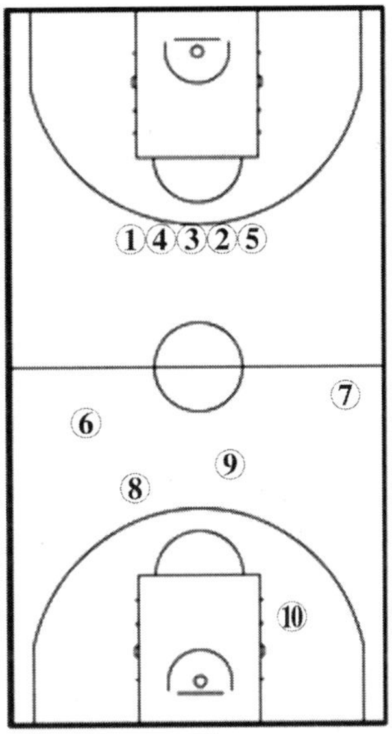

图 3－15

（六）三角形综合滑步

【目的】提高学生的灵敏度，增强学生的滑步和滑步接转身的能力。

【方法】学生从一个标志物开始，依次去触及 3 个不同方位的障碍物。障碍物相互间隔 3 米远。可采用两队比赛的模式。（图 3－16）

（七）八方位脚步练习

【目的】提高学生的灵敏度，增强学生滑步、跨步的能力。

【方法】学生从圆心开始依次去触及不同方位的障碍物。障碍物离圆心 3 米远。（图 3－17）

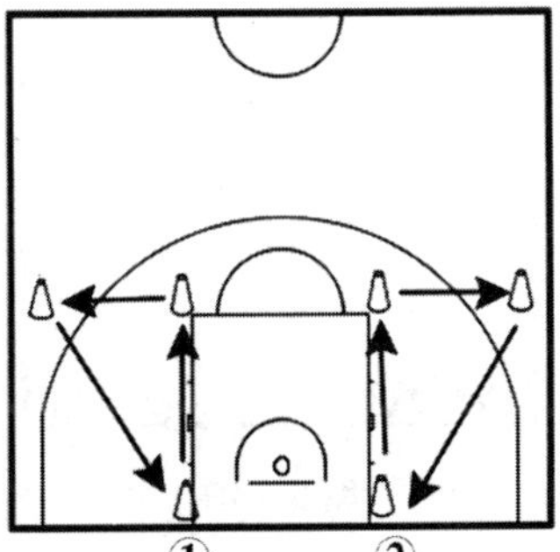

图 3－16

图 3－17

(八) 行进间的变向跑——加速跑练习

【目的】提高脚步的综合能力。

【方法】左右两边人要呼应，同时起动；第一组跑动到中线附近时，第二组再起动。(图 3－18)

【变换练习】

(1) 先加速跑至底线，再做滑步，接后撤步再做滑步。

(2) 先后退跑至中线，转身加速跑至底线，依次采用滑步、后撤步、滑步。

【要求】重心降低；手、脚、肩部及全身协调配合，包括头部、眼神。

(九) 全场无球一攻一守脚步练习

【目的】提高实战中 1 对 1 攻防的脚步能力。

【方法】底线站两队，一人进攻、一人防守练习，移动脚步利用变向摆脱，防守人滑步时降低重心（头部不要超过进攻学生的肩部），滑步时两脚不要抬起过高，脚尖稍内扣，贴住地面移动。(图 3－19)

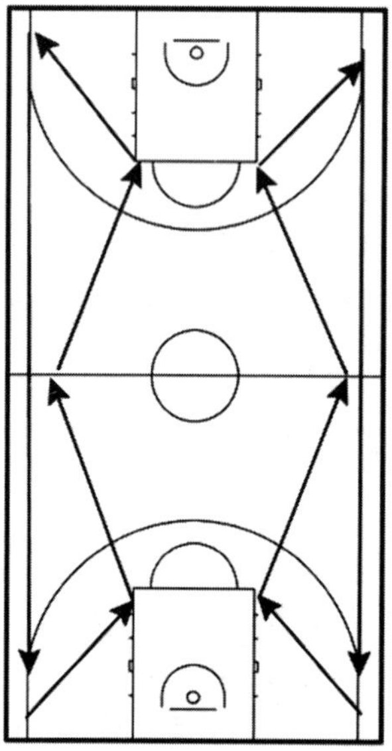

图 3－18

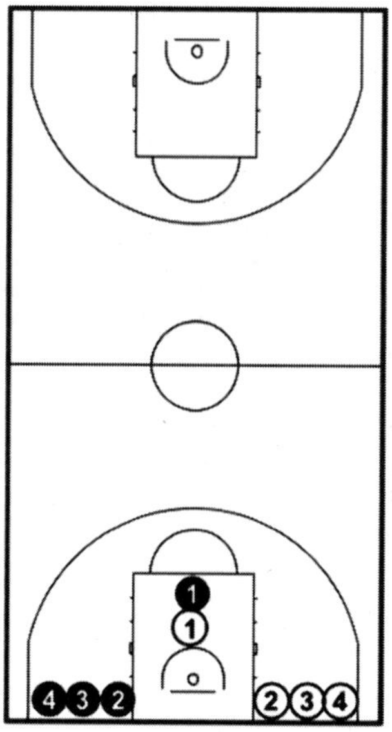

图 3－19

（十）全场无球2攻2守脚步练习

【目的】提高实战中2对2攻防的脚步能力。

【方法】同时上2组4个人，2个进攻学生可以通过交叉摆脱防守，考验2个防守学生面对有可能被干扰防守时的应变能力。（图3－20）

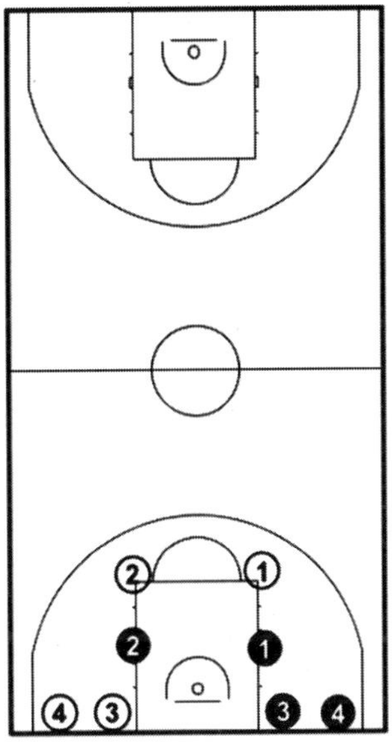

图3－20

（十一）敏捷梯脚步练习

1. 前进小碎步

【目的】培养节奏感，增强脚踝小肌肉群力量。

【方法】前脚掌着地，每步落在小方格以内，要求轻快、节奏感强、有弹性。

2. 横向小滑步

【目的】提高步频和速度。

【方法】身体横向站立开始，两脚平行滑动，依次落入小方格内。轻盈快速，保持前脚掌着地。

3. 前前后后

【目的】发展脚步控制力、身体平衡能力。

【方法】身体横向站立开始，两脚依次踏入小方格内，再依次踏出小方格外。

4. 进进出出

【目的】发展步频和节奏感。

【方法】一脚先进，另一脚再进；接着，一脚先出，另一脚再出。要求轻快、流畅。

5. 两进两出

【目的】发展脚步控制力，身体平衡能力。

【方法】一脚先进，另一脚再进，同时横向滑动一格；接着，一脚先出，另一脚再出，同时在外横向滑动一格。要求轻快、流畅。

6. 并步小跳接小碎步

【目的】发展膝关节、脚踝小肌肉群的控制能力。

【方法】先连续做 5 个并步小跳，再接小碎步跑。

7. 外内外

【目的】培养不同方向的脚步步频。

【方法】双脚从绳梯外开始，两脚从左向右横向依次进方格内，再依次出方格；反向同理。

8. 前后交叉步

【目的】改善下肢协调性及灵敏性。

【方法】注意必须一前一后地交叉，步法准确。

9. 一内一外

【目的】发展下肢协调性。

【方法】设定一只脚在外前行，另一只脚每一方格进入 1 次。

10. 蝎子摆尾

【目的】改善下肢协调性、脚步节奏感。

【方法】后脚向前踏进方格，前脚跟进横向甩出方格侧后方。

十、脚步移动游戏

（一）原地起动追拍

【目的】提高学生的快速反应、快速起动、加速、奔跑的能力，以及动作的敏捷性。

【方法】教师把学生分为人数相等的 A 队和 B 队，分别站在球场中线的两侧。（图 3－21）

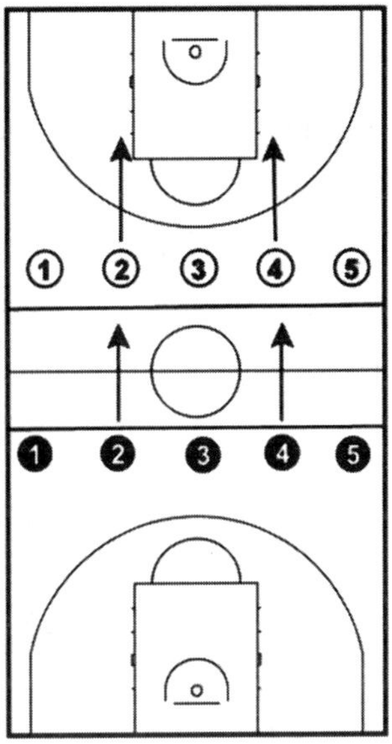

图 3－21

游戏开始，教师高声报出“A”（或“B”），被叫到号的球队，立即起动追拍对方；或采用未被叫号的球队去追拍被叫号的球队的方式。

教师也可以用长、短哨声作为两队的代号，教师鸣哨后，学生根据哨声做出判断并立即起动追拍对方。

或者采用单双号作为两队的代号，教师报出具体的数字，由学生做出判断，若数字是单数，则单数队起动追拍对方；若数字为双数，则双数队起动追拍对方。

【规则】

（1）两队与中线的距离必须相等。

（2）追拍的队必须在球场内“触拍”到对方才算有效。

（3）追拍者“触拍”到对方则可，注意安全。

（二）跑圈接力

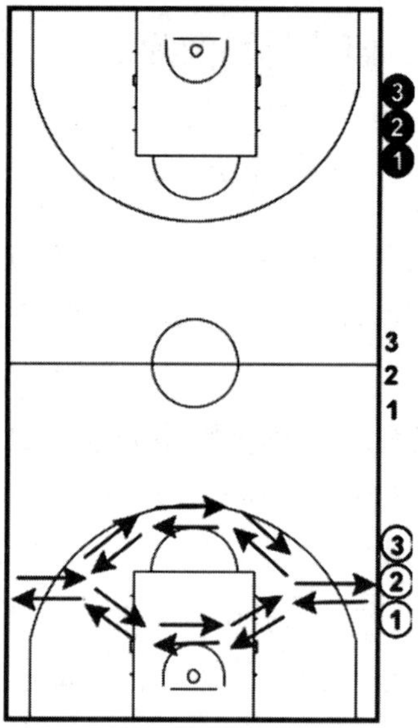

图 3－22

【目的】培养学生沿弧线快跑及维持身体平衡的能力。

【方法】将学生分为 3 组，分别列队于罚球线、中线与边线的交点外，每组第一名学生各持 1 球。发令后，各组第一名学生持球跑向圆圈，按逆时针方向绕圈 1 周后，再跑向对面的边线，用脚踩线后返回，再按顺时间方向绕圆 1 周，最后跑向起点，将球递交给同组的下一个学生，下一个学生接球后重复同样的动作，以此类推，直至完成规定的数量。（图 3－22）

【教学建议】

（1）可根据游戏的目的、人数或学生的水平增减练习的次数与组数。

（2）可改变持球的方法，如单手持球、双手持球、腰部环绕球等，或改变球的个数。

（三）步法移动

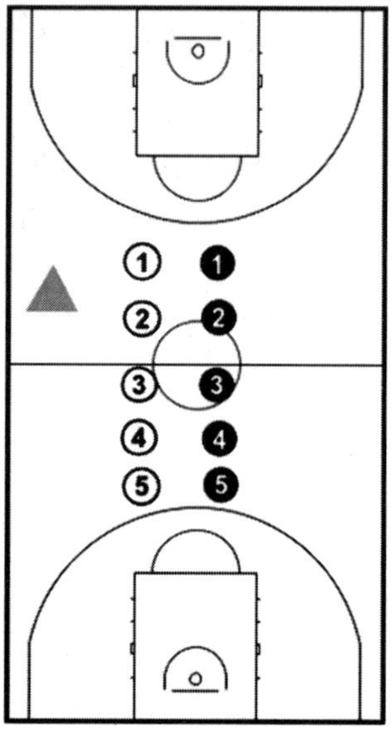

图 3－23

【目的】锻炼灵敏素质和反应能力，提高滑步移动技术。

【方法】游戏者成体操队形站好（两臂间隔），做篮球防守的预备姿势，即两脚开立，屈膝降低重心，脚跟稍抬起，双手张开，面向教师，随教师的手势做动作。教师的手向左、右摆动，游戏者就做右、左侧滑步；向前、后摆动，游戏者撤一步做向后滑步和上一步做向前滑步。（图 3－23）

【教学建议】开始练习时，可以慢一点做单个动作练习，待熟练后，可以快一点或两三个手势连起来做。还可按教师手势做相反方向的动作或其他步法移动；也可用其他信号（如掌声、哨声、球的升落等）代替手势，可以采用比赛的形式。

（四）绕圈“8”字跑追逐

【目的】锻炼学生侧身跑技术和提高学生快速奔跑的能力。

【方法】把学生分为人数相等的 A、B、C 三队，成 3 列横队站立于同一边线外。（图 3－24）

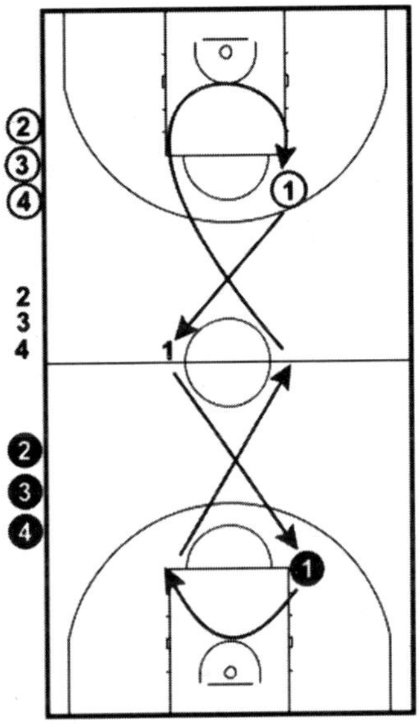

图 3－24

游戏开始，每队出 1 名学生分别站立在中圈、2 个罚球圈的线外，3 人按同一方向（顺时针或逆时针）绕这 3 个圈做“8”字跑动，相互追逐，在规定的时间（20～30 秒）内追拍到前面人者为本队得 1 分；然后换上各队第二名学生进行同样的追逐，直至游戏结束，得分多的队为胜。

【规则】

（1）绕圈“8”字跑时不得踩线，否则触拍到对方无效。

（2）必须按规定路线追拍，3 人在交叉时相互触拍到对方无效。

【教学建议】此游戏可采取侧身跑或后退跑的形式进行。

（五）你捉我救

【目的】提高学生奔跑的速度和身体的灵敏性。

【方法】在半场范围内以罚球圈作为“收容站”，“收容”已抓到的被追逐者。教师可将学生分成人数相等的 A、B、C 三队，分散站在罚球圈以外，半场以内。（图 3－25）

游戏开始，A 队学生追逐 B 队学生，B 队学生追逐 C 队学生，C 队学生追逐 A 队学生。追逐中，学生既要追逐被追逐者，又要防止被别人追到。被追到的人自动站到“收容站”内，等待同队学生来营救（同队学生以手触其身体即为得救）。被营救后可出圈继续游戏。在规定的时间内，以最后被“收容”学生最少的队为胜。

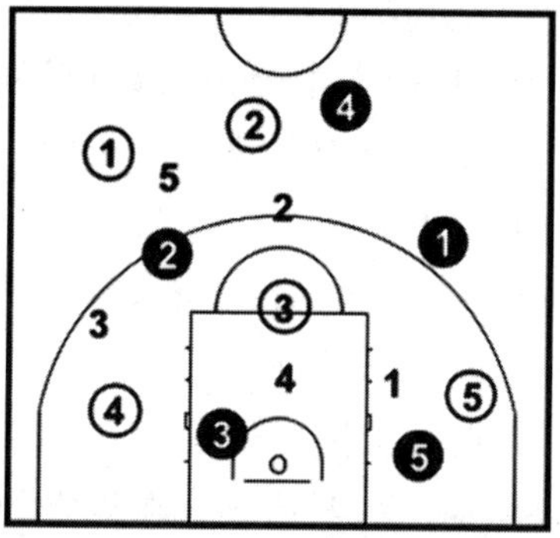

图 3－25

【规则】

（1）被“收容”在罚球圈内的学生，不得自行离开圆圈。

（2）追逐时，严禁故意推、拉和冲撞，注意安全。

（3）被追逐者越出半场界线，即判被捉到。

【教学建议】

（1）此游戏可采用单足或双足跳的方法进行追逐。

（2）参加游戏的人数过多时可在 2 个半场同时进行。

（六）冲过“封锁区”

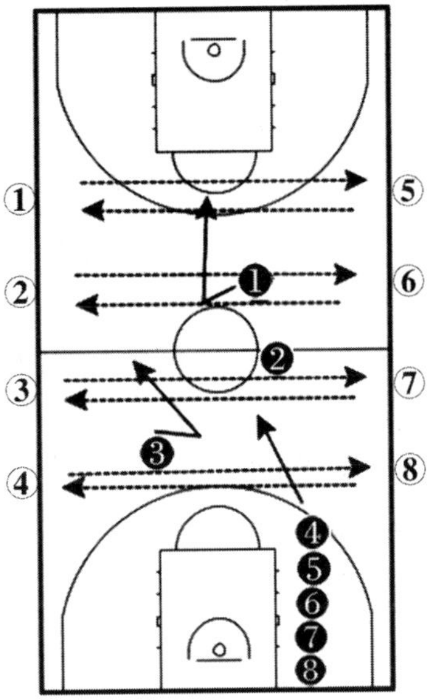

图 3－26

【目的】发展和提高学生快速奔跑中急停与变向的能力。

【方法】把学生分为人数相等的 A 队和 B 队。以整个篮球场为“封锁区”，A 队先分 2 组站在球场两侧的边线外，每 2 人 1 球向场内传掷；B 队站在球场端线外，当听到教师鸣哨后立即起动，以快速跑、跳、变方向、躲闪等方法冲过“封锁区”到另一端端线外。在“封锁区”内被 A 队掷出的球击中者退出场外，每冲过 1 人得 1 分；A、B 两队互换进行，得分多的队为胜。（图 3－26）

【规则】

（1）掷球人不得踏线或超过边线进行掷球击人，否则罚其停赛 1 轮。

（2）掷球人不得用太大力量，不得用球击学生要害部位，注意安全。

（七）巧避反弹球

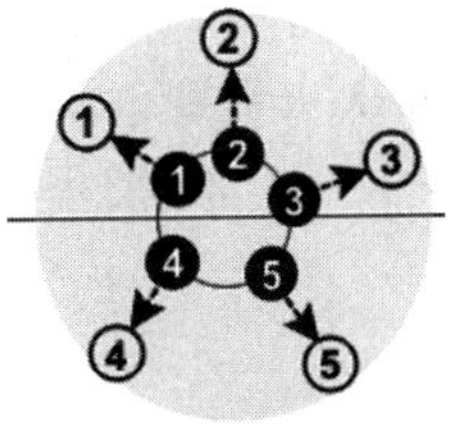

图 3－27

【目的】锻炼学生灵敏素质，提高学生身体的灵活性和传球的准确性。

【方法】10～12 人 1 组，面向圆心站在大圈上，另选 2 人站在小圆圈里，各持 1 球。（图 3－27）

游戏开始，小圈内的持球者用双手或单手将球掷地，使球反弹触及站在大圆圈上的人，站在大圆圈上的人不得双脚同时移动，但可以单脚支撑，以改变身体姿势的方法躲避来球，可做侧体、下蹲等动作。

【规则】

（1）被球触及者与掷球人交换。

（2）双脚同时移动者与掷球人交换。

（3）以手接球者或挡球者与掷球人交换。

（八）迎面捡放球接力

【目的】提高学生的起动快跑、急停与转身能力。

【方法】把学生分为人数相等的两队，每队3个球，面向场内站立在两边端线外，以场上罚球圈和中线与边线的交点为圆心各画1个1.5米半径的半圆为放球处。（图3－28）

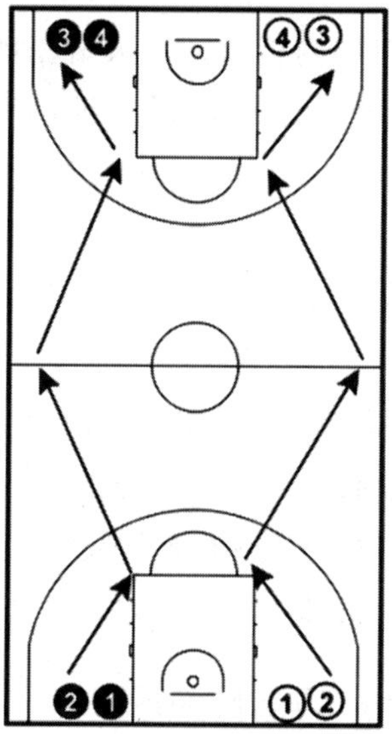

图3－28

游戏开始，双方第一名学生，抱起3个篮球迅速起动，分别跑至3个圈内各放1个球。然后跑至另半场的底线，手击端线后的学生的手，第二人立即起动，依次把3个圈内的每一个球捡回并交给本队第3人；第3人再抱球依次放到各圈内。如此反复进行，直到全队做完，先完成的队为胜。

【规则】

（1）放球者要把球放在圈内，若球滚到圈外，由放球者重放，其他人不得协助；但若对方学生有意把球弄出圆圈，则可立即宣判该队为负，并结束比赛。

（2）捡球者若抱球时漏球，由本人重新捡起，其他人不得协助。

（九）抢球攻堡垒

【目的】提高学生对抗中运球技术的运用能力。

【方法】在中圈内画1个直径为1米的同心圆，以球场的3秒区为“堡垒”，不设专门防守，把学生分为人数相等的两队。（图3－29）

游戏开始时，在中圈的中心放1球，双方各出1人，2人面对面站在中圈线外靠近本方“堡垒”一侧。教师鸣哨后，2人进入中圈内、同心圆线外位置，用手把球拨向己方，同时迅速把球拿起，用各种方式运球摆脱对方防守进入对方“堡垒”，即得1分。未抢到球者为防守者，可以运用各种防守方法把进攻者的球截获并运球进入对方“堡垒”，反得1分。如双方的攻防在20秒内没能结束，或防守者把球拍出界外，或运球者运球失误而使球出界，则2人对抗以双方不得分结束；然后换双方第二人进行同样的对抗，直至双方所有人对抗1次后，计算双方得分，得分多者获胜。

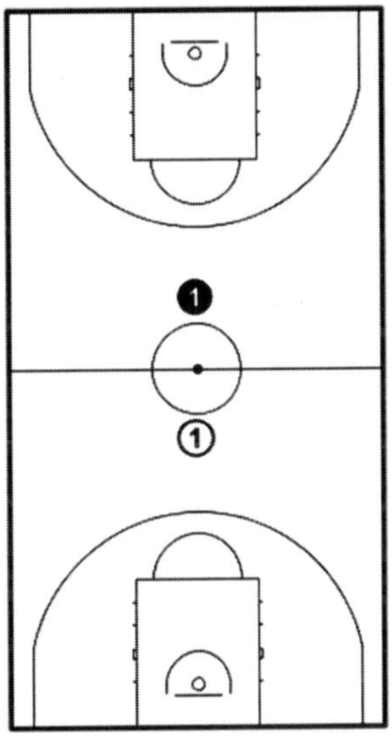

图3－29

【规则】

（1）每次游戏开始时的抢球，只能在同心圆线外用手把放在地上的球先拨向自己才能拿起来运球突破。

（2）运球突破时必须按篮球竞赛规则进行，不得违例。

（3）防守者只能运用规则允许的技术防守，不得推、拉、打人。犯规判对方得1分。

（4）允许从限制区的正面或两侧运球突破防守进入“堡垒”。

（十）换球投篮接力

【目的】提高学生对运球与投篮技术的衔接的应用能力，锻炼学生的灵敏性和速度素质。

【方法】在篮球场罚球圈内和中线靠边线处直径 0.5 米的圆圈内各放 1 个篮球。教师可将学生分成人数相等的 A、B 两队，分别站在球场端线外的两侧，排头学生持球。(图 3 –30)

游戏开始，教师发令后，第一名学生运球至本半场的罚球圈，将手中球与放至圆圈内的球对换后运球至中线处，再与圆圈内的球对换后运球上篮，投中后迅速运球从场外返回本队，将球交给本队第二人后站到队尾。第二人按同样方法进行，直至全队做完为止，以先完成的队为胜。

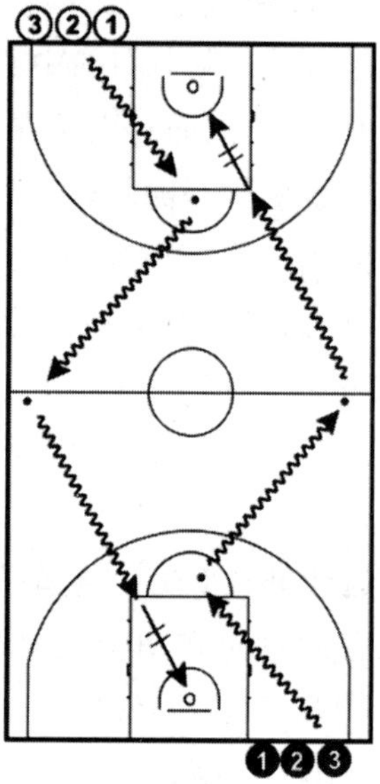

图 3 –30

【规则】

（1）交接球换人时，必须站在端线外。

（2）运球至圆圈时必须换球，并将手中的球在圆圈内放稳后才能继续运球前进。

（3）运球人不得持球跑。运球失误，则应从失误处重新开始。

（4）必须投中后才能返回。

【教学建议】

（1）可以要求运球人在换球后改为换手运球，以增加游戏的难度。

（2）在投篮命中后，可传球给本队第二人，但接球人不得进入场内接球。

（十一）界外球游戏

【目的】锻炼学生摆脱和防守时的脚步移动技术。

【方法】以球场的纵轴线和中线为基准，把场地划分为 4 个区，每个区的边线外站 1 人，准备掷界外球。把学生分为人数相等的两队，每队分为 4 组，分别站立于球场左右两侧的边线与端线外。

游戏开始，4 组同时进行，各组双方以猜拳决定进攻与防守。进攻者在本区内以各种脚步移动，在 5 秒内设法接到边线队友掷出的界外球，即得 1 分；防守者则尽量不让对方在 5 秒内接到球。如攻方未接到球，则守方得 1 分。然后各组的第二名学生上场。全队每人都做 1 次后，累计全队得分，积分高的队为胜。

【规则】

（1）攻守双方只能在 1/4 的场内移动。

（2）不得用拉、推、绊等犯规方法攻或防。

（3）进攻者只有在规定的范围和时间内接到球才算得分。

（十二）“手球”比赛

【目的】提高学生的传接球技术，培养攻防配合意识，锻炼其速度和灵敏素质。

【方法】以球场的 3 秒区为球门区，在 3 秒区线与端线的两交点处，放 2 个立柱作为球门。把学生分为人数相等的两队，各自选 1 名守门员，并由两队队长猜拳决定进攻与防守。

游戏开始，两队学生站在本方半场，进攻队持球准备进攻，防守队做好准备。教师鸣哨后，进攻队利用相互间传接球和运球向对方球门推进，并寻找机会“射门”；防守队则设法阻止对方“射门”，并积极抢断球组织反攻。进攻方把球“射”进球门得 1 分，在规定时间内以得分多的球队为胜。

【规则】

（1）攻守双方均不得踩球门区线或进入球门区，否则记违例 1 次，对方掷边线任意球（守门员除外）。

（2）进攻队把球“射”入对方球门得 1 分，然后由对方在中线发球继续比赛。

（3）“射门”时，球必须从守门员头部以下的高度进入球门，否则无效。

（4）守门员触球出边线，由对方发球；如守门员触球出端线则由守门员发球门球。

（5）不准拉、推、打人。若进攻队犯规，则对方掷边线球继续比赛；若防守队犯规，则对方在发球区的弧顶正中处罚点球。

（6）比赛分上、下半场，每半场 10～15 分钟，中场休息 2 分钟，下半场双方交换场地和发球权。

（7）除“射门”外的其他规定，如传球、运球等都按篮球规则执行。

（十三）“垒球”比赛

【目的】提高学生传接球的准确性，扩大其视野，提高奔跑速度。

【方法】在篮球场半场的 4 个角各画 1 个边长为 40 厘米的正方形，分别命名为“本垒”“一垒”“二垒”“三垒”，在“本垒”与“二垒”的对角线上，距“本垒”6～7 米处画 1 条长约 80 厘米的横线，作为“投球线”。把学生分成人数相等的 A、B 两队，A 队为防守队，出 4 个人分别站在 4 个垒外一步远的地方做“守垒员”，再出 1 人担任“投手”，持球站在投球线上；B 队为进攻队，排头单脚踏垒准备跑垒，其余学生成横排站在本垒后方。

游戏开始，A 队从投手开始依次向本垒、一垒、二垒、三垒传球给本方的守垒员；B 队排头则在 A 队投手的球离手的瞬间立即起动，依次跑向一垒、二垒、三垒，每到一个垒必须踩到该垒的垒区才可以向下一垒跑去。若比 A 队的传球先返回本垒，则得 1 分；若球先返回“本垒”，则“跑垒员”出局。若攻方有 3 人先后被判出局，则双方互换攻守。双方在进行完规定的局数后，以积分多的队为胜。

【规则】

（1）投手出球后，跑垒员才能起动，跑垒时，必须依次经过并踏及各垒区。

（2）“守垒员”接球后必须踏入垒区，方能依次传球给下一垒的同伴。

（3）“守垒员”不得阻挡、推、绊跑垒员，也不得用球击打“跑垒员”。

（4）犯规者，若是攻方则不得分并判其出局，若是守方则直接判对方得 1 分。

（十四）二球一赛

【目的】提高学生身体的灵敏性和应变能力。

【方法】首先要选出2名主裁判，2名助理裁判，然后以5～7人为1队，把学生分成若干队。游戏时，两队上场比赛，其他球队准备替换负队。

游戏开始时，双方各有1名学生手持球站在本方半场的端线外准备发球。两队用两球攻守。当裁判员鸣哨后，各自发球开始比赛。比赛时，两队同时在场上传接球、运球、突破，力求将本队的球投入对方篮内得分，同时又要设法阻截和防止对方将球攻进己方的篮内，并积极抢断对方的球，力争将其攻入对方篮内。比赛中若有一方将球投中，比赛即可结束，胜利的球队留在场内继续游戏，负队则被替换下场。比赛中，如一方球出界，则由助理裁判员视情况令对方在前半场或后半场发球；如果犯规，主裁判负责判罚，由助理裁判执行规则。

【规则】

（1）比赛中出现犯规、违例、出界等情况时，均按篮球竞赛规则判其在犯规、违例、失误一方的半场发球，而不执行罚球的条款。

（2）两球一赛，除2个球同时出界时停止全场比赛以外，比赛始终不得间断，直至一方得分为止。

【教学建议】

（1）两球一赛游戏的运动量、密度较大，比赛时间不宜过长，胜负队可同时下场，待各队决出胜负后，胜队与胜队再重新组合比赛，避免连续获胜队负荷过大。

（2）有关比赛规则，可根据实际情况对正式篮球比赛的规则进行调整。

（十五）空中配合点拨入篮

【目的】提高学生跳起空中手指控球的能力，锻炼弹跳力与协调性，提高合作配合的意识与能力。

【方法】将全队分成2大组，每半场1组。身高应大致相同。每组学生再分成2列，两两为一小组，分别面向篮板站立在篮筐两侧，每个小组由1人持球。

游戏开始时，由持球人将球抛向篮板，并随之跳起来，在空中使球通过触碰篮板到篮筐的另一侧，站在篮筐另一侧的学生及时跳起在空中再通过篮板将球点拨回来。如此往返点拨4次，最后的那一次要将球点拨入篮，即得1分。2人1组依次进行下去，直至按规定完成游戏，或规定时间内得分多者获胜。

【规则】

（1）每小组只能点拨4次。

（2）点拨球必须在头上方完成，未按要求点拨球入篮视为无效，不得分。

第三节　运　球

运球是持球者在原地或行进中用单手连续按拍由地面反弹起来的球的一种动作方法。它不仅是个人摆脱、吸引突破防守的进攻手段，也是组织全队战术配合的桥梁，并且对发动快攻、突破紧逼防守起着极大的作用。运球并不是简单地拍拍球就行，必须注重一定的技巧，才能使篮球随心而动。

运球时掌心空出，指根以上部位触球。运球时手腕要放松，用向下挤压动作拍球，而不是抽打动作，要训练两只手都能熟练地运球。在球场上运球时，千万不要低头看手上的篮球。比赛和训练不一样，比赛相当于进入了战场，必须眼观六路、耳听八方，时刻注意对手和队友的位置等。

一般来说，运球技术主要是身体动作的配合。运球技术需要注意4个配合环节：身体姿势、手臂动作、球的落点和手脚协调。

身体姿势：运球时应保持两脚前后自然开立，两膝微屈，上体稍前倾，头抬起，眼睛平视。非运球手臂屈肘平抬，用以保护球。脚步动作的幅度和下肢各关节的屈度随运球速度和高度的不同而有所变化。同时，身体微弓，并有前倾的意向。这样可使双手和篮球能够更好地调节。最主要的是身体要放松，若身体僵硬会影响动作的协调性，造成不恰当的触球或触球时力量过大。

手臂动作：在运球时，五指微微分开并使手心凹进，也就是让手指与篮球接触，而不是手掌和篮球接触。运球时，因运球方法的不同分别采用手腕手指力量、前臂或上臂等不同部位用力。按拍球时，应随球上下迎送，尽量延长控制球的时间，以利于保护球。如原地运球，按拍球的上方；向前运球时，按拍球的后上方。

球的落点：一般情况下的运球，球的落点在运球手同侧脚前外侧约20厘米处，速度越快，落点越靠前。积极防守时，运球的落点应在体侧或侧后方，以便护球。变向运球其落点基本上位于异侧体侧或侧前方。胯下运球的落点位于胯下中间的地方。

手脚协调：运球时，既要移动速度和运球速度协调一致，又要保持合理的节奏。要注意按拍球的部位、落点的选择和力量大小的运用。移动越快，按拍球的部位越是靠后下方，落点越远，反弹起来的力量越大。一般直线运球，运球1次，跑2步或3步。

运球动作的练习，需经历一个较长的过程，关键是控制能力和手脚协调配合，因此手上功夫要天天练。可先从玩球开始，熟悉球性，再从原地运球过渡到行进间运球，从双眼看球运球到不看球运球，从直线运球到变向运球。可采用1人1球、1人2球、1人运球1人抢球等方法进行练习。

一、高运球

运球时，球反弹的高度在腰、胸之间叫高运球。它是在没有防守队员阻挠的情况下，为了加快向前推进的速度或在进攻中调整进攻速度和攻击位置时，所采用的一种运球方法。

【动作方法】上体稍前倾，抬头看前方，以肘关节为轴，用手拍按球的后上方，把球的落点控制在身体侧前方。手脚协调配合，使球有节奏地向前运行。

【动作要点】手拍按球的部位正确，手脚协调配合。

二、低运球

运球时，球反弹的高度在膝关节以下的运球叫低运球。当对手紧逼或接近防守队员时，常采用这种运球方法保护球和摆脱防守。

【动作方法】两膝迅速弯曲，重心降低，抬头看前方，上体前倾，靠近防守队员一侧，用上体和腿保护球。同时，用手腕、手指力量短促地拍按球，以便更好地控制球和摆脱防守，继续前进。

【动作要点】两膝迅速弯曲，降低重心，上体前倾；拍按球短促有力，手脚协调配合。

三、运球急停急起

运球急停急起是运球时利用速度的突然变化来摆脱防守的一种方法。多用在对手防守较紧的情况下，在快速运球中突然停止前进，迫使防守队员被动减速停住，趁其重心不稳时，再突然加速起动运球，摆脱防守。

【动作方法】运球急停时，用手快速拍按球的前上方，同时两脚做跨步急停，并转入低运球，用手臂、上体和腿保护球。运球急起时，后脚用力蹬地，同时拍按球的后上方加速超越对手。

【动作要点】拍按球部位正确。停得稳，起得快。

四、体前变向换手运球

体前变向换手运球是运球队员利用突然改变运球方向来突破防守的一种运球方法。这种方法多用于对手堵截运球前进路线时。

【动作方法】以运球队员右手运球向对手右侧突破为例。先向对手左侧快速运球，当对手向左侧移动堵截时，运球队员突然变向，用右手拍按球的右侧后上方，并靠近身体向左侧送拍球，使球落在身体的左侧前方反弹，右脚迅速向左侧前方跨出，上体左转并前倾探肩，换手拍按球的后上方，加速运球突破。

【动作要点】拍按球的部位、方向正确，同时要及时跨步、侧身护球和加速超越对手。

五、运球转身

运球转身是运球队员被防守堵截运球的一侧并且距离较近时，运用后转身改变运球方法，借以突破防守的一种方法。

【动作方法】以右手运球为例。运球转身时，侧对防守，右脚在前做中枢脚，将球控制在身体右侧，右手按球的右侧上方，随着后转身右脚蹬地后撤的同时，将球拉向身体后侧方落地反弹，即换左手运球，从对手的右侧突破。

【动作要点】转身时要加力运球，以加大球的反弹力，增加手控制球的时间，利于拉引球动作的完成。运球转身时，使上臂紧贴躯干来减小球的转动半径，同时运球手臂提拉球的动作和脚的蹬地、跨步、转身动作紧密结合。

练习方法：首先是无球练习，主要练平衡性和脚下力量的稳定性。可以做深蹲起锻炼力量，做起跳转圈锻炼平衡性。然后是有球练习，主要练转身速率和持球稳定性。可以做原地持球后转同时要求球不离手，可控制力量多做几组，达到后转身动作的速率和成功率才算合格。最后是实战练习。

六、胯下运球

胯下运球指的是在运球的过程中球穿越胯下，脚前后分立，使对手难以抢断，是一种很有效的运球方式。

【动作方法】两腿前后分开，重心下降，左腿在前时用右手先运球，右腿在前则左手先运球。

【练习方法】

第一步：降低重心，在不看球的情况下，先练习右手原地运球，再练习左手原地运球。

第二步：靠手腕的力量拨球，单手在身体前左右运球。同样，在身体的一侧前后运球。要注意，运球时并不是重心越低越好，因为带球的外力完全由手腕发出，只有控制好球落地的方向，才能很好地控制球。一只手熟悉后再用另一只手练习。

第三步：左右手先进行身体前交叉运球练习，再进行体后交叉运球练习。

第四步：练习胯下运球，先将左脚向前跨出一步，用右手将球从胯下弹至左手，再用左手顺原路将球弹回右手。换脚、换手后动作一样。然后将这几个胯下运球步骤连贯起来，在原地反复练习。

第五步：练习行进间的胯下运球，开始时先沿边线练习直线，再练习曲线，然后在有人防守的情况下模仿比赛中的场面。至于练习学生的身体如何随着对手的移动做出自然的反应，只有在实践中反复地摸索才行。

七、背后运球

背后运球是一个篮球术语，指在身体的后方运球，用身体作为保护屏障。背后运球可以防止对手的抢断，借机观察场上的动向。

【动作方法】以右手运球，向左侧变向为例。变向时，右脚在前，右手将球拉到右侧身后，迅速转腕拍接球的右后方，将球从身后拍按至身体的左侧前方，然后按左手运球，左脚向前，加速前进。

【动作要点】右手将球拉至右侧身后时要以肩关节为轴，并迅速转腕拍按球的右后方。

八、运球的练习方法

（一）原地多种运球技术练习方法

1. 原地大力运球

每次运球都务必用力，以增加控球能力。

2. 原地低运球

频率一定要快，增加手指的灵活度和力量。

3. 原地单手左右变向运球

保持基本站立姿势，连续做左右变向运球，手感控球，眼不要看球。

4. 原地单手前推后拉运球

保持基本站立姿势，连续做前后运球，手感控球，眼不要看球。

5. 原地“L”形直角运球

保持基本站立姿势，连续做左右、前后交替运球，运球路线成“L”形直角，手感控球，眼不要看球。

6. 原地弓步胯下运球

两腿前后站成弓步，双手交替做胯下运球，上体直立，手感控球。

7. 原地体前变向运球

固定好落点，运球速度逐渐加快，幅度逐渐加大，直至失误。

8. 原地两腿间“8”字运球

确定好落点，运球速度逐渐加快，幅度逐渐加大，直至失误。

9. 原地运球转身

降低重心，脚步蹬转的同时向后拉球换手，重心不要起伏。

10. 原地背后运球

确定好落点，左右手交替背后运球，运球速度逐渐加快，幅度逐渐加大，直至失误。

11. 原地快速运球刺探步练习（左、右，迈出后要迅速收回）

右手快速运球高度至膝关节处，左脚迅速向左侧刺出收回。

12. 原地节奏体前变向运球一、二、三

“一、二”快速低运球，衔接“三”时快速高运球拉至膝关节以上且有停顿，左右手交替运球。

（二）行进间多种运球技术练习方法

1. 行进间直线单手左右变向运球

行进间通过手臂、手腕左右拨拉球来改变球的方向。

2. 行进间直线单手前推后拉运球

行进间通过手臂、手腕前后拨拉球来改变球的方向。

3. 行进间直线双手交替胯下运球

控制好球的落点，跨步与运球衔接好，降低重心，加大运球力度。

4. 行进间直线双手交替背后运球

降低重心，控制好球的落点，逐渐加大背后运球的力度。

5. 行进间直线内外运球

通过手臂、手掌对球的控制，改变篮球路线的高低和方向，注意双脚重心的转移。

6. 行进间直线急起急停运球

（1）见线、见标志杆急停急起。

（2）教师可用哨音掌控、手势掌控练习。

（3）左右手均衡练习，非运球手注意保护球。

7. 行进间直线运球转身

降低重心，行进间脚步蹬转的同时向后拉球换手，重心不要起伏。

8. 行进间“Z”字形体前变向运球

将标志筒摆成“Z”字形，运球至每个标志筒前降低重心，做 1 次体前变向运球。

9. 行进间“Z”字形胯下运球

将标志筒摆成“Z”字形，运球至每个标志筒前降低重心，做 1 次胯下运球。

10. 行进间“Z”字形背后运球

将标志筒摆成“Z”字形，运球至每个标志筒前降低重心，做 1 次背后运球。

11. 行进间“Z”字形运球转身

将标志筒摆成“Z”字形，运球至每个标志筒前降低重心，做 1 次运球转身。

12. 行进间“Z”字形综合运球

将标志筒摆成“Z”字形，运球至每个标志筒前降低重心，选择变向的方式。

（三）双球训练法

1. 原地双手同时大力运球

尽可能地用力去运球，通过反复的练习增加手指的力量。

2. 原地双手同时快速低运球

尽可能地快速运球，通过反复的练习增加手指的灵活度。

3. 原地双手交替运球

双手交替运球，一心二用。

4. 原地双手高低运球

双手运球，一只手运球过膝，另一只手运球不过膝。

5. 原地双手前后运球

两腿成弓步，双手快速前后运球，直至失误。

6. 原地双手交叉运球

先开始练习滚球，左手在前，右手在后，再进行交叉运球。

7. 双手交叉运球前进

先左手在前，右手在后，再交叉运球前进。

8. 双手练习行进间大力运球衔接 2 次体前变向运球

双手运球前进，到指定位置后，左手大力将左手的球弹起，右手的球体前变向 2 次，左手将左手的球接住，继续运球。

9. 双球练习行进间胯下运球

双手运球，运到指定位置后，左手大力将左手的球弹起，右手的球胯下变向 1 次，体前变向 1 次，左手将左手的球接住，继续运球。

10. 双球练习行进间背后运球

双手运球，运到指定位置后，左手大力将左手的球弹起，右手的球胯下变向 1 次，背后变向 1 次，左手将左手的球接住，继续运球。

(四) 网球 + 篮球组合训练法

（1）原地右手快速运球 + 左手快速抛接网球（左右手交换）。

（2）原地右手快速运球 + 左手快速抓接网球（左右手交换）。

（3）原地右手快速运球 + 左手快速击地接网球（左右手交换）。

（4）原地右手左右变向运球 + 左手快速抛接网球（左右手交换）。

（5）原地右手前推后拉运球 + 左手快速抛接网球（左右手交换）。

（6）原地右手体前变向运球 + 左手快速抛接网球（左右手交换）。

（7）原地右手胯下运球 + 左手快速抛接网球（左右手交换）。

（8）原地右手背后运球 + 左手快速抛接网球（左右手交换）。

(五) 2 人运球训练法

1. 2 人原地运球握手练习

先各自右手运球，左手握手。按照节拍 1－2－3，右手各自运球 3 次，当喊到“4”时，右手变向换到左手运球，同时 2 人变成右手握手。以此类推，2－2－3－4，3－2－3－4，4－2－3－4 至 10－2－3－4，连续进行。可适当增加难度，变成胯下运球握手练习。

2. 2人并排内手互靠在一起，外侧手运球练习

此练习可做分组运球比赛，练习中手臂不能分开，2人要协调一致。

3. 2人运球靠近突破练习

相距4~5米，右手运球，靠近时做内外运球（可换成体前变向、背后、胯下、转身等）；注意距离，不要撞到一起。

（六）运球绕标志物（图3-31）

（1）每组学生运球至标志物处非运球手触摸标志筒，以此类推，通过每个标志筒后返回，3局2胜。

（2）每组学生运球至标志物处先用手将其放倒，运球返回时再将球扶起，以此类推，3局2胜。

（3）每组学生运球至标志物处大力运球3次，以此类推，通过每个标志筒后返回，3局2胜。

（4）每组学生运球至标志物处做快速体前变向运球2次，以此类推，通过每个标志筒后返回，3局2胜。

（5）标志筒可摆成“Z”字形，每组学生做“Z”字形运球完成上述练习。

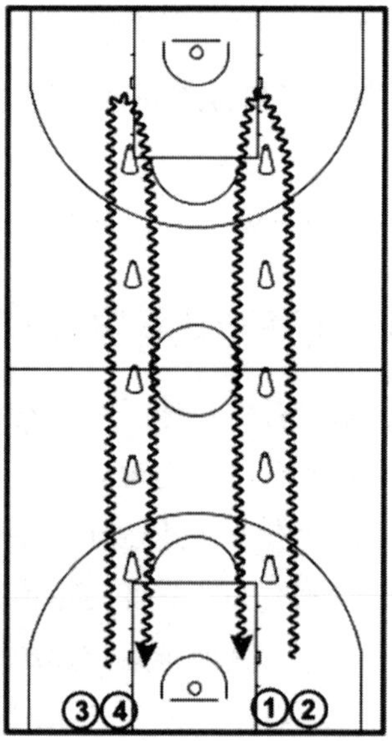

图3-31

（七）抗阻力运球

1. 拉阻力带运球

一人运球，另一人借助阻力带牵拉运球人的腰部，增加其阻力。

2. 双手同步运球前进

一人双手运球，降低重心，始终保持抬头，用力将搭档往后一直推；另一人要做的是给运球学生施加阻力，并不是要控制住对方。

3. 双手交替运球前进

要点与上个练习相同，降低重心，始终保持抬头，区别是双手轮换运球。

4. 连续胯下变向运球前进

这个练习中双球运球变成单球，连续胯下运球，降低重心，始终保持抬头，用力将搭档向后推。

（八）半场运球练习

1. 超越标志筒的变向运球练习

半场内设立6个标志筒，学生从中线起动开始运球，遇到标志筒时做变向运球，变向后突然加速。此练习可以练习1种变向技术，也可以几种变向技术交替进行。手部运球和脚步移动要协调配合。抬头观察，靠手感控球。练习速度由慢到快，注意弱手的练习。（图3－32）

2. 1对1运球练习

学生一人运球，另一人防守。运球人连续变向运球突破对手，变向后以身体异侧挤住对手，蹬地加速超越。防守人积极向后移动堵位，迫使运球连续变向。开始练习时，防守人可只移动不动手打球，“消极”防守，随着运球技术的提高，逐步提高攻防的对抗强度。练习后2人交换攻防。（图3－33）

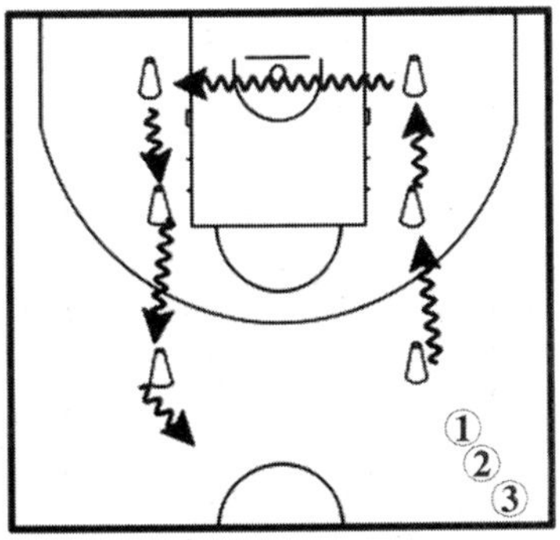

图3－32

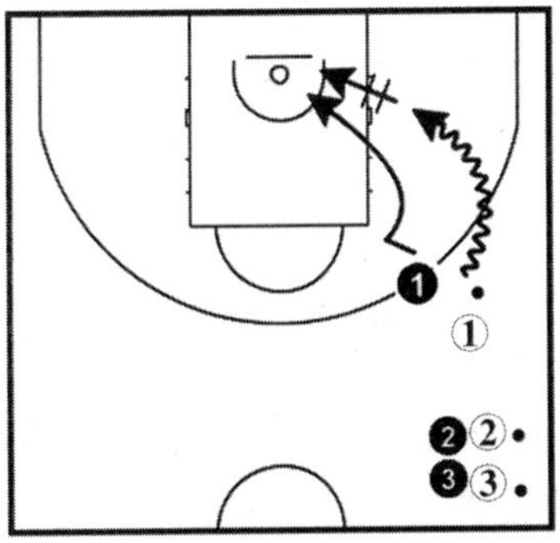

图3－33

3. 攻防运球 3 人轮换练习

技术要求同上个练习。①运球进攻，❶号学生防守。完成后，①变成防守者上前防守②，❶号学生抢篮板球变进攻者站到队尾。(图 3－34)

4. 半场运球上篮练习

学生③、④持球站在底线一侧，学生①、②站在底线另一侧；①、③呼应同时出发，③运球快速绕过标志杆后快速右手运球上篮，①加速跑绕过标志杆后跟进抢篮板球，随后练习 2 人位置交换。(图 3－35)

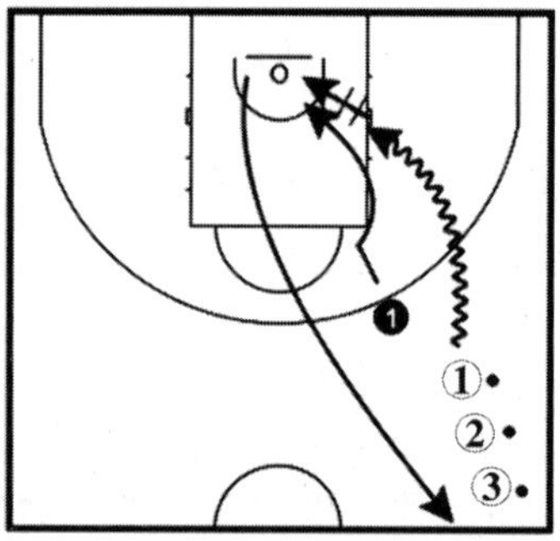

图 3－34

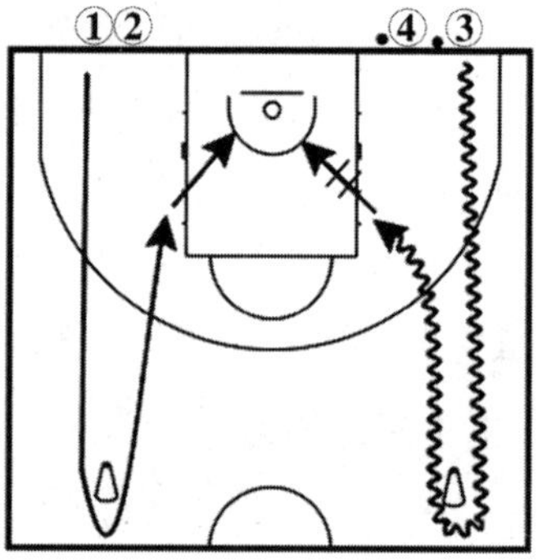

图 3－35

(九) 全场运球练习

1. 全场“S”形运球上篮（投篮）

学生①、②、③持球于底线附近，“S”形全场往返运球上篮，前面一人到中线时，后一人再运球起动，右边练习结束可换成左边练习。

【变换练习】“S”形运球至三分线附近急停投篮。(图 3－36)

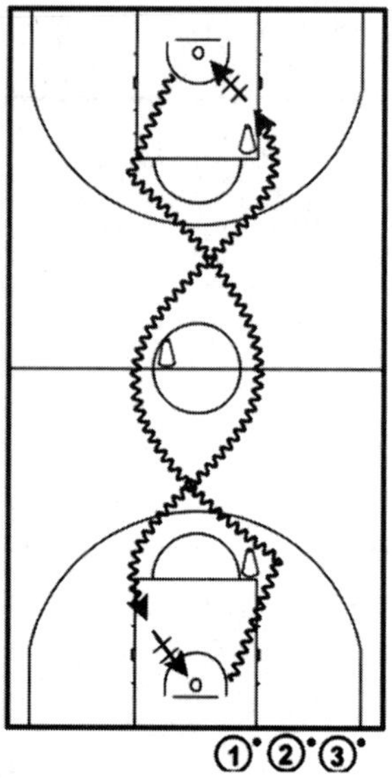

图 3－36

2. 全场“Z”字形组合运球上篮

持球学生落位于篮下底线附近，①右手运球运至第一个障碍物做背后运球，换左手运至中圈第二个障碍物做后转身运球，换右手运球运至第三个障碍物做胯下运球衔接右手上篮；①抢篮板球左手运球至第三个障碍物做背后运球，换右手运球至第二个障碍物做后转身运球，再换左手运球至第一个障碍物做胯下运球衔接左手上篮完成练习。（图 3 – 37）

3. 分成两路纵队沿障碍进行各种运球摆脱练习

在后场端线外成两路纵队每人持 1 球，沿场内放置标志桶，两队按照先后顺序同时采用体前变向运球、背后运球、胯下运球和运球转身动作逐个绕标志物，全部完成后再原路返回。（图 3 – 38）

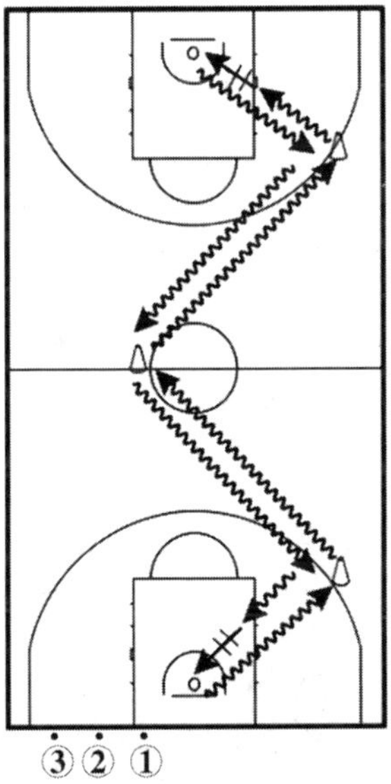

图 3 – 37

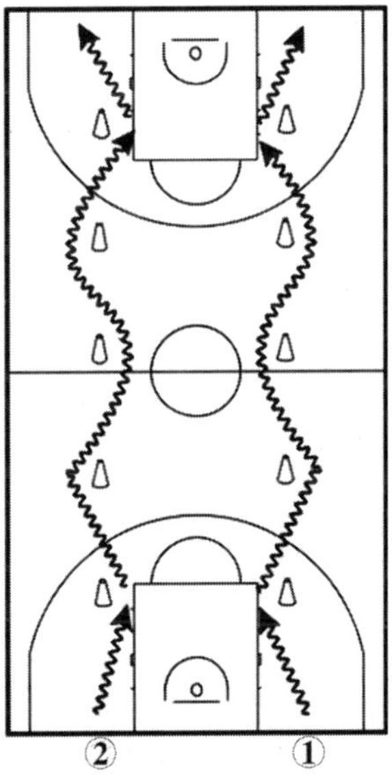

图 3 – 38

4. 全场往返连续“变距和换手”运球上篮练习

将全队分成两路纵队分别站于球场两端线外，①、②站右侧端线，③、④站左侧端线，两路都各持1球。练习开始，①和③2人同时快速用右手向前运球和右手上篮，不等球落地2人再分别接球用左手运球返回起点时左手上篮，然后2人分别接球后用右手运球上篮，要如此连续8次往返右、左手上篮。①和③2人完成往返8次上篮以后②和④重复上面的练习。当两路纵队全体学生每人都完成后，再按如下规定的连续往返的次数运球上篮：每人都要完成往返8次、6次、4次和2次4种不同次数的快速左、右手运球上篮练习后停止练习。(图3－39)

5. 全场1对1运球防运球练习

2人1组1球落位于端线一侧，②持球先攻，①做防守。练习开始，②进行折线运球到对面端线，而①要连续做滑步、撤步和滑步，紧贴②进行防守，①和②做至对面端线后进攻和防守交换位置做回来；当①和②1对1攻防过中场后，在场外站立的其他学生按照同样要求练习。(图3－40)

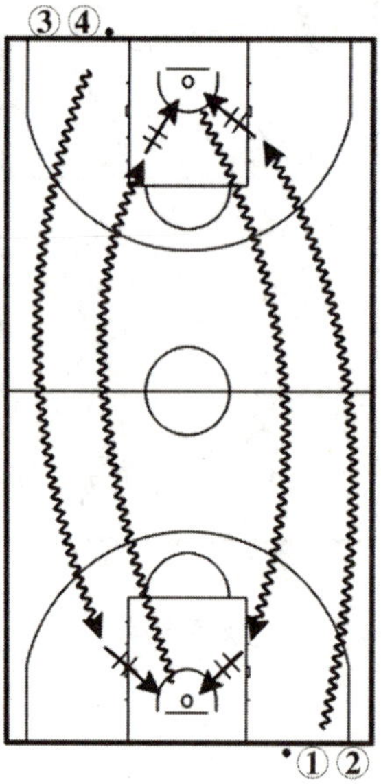

图3－39

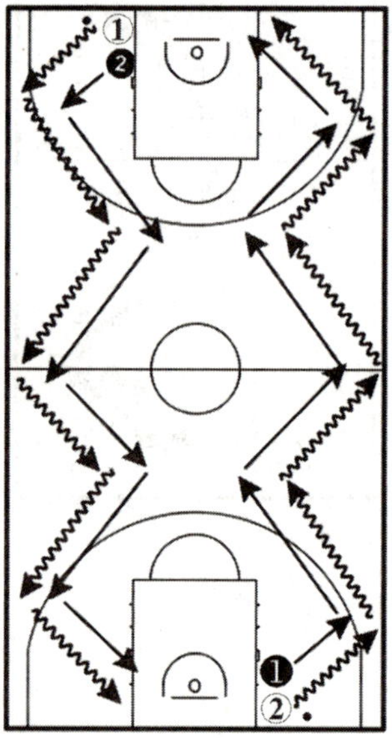

图3－40

6. 在追防下运球上篮练习

2人1组，①、③先进攻，②、④先防守。①先进攻，面向前场双脚站于罚球线右侧，②先防守，落位时背向前场站于罚球线左侧，教师站于限制区内。练习开始，①和②2人按要求站立后听教练员吹哨，持球人①应从右路快速向前场运球上篮，同时防守的②也尽快转身起动追运球上篮的①，①和②2人追防结束后交换攻守任务在前场篮下等候，③和④也同上练习，全部完成后，各组学生再交换位置做回来。（图3－41）

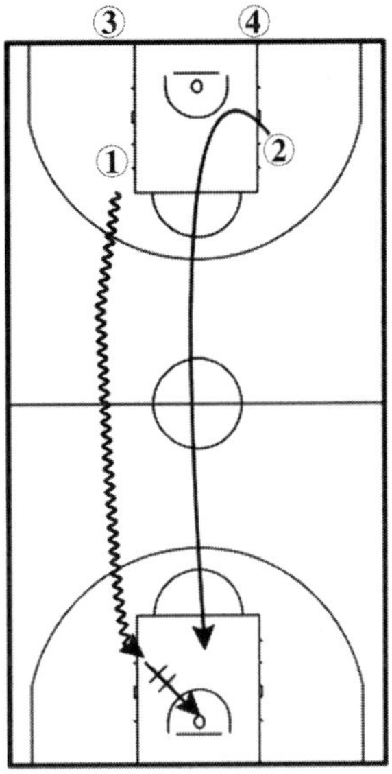

图3－41

九、游　戏

（一）原地左右手交替运球击掌

【目的】发展双手交替拍球的速度、力量、准确性，特别是左手的能力此游戏利于开发右脑潜能。

【方法】

（1）2人1组，面对面相距1.5米，学生双手交替运球，当球离手的瞬间与同伴击掌。

（2）在运1次球的基础上，可以左右手交替击掌运球2次、3次，直至失误为止。

（3）为学生制定目标，可提高拍球速度及兴趣。

【教学建议】

（1）初学者先学会单手运球，因弹起速度慢，手接触面大，不易失误。

（2）手触球的上部，用手指触球。

（3）左右手用力大小要一致，否则球弹起高度难以控制。

（4）此游戏适用于亲子活动。

（二）运球追逐

【目的】提高学生行进间的运球技术，发展运球时手、脚、眼的协调能力。

【方法】学生甲、乙2人1组各运1球分散于球场内任意运球跑动，教师吹一声长哨为甲追乙，两声短哨为乙追甲。

游戏开始，随着教师哨声的变换，甲、乙2人在场内反复进行追逐与反追逐。追到对方并用手轻拍对方后背得1分，在规定时间内得分多者为胜。（图3－42）

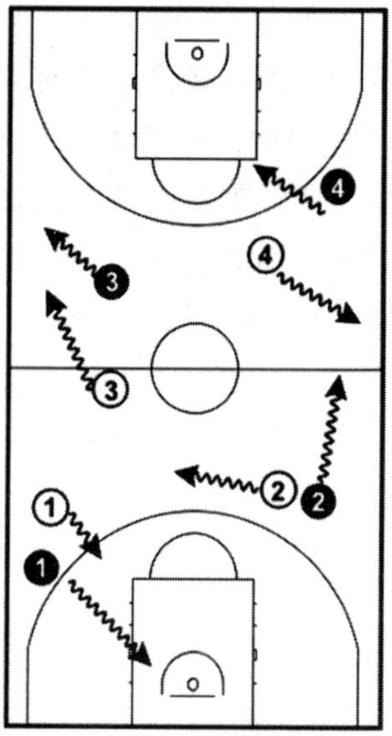

图3－42

【规则】

（1）只有运球的同时追到对方并拍到对方后背才得分，若追到对方时运球失误，或拍到对方身体其他部位则无效。

（2）双方在运球时要随时注意躲闪其他人的运球，以免发生碰撞，一旦发生碰撞而被对方拍到算有效。

【教学建议】

（1）可改为在个人得分基础上计算全队得分，得分高的队为胜。

（2）如参加的人数多，可分为几队轮流进行。

（三）合作运球比赛

【目的】提高学生的运球能力及相互协作能力。

【方法】先把学生分为人数相等的两队，每队又分为2人1组，分别成两路纵队站立于球场端线后，排头2人并排而立，把相邻的手臂相互挽在一起，另一只手各持1个篮球。游戏开始后，2人在挽手臂的同时各自用外侧手运球前进，到达中线时其中任何1人踩到线即可运球返回，把2个球交给下一组，其他的学生以同样方法继续进行。先完成的队即为获胜。(图3－43)

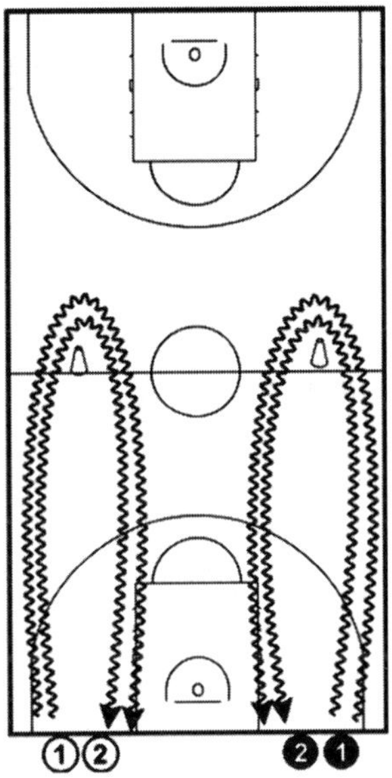

图3－43

【规则】

(1) 运球过程中，2人的手臂必须始终挽在一起，中途断开即为犯规，罚其重做1次。

(2) 运球失误时，须在失误地点挽好手臂再继续运球前进。

(四) 绕圈“8”字运球追逐

【目的】提高学生曲线运球变向的能力，扩大运球时的视野。

【方法】把学生分为人数相等的3队，成3列横队站在场上同一边线外。游戏开始，每队各出1名学生分别站在场地上3个圆圈的线外，3人按同一方向绕这3个圈连续做“8”字形运球跑动，相互追逐，在规定时间(20～30秒)内追到对手的学生为本队得1分；然后换上各队第二名学生进行同样的追逐，直到游戏结束，得分多的队为胜。(图3－44)

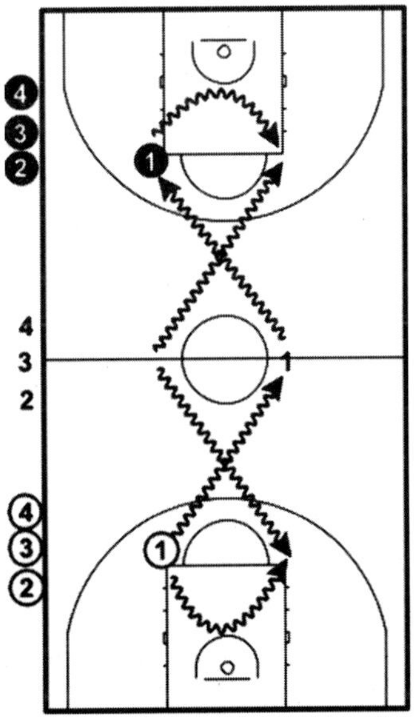

图3－44

【规则】

（1）绕圈“8”字运球时不得踩线，否则触拍到对方无效。

（2）必须按规定路线追拍，3 人在交叉时相互触拍到对方无效。

（3）手触及对方即为触拍到。

（五）变向运球接力比赛

【目的】提高学生快速移动中变向运球的能力。

【方法】把学生分成人数相等的两队，分别面向场内站在同一端线上，排头各持 1 球站在场角上。（图 3－45）

游戏开始，从排头起每个学生依次按图示路线用体前变向的运球方法快速变向运球，返回时仍按原路线和方法进行，并以手递手的方式把球交给本队的下一名学生，直至全队每人完成 1 次，以速度快的队为胜。

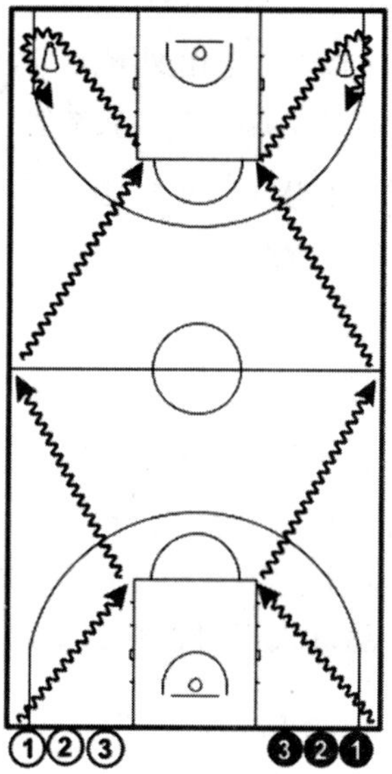

图 3－45

【规则】

（1）运球变向地点必须有一只脚踏入罚球圈，踏到边线中点、前场场角，才能继续向下一地点运球前进，否则罚其在本队最后再做 1 次。

（2）交接球必须以手递手的方法进行，否则罚其在本队最后再做 1 次。

（六）捕　鱼

【目的】增强学生体质，提高学生左右手的球性和身体的机敏性，培养学生勇敢、积极、向上的团队合作意识。

【准备】

（1）场地：根据人数多少，利用整个篮球场或半个篮球场。

（2）器材：人手 1 个篮球。

（3）裁判员：授课教师。

【方法】首先，挑选 2 名学生手拉手组成“渔网”，其他学生当“鱼”，全部在“鱼塘”（篮球场）里一边跑一边运球，所有“鱼”不能“上岸”（出界），出界就算违例。

游戏开始后，“渔网”就开始捕捉“鱼”，凡是捕捉到的“鱼”就要由“鱼”的角色变成“渔网”的角色。违例的学生和被捕到的“鱼”都要加入“渔网”，直到最后把“鱼”全部捕完为止。“渔网”不用拿球，“鱼”一边游一边用左右手运球。

【注意事项】“捕鱼”的网不能破，网破了“捕到的鱼”无效，“鱼”不能跳网，不可以钻网，不能冲撞“渔网”，不能出界线。学生是用左手运球、右手运球还是用左右手运球，教师可以根据情况来定。

【温馨提示】“鱼”在奔跑时容易互相碰撞，请“鱼儿”们机智跑动，避免发生碰撞。如何将“鱼儿”们“一网打尽”，“渔网”要动脑筋。

（七）狼和小羊

【目的】增强学生体质，提高学生左、右手的球性和身体的机敏性，培养学生勇敢、积极、向上的团队合作意识。

【准备】

（1）场地：根据人数多少，利用整个篮球场或半个篮球场。

（2）器材：人手 1 个篮球。

（3）裁判员：授课教师。

【方法】挑选 2 名学生当“狼”，其他学生全部当“羊”，篮球场上的三分线和 3 秒区当作“羊圈”，中场跳球区当作“水池”，“羊圈”以外所有地方是最好的草场，“羊”可以去吃草喝水。“狼”可以捕捉所有“羊”，但不能进“羊圈”捕捉，“羊”也不能长时间在“羊圈”里，凡是在里面超过 10 秒和被“狼”捕捉到的“羊”，就要送出场外不能参加这一时段的游戏。

游戏开始前，“羊”在“羊圈”里，教师和“狼”在“羊圈”外，先给学生创设情境：在一个美丽的大草原上生活着一群羊，同时也生活着 2 条大灰狼。

游戏开始时，教师先让“羊”叫三声“咩——”，教师引导“狼”长吼一声“嗷——”，“狼”可以捕捉所有“羊”，所有“羊”全部在草原上（篮球场内）一边跑一边运球活动，不能出界，出界就算违例，直到最后“狼”把“羊”全部捕完为止。

【注意事项】不能出界线，不能冲撞。“羊”要积极地去吃草喝水，要当一只勇敢机智的“羊”。当“羊”多时，把三分线内当“羊圈”，人少时，把3秒区内当“羊圈”。

【温馨提示】在奔跑时容易互相碰撞，请学生们机智跑动，避免发生碰撞。“羊”要勇敢地去喝水吃草，不要做胆小的“羊”。

（八）小调皮来捣乱（28米直线运球，把障碍物放倒和摆正的游戏比赛）

【目的】增强学生体质，提升学生人球结合的能力，培养学生勇敢、积极、向上的团队合作意识。

【准备】

（1）场地：1块篮球场。

（2）器材：若干篮球。

（3）裁判员：授课教师。

【方法】将学生分成人数相等的组，在起跑线后站立，教师发令后，第一名学生快速运球到场地中间，把所有的障碍物依次放倒，障碍物共有8个，每隔3米设1个障碍物，至终点绕过障碍物，返回时再摆正，把球交给下一名学生，先结束的队伍为胜者。（图3－46）

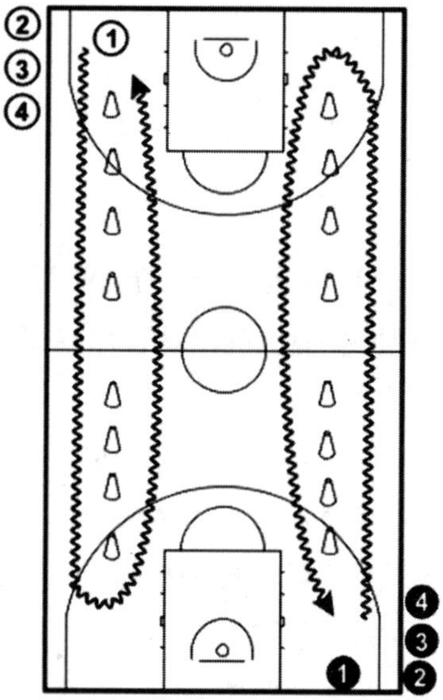

图3－46

【注意事项】不准带球跑，不准踢球，不准跨越障碍物，不准传球；在哪里丢球，捡起后就在哪里重新再来。

【温馨提示】运球时，篮球要保持在身体侧前方，运球高度尽量不要过腰。

（九）捉尾巴

【目的】增强学生体质，提升学生人球结合的能力，培养学生勇敢、积极、向上的团队合作意识。

【准备】

（1）场地：1 块篮球场。

（2）器材：若干个篮球、报纸。

（3）裁判员：授课教师。

【方法】在篮球场的半场，每人 1 个篮球，所有人用报纸叠成长条形放在身后，夹在裤子里一半，露出来一半当尾巴。游戏开始，学生全部运球，同时保护尾巴不被人抽走，若被抽走算失败，必须马上离开篮球场。当人数减少时，可以将场地缩至三分线内，当剩下最后 2 人时，可在中场跳球圈内进行比赛，最后决出胜负，裁判员还可以要求学生每隔 20 秒换手进行。（图 3－47）

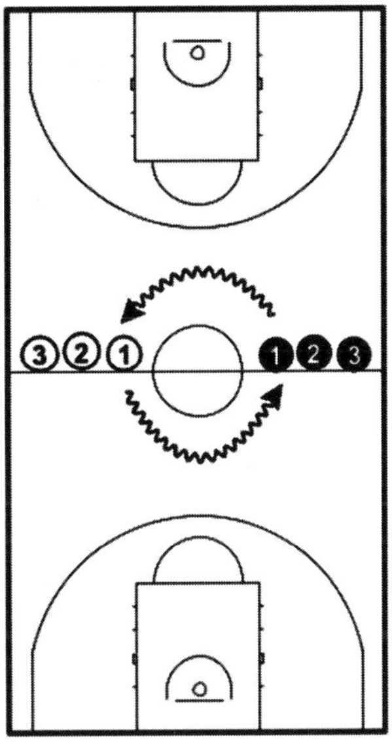

图 3－47

【注意事项】必须保证自己是在运球的情况下去捉其他学生的尾巴，否则无效；若球运丢了，可以重新回到场地，恢复运球后继续游戏。

【温馨提示】捉尾巴时要兼顾运球。

（十）谁是小球王

【目的】增强学生体质，提升学生人球结合的能力，培养学生勇敢、积极、向上的团队合作意识。

【准备】

场地：1 块篮球场。

器材：若干篮球。

裁判员：授课教师。

【方法】在篮球场的半场，每人 1 个篮球，游戏开始，所有人运球，要在保证自己的篮球不被击中的同时，去击打其他学生的篮球，被击中篮球的学生算失败，必须马上离开篮球场，当人数少时，在三分线内比赛，当剩下最后 2 人时，在中场跳球圈内比赛，最后决出胜负，每隔 20 秒必须换手。

【注意事项】必须在保证自己的篮球不被击中的情况下去击打其他学生的球，否则无效；不得扔球去击打其他学生的球。

【温馨提示】运球时要有护球动作。

（十一）单手圆周运球接力

【目的】发展身体的灵活性、协调性，促进速度、力量、耐力的提高，使学生之间团结互助、齐心协力。

【方法】在场地上可设 1 个直径为 10 ~ 15 米的圆圈，将所有学生分为人数相等的 2 组，一路纵队站在各自的起点。采用顺时针或逆时针方向追逐运球，前一名学生绕圆圈运球 1 周后，将球交给本队后面的学生，运球交接处在本队位置的前后均可，没有严格限制。比赛直至有学生运球拍到对方的运球学生，则该队获胜。但比赛结束必须所有学生至少 1 次参与比赛。（图 3 – 47）

【注意事项】

运球绕圈时以采用外侧手运球为主；学生沿圆圈外运球时，不允许将球运至圈内，否则，该名学生重新开始；运球时，不允许故意阻挡对方学生的运球；切忌运球走步。

【教学建议】注意规范学生的运球动作、运球的高度，切忌走步。

（十二）运球追人

【目的】锻炼学生的灵敏素质，提高控球能力和运球技术。

【方法】每人 1 球，分散在球场上，用 1 种或多种方法运球，指定 1 人为追者，在不丢球的情况下追到（用手触及）另一游戏者，即换此人为追者。（图 3 – 48）

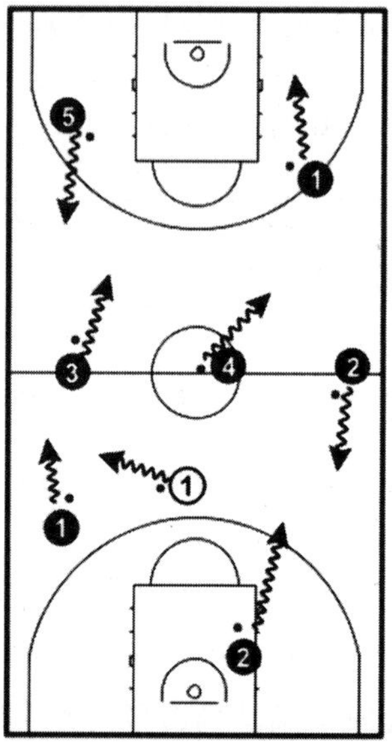

图 3 – 48

【规则】

（1）追者必须在自己控制球的情况下追到其他人。

（2）被追者球丢掉即变为追者。

【教学建议】可将运球追人改为运球相互破坏的方法进行游戏。

（十三）胯下运球接力

【目的】提高学生控制球的能力，改进胯下运球技术动作。

【方法】把学生分为人数相等的两队，面向场内站立于同一端线外，端线上放 2 个篮球。（图 3－49）

游戏开始，两队排头从原地用单手把地上的球拍起，然后向前运球，但每向前运 1 次必须做 1 次胯下运球，运至中场有一只脚踩到中线时再以同样方法返回，把球在端线上放稳。下一名学生以同样方法照此进行，直到全队每个人做 1 次为止，以速度快的队为胜。

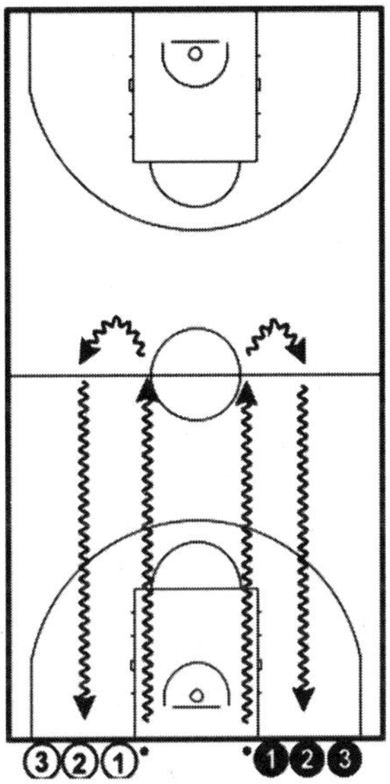

图 3－49

【规则】

（1）每向前迈一步都必须做 1 次胯下运球，可左右手交替，但不准漏做。

（2）运球失误必须从失误处重新做起。

（3）必须有一只脚踩到中线才能返回。

（十四）运球拍打比赛

【目的】帮助学生熟悉球性，提高控制、支配和保护球的能力。

【方法】令全体学生人手 1 球分散于半场（或三分线）内，2～3 人 1 组边运球边相互拍打，自己运球并随时伸手拍打周围其他组学生的球，同时注意保护好自己的球不被别的运球人拍打。同伴可以相互提醒，也可以组织战术。凡拍打到其他组学生的球即为本组得 1 分，持续 2～3 分钟后统计各组得分，分数多者获胜。

【规则】

（1）只准在规定区域内相互拍打，否则算自动退出比赛。

（2）计分办法：拍打到其他组学生的球 1 次得 1 分，被别人拍打到 1 次失 1 分；统计时用得分减去失分计算本组总分。

【教学建议】

（1）可进行几场 2 ~3 分钟的比赛。

（2）可事先对失败的队定出罚则，如罚做俯卧撑等。

（十五）倒着运球接力比赛

【目的】增强学生体质，提升学生人球结合的能力，培养学生勇敢、积极、向上的团队合作意识。

【准备】

（1）场地：1 块篮球场。

（2）器材：若干篮球。

（3）裁判员：授课教师。

【方法】把学生分成人数相等的组，背对起跑线站立，教师发令后学生们背向运球到终点后绕过障碍物，背向运球返回，把球交给下一名学生，先结束的队伍为胜利方。

【注意事项】不准带球跑，不准踢球，不准跨越障碍物，必须手递手交接球，不得传球，接球人不得在线内接球。

【温馨提示】运球时，上半身要向前倾斜，以免因重心过于靠后而摔倒。

第四节　传接球

传接球是在篮球比赛中进攻学生有目的地转移球的方法手段，是进攻学生在场上相互联系和组织进攻的纽带，是实现进攻战术配合的具体手段。传接球技术的好坏，直接影响进攻战术的质量和比赛的胜负。及时和准确地传接球，能够创造更多更好的投篮及得分的机会。

传接球技术最能体现篮球集体项目的特点，是学生配合默契的表现，是展现团队精神的方式之一。其中，传球助攻是评价一支球队和一名学生技术水平的重要指标之一；而且巧妙的助攻是评价比赛最佳球的指标之一，巧妙地传球能提高比赛的观赏性，关键时刻的助攻秒传最能激发球迷的激情。

一、双手胸前传球

持球时，双手五指自然分开，拇指相对成八字形，用指根以上部位握球的侧后方，手心空出，两肘自然弯曲于体侧，将球置于胸前。肩、臂、腕肌肉放松，两眼注视传球目标，身体成基本姿势。传球时，后脚蹬地，身体重心前移，同时两臂前伸，手腕由下向上翻转，同时拇指用力下压，食指、中指用力弹拨，将球传出。出球后手心和拇指向下，其余手指向前。蹬地、伸臂、翻腕、抖腕、拨指动作协调连贯，双手用力均匀。

以下介绍几种双手胸前传球的练习方法。

（一）原地模仿练习

【目的】徒手体会原地双手胸前传球的出球手法。

【方法】学生成两列横队，左右前后间隔 2 米。随口令做双手胸前传球的徒手练习。

【要求】身体直立，下肢不动，重点体会上肢出球手法。

（二）原地持球翻腕练习

【目的】体会原地双手胸前传球的翻腕动作。

【方法】2 人 1 组，一人持球做翻腕动作，另一人扶球帮助练习体会动作。

【要求】身体直立，两腿不动，重点体会持球翻腕动作。

（三）原地对墙传球练习

【目的】体会原地双手胸前传球的手法及准确性。

【方法】在墙上画若干圆圈，直径 20 厘米。学生每人 1 个球，面对墙，距墙 1.5 ~3.5 米进行原地双手胸前传球练习，将球传向圈内。记住自己 20 次传球命中圆圈的次数。

【要求】身体稍前倾，重点体会伸臂翻腕拨指动作。

（四）原地自抛自接球练习

【目的】体会原地持球动作。

【方法】每人1球，双手持球前平举，将球上抛1.5米左右，然后接球，检查持球手形是否正确。

【要求】两脚平行开立，身体直立，接球时手臂伸直。检查持球方法是否正确。

（五）原地传接球练习

【目的】体会原地双手胸前传球完整动作。

【方法】2人1组1球，面对面相距3~4米，做原地双手胸前传球练习。

【要求】上下肢动作协调配合，传球手法准确。

（六）原地三角、四角传球练习

【目的】体会原地双手胸前传球完整动作。

【方法】学生3~5人1组站成近似等边三角形或正方形，相距4~5米按顺时针或逆时针方向依次传球。

【要求】传接球动作连贯，上下肢动作配合协调。

（七）全场2人胸前传接球上篮练习

【目的】体会行进间胸前双手传球的发力动作。

【方法】学生2人1组，从底线出发，过程之中不能运球，传球3~5次之后，位于右侧的同伴接球上篮，对方抢篮板球，然后交叉换位重复上述要求。

【要求】传球注意提前量，落点的高度要适中，全身协调发力。

（八）全场快攻长传练习

【目的】更接近实战，把握传球的时机及其落点的准确性。

【方法】学生2人1组，一人站在罚球线投篮（无论进球与否），后自投自抢，把球传给从底线插上接球的另一人，然后从右侧快速侧身跑出前场；同伴在接到球之后运球至左侧中线附近，然后传球给快攻的同伴上篮。传完球之后快速跑到前场抢篮板球，然后交球给同伴，自己则沿球场右路侧身弧线快下，接同伴长传球上篮，后者抢到篮板球，完成一个回合的练习。

【要求】传球要有提前量，接球于胸前高度位置，运球与传球结合好。

（九）全场 3 人左右传球快下练习

【目的】提高移动中双手胸前传球的准确性。

【方法】3 人站于底线，左右间距 3 米，中间人持球，练习开始后，两边同伴同时侧身一前一后快下，先传球给左边的同伴，左边同伴接球之后再回传中间学生，中间学生接球后直接将球传给右侧快下同伴，右侧快下同伴接球后上篮，左侧同伴跟上抢篮板球，然后将球交至中间同伴，两边学生交叉落位，然后按照上述安排返后，上篮结束抢到篮板球，完成一个回合的练习。

【要求】过程之中不能运球，先左后右各 1 次传球后就可以完成上篮，把握提前量，注意移动中传球的准确性。

二、双手反弹传球

双手反弹传球的击地点一般应在传球人距离接球人 2/3 处，球向后旋转击地反弹后，球减速向斜上方弹起，便于接球。传球手法与双手胸前传球相同，但腕指用力要大，如用力不够，反弹高度就低，不利于接球。腕指急促抖动用力，出球快，击地点适当。

以下介绍几种双手反弹传球的练习方法。

（一）原地模仿练习

【目的】体会双手反弹传球出球手法。

【方法】学生成两列横队，前后左右间隔 2 米，随教师口令做徒手模仿练习。

【要求】两脚不动，重点体会双手反弹传球出球手法，建立正确的动作概念。

（二）原地对筐传球练习（球筐直径大概 20 厘米，口稍朝下）

【目的】体会双手反弹传球翻腕拨指动作。

【方法】学生每人1球，距离墙2～3米进行传接球练习。

【要求】传球速度由慢到快，动作准确协调。

（三）原地对墙传球练习

【目的】体会双手反弹传球翻腕拨指动作。

【方法】学生每人1球，距离墙2～3米进行传接球练习。

【要求】传球速度由慢到快，动作准确协调。

（四）原地传球练习

【目的】体会双手反弹传球上下肢协调配合及落点。

【方法】学生2人1组1球，相距3～5米，做双手反弹传球练习。

【要求】传接球动作协调连贯，传球落点要准。

（五）2人2球原地传接球练习

【目的】体会双手反弹传球上下肢协调配合及落点。

【方法】学生2人1组2球，相距3～5米，2人同时传球，一人胸前双手传球，另一人双手反弹传球，20次之后交换传球方法。

【要求】传接球动作协调连贯，传球落点要准。

（六）传接球跑动练习

【目的】体会双手反弹传球的完整技术动作。

【方法】学生6～8人1组，一组拿1个球，另一组不拿球，2组相对进行双手反弹传球练习，传球后从右侧跑至对方排尾。

【要求】传球的力量要柔和，传接球时不得走步，传球后起动迅速。

三、双手头上传球

持球手法同双手胸前传球，双手举球于头上，传球时，前臂前摆，手腕向内翻转，同时拇指、食指、中指用力向前拨球。

【动作要点】

（1）手腕向内翻转，拇指、食指、中指拨球。

（2）全身协调用力。

以下介绍几种双手头上传球的练习方法。

（一）原地模仿练习

【目的】徒手体会原地双手头上传球的出球手法。

【方法】学生成两列横队，前后左右间隔 2 米。学生随教师的口令做双手头上传球徒手练习。

【要求】下肢不动，重点体会上肢出球手法，建立动作概念。

（二）原地对墙传球练习

【目的】体会原地双手头上传球出球动作。

【方法】学生每人 1 球，面对墙 2 ~3 米的距离进行原地双手头上传球练习。

【要求】腰腿不动，重点体会原地挥臂扣腕拨指动作。

（三）原地传接球练习

【目的】体会双手头上传球的完整技术动作。

【方法】2 人 1 组 1 球，面对面相距 4 ~5 米，做原地双手头上传球练习。

【要求】上下肢协调配合，传球手法准确。

（四）扇形原地传球练习

【目的】体会双手头上传球的全身动作的协调配合及传球手法。

【方法】学生 4 人 1 组 1 球，1 人持球，另 3 人站成扇形，进行传接球练习，传到一定次数后，依次交换。

【要求】传球动作连贯，上下肢协调配合。

（五）半场罚球线原地传球练习

【目的】体会接近实战中双手头上传球，加上转身脚步（或者防守包夹学生）。

【方法】学生4人1组1球，1人持球站弧顶位置，1人站罚球线附近，另2人分别站在底线三分线附近。练习开始，首先传球至罚球线学生，此学生接到球之后先转身面对篮筐，做投篮假动作，待包夹时根据情况选择传球到两边的学生完成投篮，练习一定次数后，换位练习。

【要求】传球的选择结合实际情况，上下肢协调配合，传球到位。

（六）2人1组全场快下传球练习

【目的】体会接近实战中，中锋抢到篮板球第一时间传球至快下前锋学生。

【方法】学生2人1组，一人站在右侧三分线附近投篮，后从右侧侧身快下，另一同伴站篮下抢到篮板球之后，转身第一时间用双手头上传球将球传至快下前锋学生，后者接到球之后运球快下完成上篮，之后从右侧快下准备接球。传球学生待传完球之后跟上快下抢到篮板球，再把球传给快下同伴完成上篮。然后互换角色，再完成一个回合的练习。

【要求】抢到篮板球之后把手举起，准备好第一时间把球传给快下的学生，传球及时到位。

四、单手胸前（体侧）传球

双手持球于胸前，在传球时，双手将球引至右肩下部，右手腕稍向后屈，手心向前，左手扶球的侧下部，出球时右臂短促前伸，手腕急促向前抖翻，同时食指、中指、无名指用力弹拨，将球平直向前传出。手腕抖翻、手指弹拨。

以下介绍几种单手胸前（体侧）传球的练习方法。

（一）原地对墙传球练习

【目的】体会左右手单手胸前（体侧）传球的手法及准确性。

【方法】墙上画若干圆圈，直径20厘米，学生每人1个球，面对墙距墙1.5～3.5米进行原地单手胸前传球练习。同时记住自己20次传球命中圆圈几次。

【要求】左右手发力协调，传球有力，落点准确。

（二）原地传接球练习

【目的】体会原地单手胸前（体侧）传球完整动作。

【方法】2 人 1 组 1 球，面对面相距 3 ~4 米，做单手胸前（体侧）传球练习。

【要求】上下肢动作协调配合，传球手法准确，左右手交替进行练习。

（三）原地加防守传接球练习

【目的】接近实战，体会有防守者的情况下运用原地单手胸前（体侧）传球完整动作。

【方法】2 人 1 组 1 球，面对面相距 3 ~4 米，中间有一位防守者，防守者要贴身防守，传球者被碰到球之后就和防守者交换位置。

【要求】眼睛看上路，传球走下、中路；反之，眼睛看下路，传球走上、中路。上路为头两侧，中路为左右腋下，下路为胯下及身体两侧。

（四）原地三角、四角传球练习

【目的】体会原地单手胸前（体侧）传球完整动作。

【方法】学生 3 ~5 人 1 组站成近似等边三角形或正方形，相距 4 ~5 米按顺时针或逆时针方向依次传球。

【要求】传接球动作连贯，上下肢动作配合协调。

（五）全场 2 人单手胸前（体侧）传接球上篮练习

【目的】体会行进间单手胸前（体侧）传接球的发力动作。

【方法】学生 2 人 1 组，从底线出发，过程之中不能运球，传球 3 ~5 次之后，位于右侧的同伴接球上篮，对方抢篮板球，然后交叉换位重复上述要求。

【要求】传球注意提前量及落点的高度要适中，全身协调发力。

（六）全场快攻长传练习

【目的】更接近实战，把握传球的时机及其落点的准确性。

【方法】学生 2 人 1 组，1 人站在罚球线投篮（无论进球与否），后自投自抢，把球传给从底线插上接球的同伴，然后从右侧快速侧身跑出前场；同伴在接到球之后运球至左侧中线附近，然后传球给快攻的同伴上篮。传完球之后快速跑到前场抢篮板球，然后交球给同伴，自己则沿球场右路侧身弧线快下，接同伴长传球上篮，后者抢到篮板球，完成一个回合的练习。

【要求】传球要有提前量，接球于胸前高度位置，运球与传球结合好。

五、单手反弹传球

单手击地传球和平传球要领差不多，也是双手持球，不同的是球传出去以后往地下传。

单手反弹传球的击地点一般应在传球人距离接球人 2/3 处，球向后旋转击地反弹后，球减速向斜上方弹起，便于接球，传球手法与双手胸前传球相同。但腕指用力要大，如用力不够，反弹高度就低，不利于接球。

以下介绍几种单手反弹传球的练习方法。

（一）原地模仿练习

【目的】体会单手反弹传球出球手法。

【方法】学生成两列横队，前后左右间隔 2 米，随教师口令做徒手练习。

【要求】徒手传球动作由慢到快，重点体会出球手法。

（二）原地对墙传球练习

【目的】体会单手反弹传球全身动作协调配合及球的落点。

【方法】学生每人 1 球，面对墙壁距墙 1.5 ~2.5 米进行单手反弹传球练习。

【要求】传接球动作连贯协调，传球要准确，注意传球落点。

（三）原地传接球练习

【目的】体会单手反弹传球的完整技术动作。

【方法】2 人 1 组 1 球，相距 3 ~5 米，进行原地单手反弹传球练习。

【要求】手脚配合要协调，传球要准确。

（四）2 人 2 球原地传接球练习

【目的】体会单手反弹传球上下肢协调配合及落点。

【方法】学生 2 人 1 组 2 球，相距 3 ~5 米，2 人同时传球，一人单手胸前传球，另一人单手反弹传球，20 次之后交换传球方法。

【要求】传接球手法正确，高效有力，落点准确。

六、传接球技术综合练习方法

（一）全场跑动传接球练习

【目的】体会在行进间双手或单手传接球出球手法。

【方法】将学生分成 2 组，一组做跑动传球，另一组做定位传球。每组做 4 遍后相互交换。（图 3－50）

【要求】奔跑速度要快，传接球要快速、准确，步法要协调。

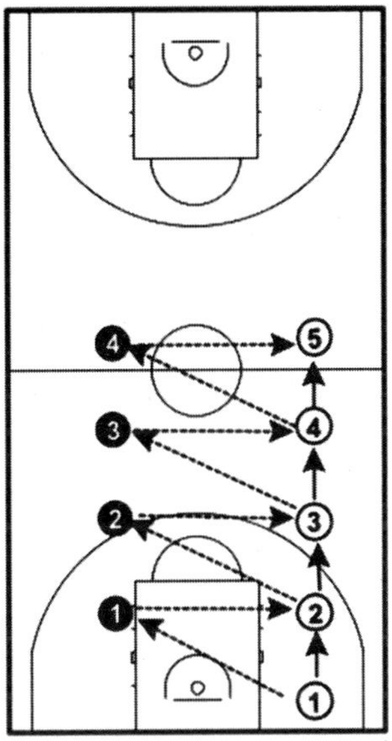

图 3－50

（二）全场 2 人跑动传接球投篮练习

【目的】体会在行进间双手或单手传接球的完整动作技术，提高运用能力。

【方法】①传球给②后，立即起动向前跑接②的传球，②传球给①后，立即起动向前跑接①的传球，直接到对面篮下投篮。当第一组传球投篮后，第二组开始练习。（图 3－51）

【要求】传接球动作要连贯，出球要快，手脚动作配合协调，不得走步，传球要做到以球领人。

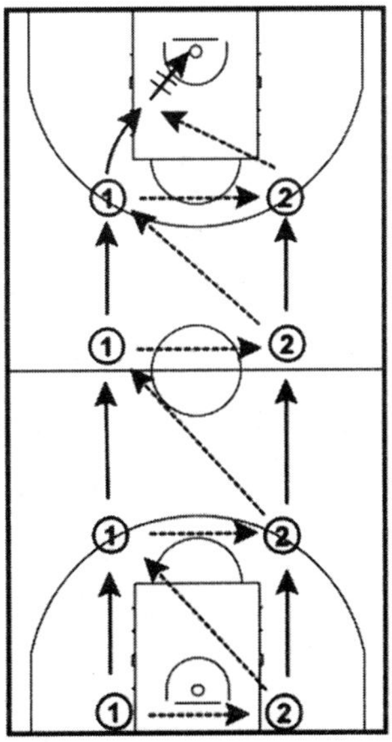

图 3－51

（三）四角传接练习

【目的】体会在行进间双手或单手传接球全身动作协调配合，提高学生传接球运用能力。

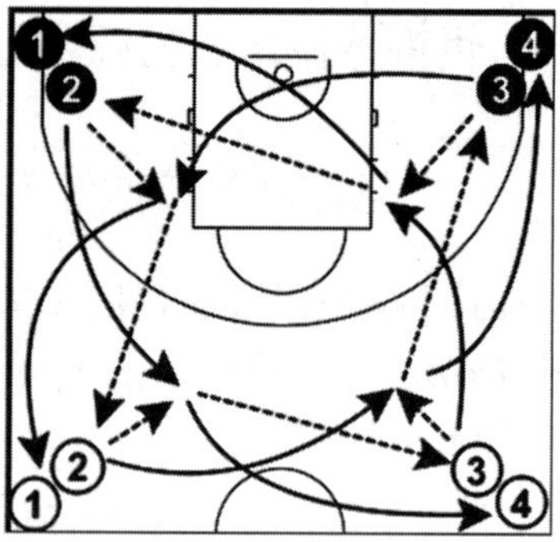

图 3-52

【方法】②传球给跑上来的❷，然后迅速跑向③的前方；❷传球给③以后，立即跑到④的排尾；②接③的传球后，在跑动中传给❸，自己跑到❹的排尾；③传球给②后，跑向对面罚球区接❸的传球，并在跑动中传给❶，然后跑到❶的排尾。依次进行练习。（图 3-52）

【要求】斜插时起动要突然，要侧身接球，传球要快速、有力、到位，并传到接球人身前一步左右的胸部高度处。传球后要明显加速。

（四）行进间 2 人传球越过防守练习

【目的】体会在有防守的情况下进行传接球，提高学生传接球运用能力。

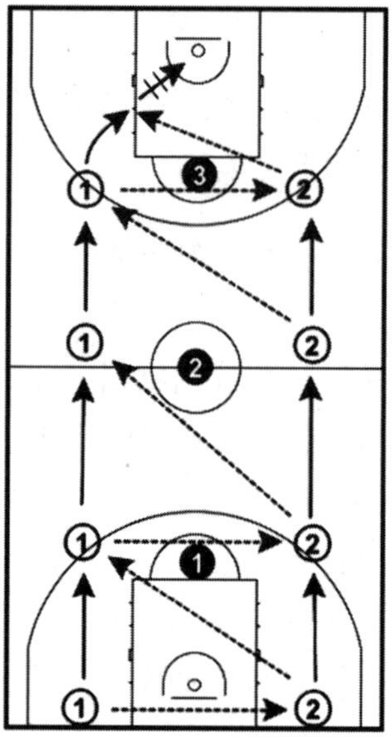

图 3-53

【方法】①和②传球推进，防守者只准在圆圈内进行封堵球。最后由①投篮，然后 2 人交换。（图 3-53）

【要求】在传球推进时注意防守人和接球人的位置，传球要及时、准确、到位。

（五）全场3对3斜插传接球投篮练习

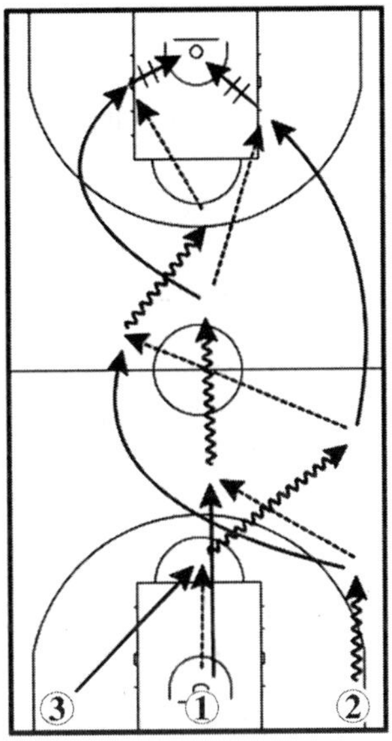

图3－54

【目的】体会在对抗的情况下进行传接球，提高学生传接球运用能力。

【方法】①、②各持1球；③斜插，接①的传球后向边线运球；②向前运球，传给①后再向中间斜插，越过中线接③的传球后，继续运球推进，然后传向篮下①；①接②的传球后，向前推进然后传给斜插的③，③接球后直接运球上篮。然后两组交换。（图3－54）

【要求】运球中要注意观察斜插学生情况，传球要及时到位。传球后斜插起动要快，侧身接球。

七、游　戏

（一）叫号抛接球

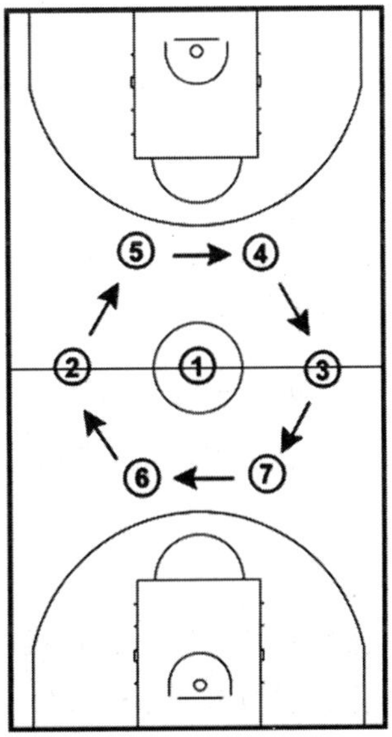

图3－55

【目的】发展反应速度、动作速度及准确判断接球的能力。

【方法】首先给每名学生编号。游戏开始后，所有学生围成1个圆圈慢跑，圆圈中间1名学生拿球。中圈学生（突然）向上抛球，同时喊出编号，该编号的学生迅速跑到圈内并接住下落的球，然后像上个中圈学生一样喊出编号，以此类推。游戏过程中不要使球落地，使球落地以及接不到球的学生，会受到惩罚。

（图 3－55）

【教学建议】可以根据学生的年龄及身体素质，规定圈的大小、抛球的高度。为增加游戏难度，圆圈外的学生可以在统一指挥下做各种动作。

（二）队长传球

【目的】提高游戏者移动传接球的能力，培养传接球的配合意识。

【方法】将游戏者分成人数相等的 4 队，每队推选 1 名队长持球站在圆内，其余的学生成纵队，面向队长站在预备线后。游戏开始，各队排头到传球线前接队长双手胸前传来的球，并将球传回给队长后，站到本队的队尾，第二人上前接队长的传球后传回，依次按顺序进行传接球，最后以先传完的队为胜。（图 3－56）

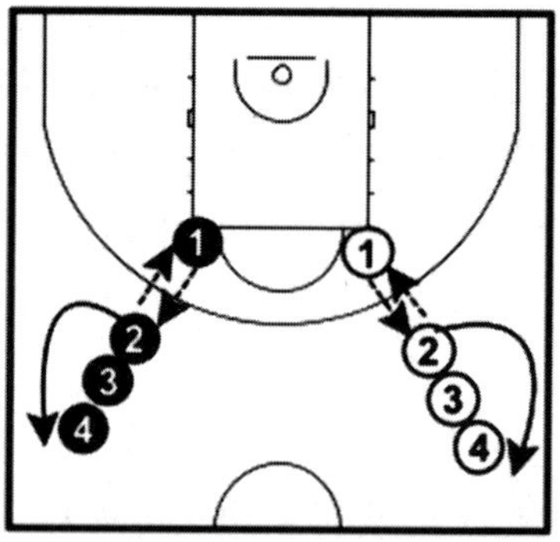

图 3－56

【教学建议】此游戏可改用其他传球（如跳传、背后传、传反弹球等）的方法或规定传球的次数进行比赛。可轮流担任队长，即传球后迅速跑到圈内，替队长去接下一人传来的球，被替换下来的队长，应迅速跑到队尾，继续进行替换传球、接球。也可将每队分成 2 组、3 组进行迎面传球、三角传球等。

（三）传递球

【目的】使学生学习和掌握双手接球和持球的方法，发展灵活性和柔韧性。

【方法】把学生分为人数相等的两队，学生间相距一臂左右距离成纵队站在场内，排头手持 1 个球。游戏可按以下任意一种方式进行。（图 3－57）

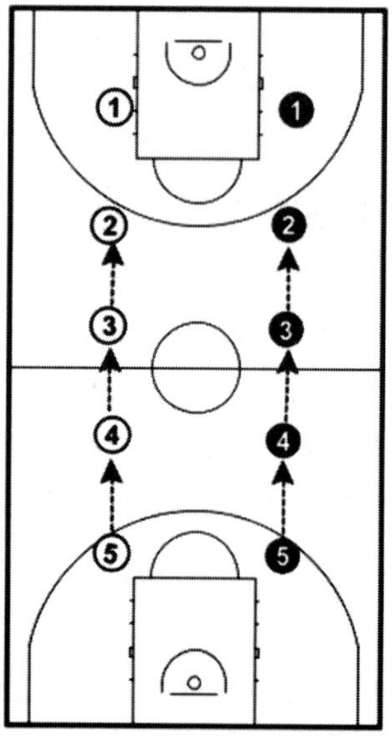

图 3－57

1. 交换球

第一个人用双手把球从头上传递给第二个人，第二个人接球后用双手把球从胯下传递给第三个人，如此按次序把球传递至排尾。

2. 交接球

第一个人双手持球向左转体把球传递给第二个人，第二个人双手接球后向右转体把球传递给第3人，如此按次序把球传递至队尾。

3. 滚动球

学生分腿弯腰把球从排头至排尾由学生胯下滚过去，排尾学生接到球后，马上抱球快跑至排头，分腿弯腰再次把球从胯下滚到队尾。如此按次序滚球、抱球快跑，直到全队每人轮流跑至排头1次为止。

（四）换位传接球

【目的】提高快速移动换位传接球的能力。

【方法】把学生分为4人1组的若干组，每组2个球，成四方形面对面站立，间隔4～5米。①和②各持1球，③和④站在对面。（图3－58）

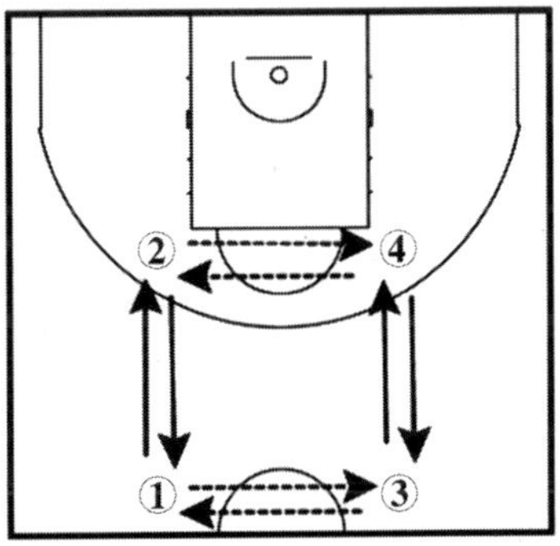

图3－58

游戏开始时，③和④交叉换位，并接①和②传来的球，而①和②传完球后也同样做交叉换位，再接③和④的传球，如此反复地继续下去，直到完成预定的时间或次数为止。在规定的时间内传球次数多的组获胜或先完成规定的传球次数的组获胜。

在游戏进行中要大声数出传球次数，同时要注意互相换位时，避免发生碰撞。

【规则】

（1）计算次数方法以移动者的一传一接为1次。

（2）如传接球失误，从失误处重新计算。

（五）圆圈追传球

【目的】锻炼学生的视觉观察和反应能力，提高传球的速度和准确性。

【方法】将学生分为人数相等的甲、乙两队，两队站成圆圈。2 个球分别交给对称站立的两队各 1 名学生手中。游戏开始后，持球的 2 名学生站在原点上，按顺序依次向圆圈上的队友传球，先完成 2 圈的一队即为获胜方。（图 3－59）

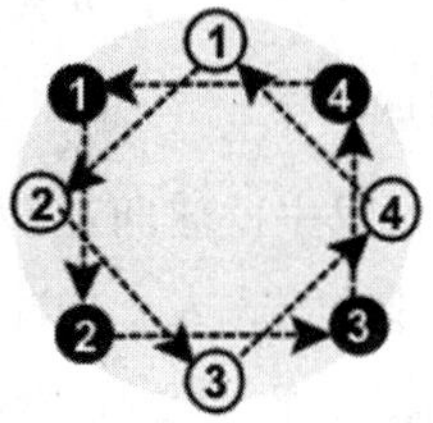

图 3－59

【教学建议】此游戏可先规定向某一个方向传球，也可规定用某一种传球的方法进行传球。可不分队，全班站成 1 个圈，根据指定的方向传球，直至 2 个球集中到 1 人的手里时，游戏即可结束；也可在大圆中心再设 1 个小圆，各队选 1 人背对背站在小圆内，与本队学生依次传接球，追超对方。

（六）传染病

【目的】锻炼大家的快速移动、快速传球能力，以及相互之间的合作意识。

【方法】先假定有 2 位学生得了传染病，他们拿了 1 个篮球，这个篮球就是传染病的传染介质，无论谁只要被篮球碰到就算是被感染。被感染的学生就要合作起来让其他学生都感染。

【规则】感染学生，有篮球在手上时是不能移动的，篮球必须被拿在手上碰到其他学生才算传染给其他人。所有学生的移动路线只能是在篮球场上的所有线上，而且在移动时必须要有一只脚在线上。违犯上述要求视为犯规，要接受一定的惩罚。最终要在规定的时间内让所有人感染传染病。

（七）追目标

【目的】提高学生的传接球的速度、灵敏性和快速反应能力。

【准备】

（1）篮球场地。以 4 米为半径画圆（视实际情况，半径可长可短）。

（2）游戏者互相间隔 2 米，站在网圈上，要记住左右相邻的人，教师站在圆心手拿篮球。

【方法】游戏开始，教师将篮球任意传给其中一人，相邻的 2 个人立即去追拍得球的人，得球人见来追拍，再马上把球传出，另一接球人的相邻 2 人也立即去追拍。若持球者在未传出球前被拍及即为失败，游戏继续进行。3 次被触及者，被罚表演小节目。

【规则】

（1）身体的任何一个部位被触到即为被拍到。

（2）持球人不得将球传给追拍自己的人。

【教学建议】场地可根据参加游戏的人数多少而定。一般以半个篮球场大小、10 人左右参加游戏为宜。

（八）打“龙尾”

【目的】提高学生快速传接球的准确性，培养其灵巧、敏捷和迅速反应的能力。

【方法】把学生分为人数基本相等的甲、乙两队，甲队首先围成一个直径 10 ~ 12 米的圆圈，乙队在圆圈内排成纵队，后面的人抱着前面人的腰组成“龙”，排头的学生为“龙头”，排尾的学生为“龙尾”。

游戏开始，圈外的人相互传球，捕捉时机用球掷“龙尾”，“龙头”则带领全队迅速奔跑、躲闪或用手挡、打来球，以保护“龙尾”不被球击中。若“龙尾”被击中则到排头担任“龙头”，圈外的人再继续快速传球打新的“龙尾”。在规定时间内，计算被击中的“龙尾”有多少人。然后两队互换角色，再进行同样的时间后，计算双方被击中的“龙尾”次数，数量少者为胜方。

【规则】

（1）圈外人不得缩小圆圈的直径以进入圈内打“龙尾”，否则打中无效。

（2）只准打“龙尾”腰部以下的部位，否则打中无效。

（3）圈内的“龙”必须保持纵队队形，不能断开，“龙尾”也不能缩在队伍内，否则算被对方打中。

【教学建议】被击中的“龙尾”也可以站到圆圈外帮助打“龙尾”。

（九）综合传球比快

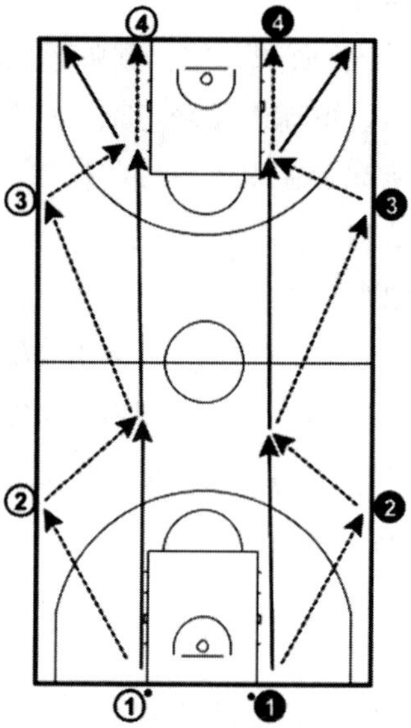

图 3－60

【目的】提高学生快速移动中的传接球能力。

【方法】以球场纵轴把球场划分为左、右两侧。把学生分为人数相等的两队各站一侧。再把每队分为甲、乙两组，每组面向场内站立于球场两端线后，两队的甲组第一人手持 1 球。每队选出②、③为传球人，分别站立于两罚球线所对应的边线上。（图 3－60）

游戏开始，两队甲组排头①首先把球传给②，向前跑进并接②的回传球再把球传给③，接③传球后在向前跑动中把球传给本队乙组排头学生后返回乙组队尾。由乙组排头接甲组传球后返回做上述练习。如此反复进行，先完成的队为胜。

【规则】

（1）传接球中不得运球、走步或二次运球，否则视为失败。

（2）传接球失误，允许捡起球继续进行，但必须在发生失误地点继续，否则无效。

【教学建议】

（1）可采取 3 局 2 胜或 5 局 3 胜的方法确定胜负。

（2）比赛中若出现违规，可立即中断比赛，判定胜负，但此时的胜负判定标准不再是速度，而是游戏规则。

（3）如果学生人数多，可多分几队，轮流进行。

（十）双手原地传球比拼

【任务】

各组学生 6 ~ 10 人均可，在距离 3 米（距离可根据实际情况调整）处设置一直径 40 ~ 60 厘米的洞口，每组学生依次站在固定的位置，通过双手胸前传球的技术动作把球在规定的时间内穿过洞口，每名学生有 10 次机会传球，最终以规定时间内传球穿过洞口次数的多少来决定胜负。

【规则】

（1）只允许双手胸前传球，无论球有没有成功穿过洞口，其他学生负责捡球回来。

（2）只有在规定的时间内成功传球的才计入有效成绩。

（3）每人最多只能传 10 次球。

（4）每轮输的小组可安排俯卧撑或者折返跑作为惩罚。

【组织】

（1）整个项目挑战大概安排 10 ~ 20 分钟的体验时间。

（2）每轮次的挑战距离、挑战时间及洞口的大小可随着大家的熟练程度增加难度。

（3）每轮挑战之前可以给每组学生 3 分钟左右的组织讨论时间。

（4）可以根据情况挑战 2 ~ 3 轮。

【安全提示】注意不要摔倒。

【讨论】

（1）如何提高团队成员传球的精准度及速度？

（2）作为团队的一员，该怎样帮助团队获胜？

（十一）单手（左右手）原地传球比拼

【任务】

各组学生 6 ~ 10 人均可，在距离 3 米（距离可根据实际情况调整）处设置一个直径 40 ~ 60 厘米的洞口，每组学生依次站在固定的位置，通过单手传球的技术动作把球在规定的时间内穿过洞口，每名学生有 10 次机会传球，最终以规定时间内传球穿过洞口次数的多少来决定胜负。

【规则】

（1）只允许单手传球，无论球有没有成功穿过洞口，其他学生负责捡球回来。

（2）只有在规定的时间内成功传球的才计入有效成绩。

（3）每人最多只能传10次球。

（4）每轮输的小组可安排俯卧撑或者折返跑作为惩罚。

【组织】

（1）整个项目挑战大概安排30~50分钟的体验时间。

（2）每轮次的挑战距离、挑战时间及洞口的大小可随着大家的熟练程度增加难度，同时根据情况要求左手传球。

（3）每轮挑战之前可以给每组学生3分钟左右的组织讨论时间。

（4）可以根据情况挑战2~3轮。

【安全提示】注意不要摔倒。

【讨论】

（1）如何提高团队成员传球的精准度及速度？

（2）作为团队的一员，该怎样帮助团队获胜？

（十二）原地背后传球比拼

【任务】

各组学生6~10人均可，在距离3米（距离可根据实际情况调整）处设置一个直径40~60厘米的洞口，每组学生依次站在固定的位置，通过单手背后传球的技术动作把球在规定的时间内穿过洞口，每名学生有10次机会传球，最终以规定时间内传球穿过洞口次数的多少来决定胜负。

【规则】

（1）只允许单手背后传球，无论球有没有成功穿过洞口，其他学生负责捡球回来。

（2）只有在规定的时间内成功传球的才计入有效成绩。

（3）每人最多只能传10次球。

（4）每轮输的小组可安排俯卧撑或者折返跑作为惩罚。

【组织】

（1）整个项目挑战大概安排 30～50 分钟的体验时间。

（2）每轮次的挑战距离、挑战时间及洞口的大小可随着大家的熟练程度增加难度，同时根据情况要求左手背后传球。

（3）每轮挑战之前可以给每组学生 3 分钟左右的组织讨论时间。

（4）可以根据情况挑战 2～3 轮。

【安全提示】注意不要摔倒。

【讨论】

（1）如何提高团队成员传球的精准度及速度？

（2）作为团队的一员，该怎样帮助团队获胜？

（十三）原地反弹传球比拼

【任务】

各组学生 6～10 人均可，在距离 3 米（距离可根据实际情况调整）处设置一个直径 40～60 厘米的洞口，每组学生依次站在固定的位置，通过反弹传球的技术动作把球在规定的时间内穿过洞口，每名学生有 10 次机会传球，最终以规定时间内传球穿过洞口次数的多少来决定胜负。

【规则】

（1）只允许反弹传球，无论球有没有成功穿过洞口，其他学生负责捡球回来。

（2）只有在规定的时间内成功传球的才计入有效成绩。

（3）每人最多只能传 10 次球。

（4）每轮输的小组可安排俯卧撑或者折返跑作为惩罚。

【组织】

（1）整个项目挑战大概安排 30～50 分钟的体验时间。

（2）每轮次的挑战距离、挑战时间及洞口的大小可随着大家的熟练程度增加难度，同时根据情况要求单手传球。

（3）每轮挑战之前可以给每组学生 3 分钟左右的组织讨论时间。

（4）可以根据情况挑战 2～3 轮。

【安全提示】注意不要摔倒。

【讨论】

（1）如何才能更好地把握反弹的落点及传球的力度和速度？

（2）如何提高团队成员传球的精准度及速度？

（十四）原地传球接力

【任务】

各组学生6～14人均可，各挑战的队伍分成A、B 2个小组，每组学生分别站成两排，面对面站立，距离3～4米，左右间隔距离1米。从一端底线开始，A组和B组第一名学生传给本组第二名学生，第二名学生接到传球后传给本组第三名学生，本组第三名学生接到传球后传给本组第四名学生，以此类推；传完球之后立刻跑到队伍尾部排队，以此类推，球传到另一端线之后返回起点线，最快者获胜。（图3－61）

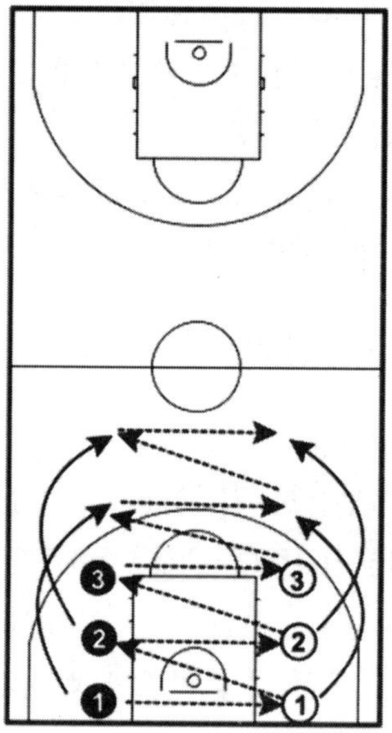

图3－61

【规则】

（1）传球的学生可以随着轮次依次增减难度，从胸前传球开始，右手单手传球、左手单手传球、背后传球到最后反弹传球来比拼。

（2）传球时脚步原地不能动，如果失误，必须原地捡到球之后重新传球成功才可以开始接力。

（3）每轮输的小组可安排俯卧撑或者折返跑作为惩罚。

【组织】

（1）整个项目挑战大概安排30～50分钟的体验时间。

（2）每轮挑战之前可以给每组学生5分钟左右的组织讨论时间。

（3）可以根据情况挑战3～4轮。

【安全提示】注意抢球时不能针对身体。

【讨论】

（1）传球学生如何才能更好地减少失误？

（2）在这种复杂的环境中，如何利用所学到的传球方法？

（十五）原地五角星阵形传球

【任务】

各组学生限定10人，各挑战的队伍围成1个大圆圈，左右间隔距离2米，10名学生所站的位置代表2个交叉的五角星的星尖位置，每个五角星传1个篮球，可以按照顺时针或者逆时针的方向来传球给下一个同伴。在规定的时间内传球次数最多且失误最少的队伍获胜。（图3－62）

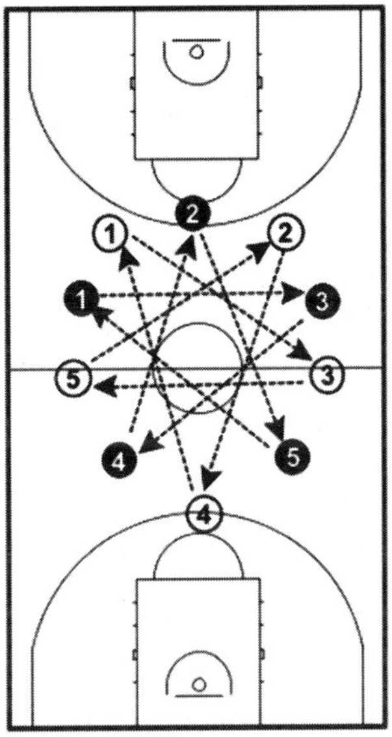

图3－62

【规则】

（1）传球的学生可以随着轮次依次增减难度，从胸前传球开始，右手单手传球、左手单手传球到最后反弹传球来比拼。

（2）传球时脚步原地不能动，如果失误，必须原地捡到球之后重新传球成功才可以开始。

（3）每轮输的小组可安排俯卧撑或者折返跑作为惩罚。

【组织】

（1）整个项目挑战大概安排30～50分钟的体验时间。

（2）每轮挑战之前可以给每组学生5分钟左右的组织讨论时间。

（3）可以根据情况挑战3～4轮。

【安全提示】注意一旦有人失误，所有学生都要停下来，等待准备好之后才能开始传球。

【讨论】

（1）作为传球学生如何才能更好地减少失误？

（2）在这种复杂的环境中，如何利用所学到的传球方法？

（十六）原地传、断球大战

【任务】

各组学生6～10人均可，挑战的队伍围成1个大圆圈，左右间隔距离2米，防守学生3人，挑战学生在防守学生的防守及逼抢下传球，目标是在规定的时间内，尽量减少传球失误，失误次数少者即为获胜。这主要锻炼学生传球的隐蔽性。（图3－63）

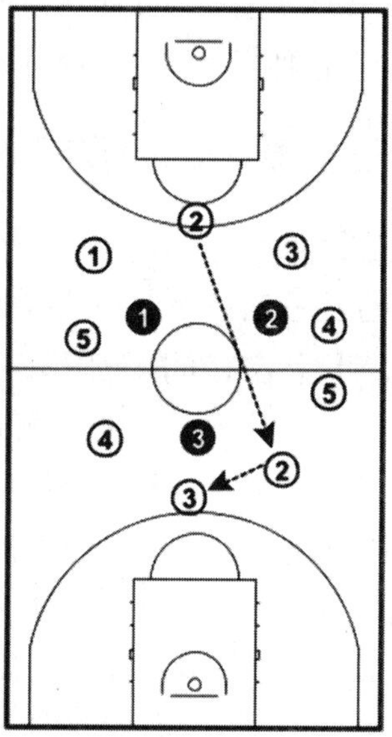

图3－63

【规则】

（1）传球的学生可以用任何技术动作传球，但是每轮挑战开始之前，必须事先确定好中轴脚，无论有球还是无球学生传球过程中如果走步即算失误1次。

（2）防守学生最多只能以2人逼抢1人。

（3）无论篮球是在挑战学生手里，还是在飞行过程中，只要碰到防守学生的任何身体部位，即算1次失误。

（4）每次传球，只要同伴没有接到球即算失误1次。

（5）每轮输的小组可安排俯卧撑或者折返跑作为惩罚。

【组织】

（1）整个项目挑战大概安排30～50分钟的体验时间。

（2）每轮挑战之前可以给每组学生5分钟左右的组织讨论时间。

（3）可以根据情况挑战2～3轮。

【安全提示】注意抢球时不能针对身体。

【讨论】

（1）传球学生如何才能更好地减少失误？

（2）防守学生如何配合，才能更好地提高断球的成功率？

（3）在这种复杂的环境中，如何利用所学到的传球方法？

（十七）行进间传球接力

【任务】

各组学生 6～12 人均可，每组学生以 2 人 1 小组为单位，从一端底线通过双手胸前传球技术到另一端底线，返回，然后下一小组继续，最终最先完成者即为获胜。（图 3－64）

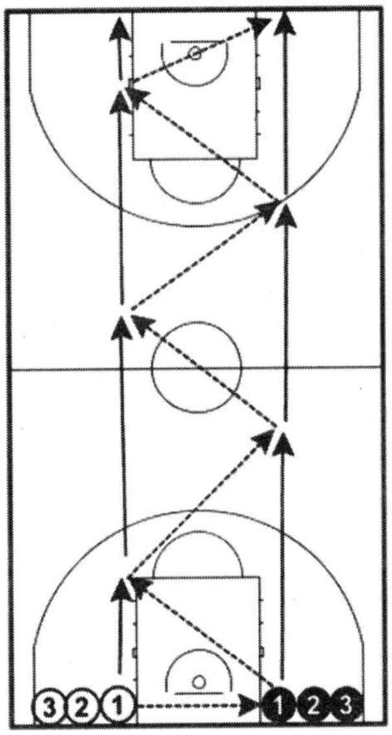

图 3－64

【规则】

（1）过程中不能运球，同时不能抱球跑。

（2）从一端底线到另一端底线过程中至少传 6 次球。

（3）每小组学生完成之后要都要跟下一位接力队友击掌，下一小组学生方可开始，所有人都完成之后，大家要一起围圈加油，游戏停止。

（4）每轮输的小组可安排俯卧撑或者折返跑作为惩罚。

【组织】

（1）整个项目挑战大概安排 10～20 分钟的体验时间。

（2）每轮挑战之前可以给每组学生 3 分钟左右的组织讨论时间。

（3）可以根据情况挑战 2～3 轮。

【安全提示】注意不要摔倒。

【讨论】

（1）如何做才能和同伴配合到位，以尽可能快的速度完成挑战？

（2）团队要想获胜，成员该怎么做？

（十八）三角传球

【任务】

各组学生12～15人均可，每组学生均匀分为3个小组，依次站位于正三角形的3个角（A、B、C），每个角的学生成纵队面向正三角形的中心站位。传球开始之后，每个角从第一名学生开始按逆时针方向依次跑一个直线，然后到邻角学生队尾落位，过程中要传接球1次。如果从A角学生开始，A角学生传球给B角学生，然后起动，跑到B角队尾落位，B角学生接到A角学生的传球再把球传给C角学生，然后起动，之后落位于C角队尾，以此类推，在规定的时间内，完成传球的次数最多者即为获胜。（图3－65）

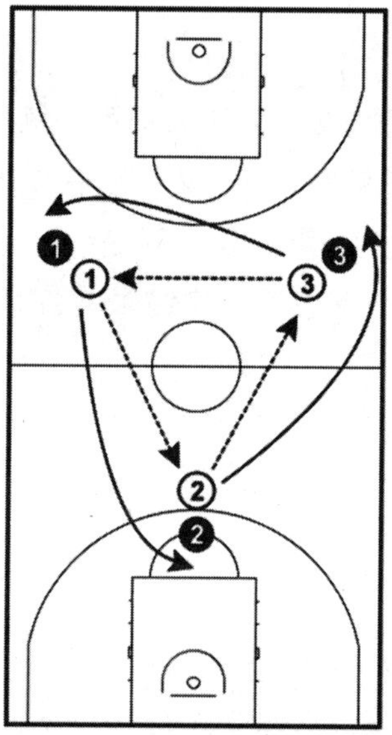

图3－65

【规则】

（1）过程中跑动路线要正确，落位要准确。

（2）每名学生的起动时间要恰当到位。

（3）过程中每名学生要专注，如果传球失误，必须捡到球重新起动开始。

（4）每轮输的小组可安排俯卧撑或者折返跑作为惩罚。

【组织】

（1）整个项目挑战大概安排20～30分钟的体验时间。

（2）每轮挑战之前可以给每组学生3分钟左右的组织讨论时间。

（3）可以根据情况挑战2～3轮。

【安全提示】注意不要摔倒。

【讨论】

（1）如何做才能和同伴配合到位，以尽可能快的速度完成挑战？

（2）团队要想获胜，成员该怎么做？

第五节 投 篮

在篮球比赛中，投篮是学生唯一的得分手段，是学生运用各种专门、合理的动作将篮球投进对方球篮的方法。

投篮的动作方法很多，可按照持球方法、投篮出手前置于身体的部位、投篮时移动的形式及投球入篮的方式进行划分。要提高投篮命中率就必须了解投篮的技术结构，正确掌握投篮技术。

一、原地投篮

（一）双手胸前投篮

这种投篮虽然出球点较低，但出手前稳定性好，出手力量大，便于与传球、突破相结合，多用于远距离投篮。

【动作方法】双手持球基本同双手胸前传球。两肘自然下垂，将球置于胸前，目视瞄准点。两脚前后或左右开立，两膝微屈，重心落在两脚之间。投篮时，两脚蹬地，腰腹伸展，两臂向前上方伸出，两手腕同时外翻，拇指稍用力压球，食指、中指拨球，使球从拇指、食指、中指指端飞出。球出手后，脚跟提起，身体随投篮出手方向自然伸展。

【动作要点】投篮时，蹬伸踝、膝、髋，双手用力均匀，手腕外翻，手指拨球。

（二）原地单手肩上投篮

这是比赛中运用比较广泛的投篮方法，是行进间和跳起肩上投篮的基础。这种投篮出手点高，便于结合其他技术动作，能在不同距离和位置上应用。

【动作方法】以右手投篮为例，右脚在前，左脚稍后，两膝微屈，重心落在两脚之间。右手五指自然张开，用指根及指根以上部位触球，掌心空出，翻腕托球的后下部，右臂屈肘稍向内收，置球于右肩前上方，上臂与肩关节持平，前臂与地面近似垂直，左手扶球的左侧，目视瞄准点。投篮时，下肢蹬地发力，右臂随腰腹伸展向前上方抬肘伸臂，用手腕前屈和手指拨球动作，使球从食指、中指指端柔和飞出。球离手时，手臂要随球跟送，脚跟提起。

【动作要点】脚蹬地、腰腹伸展、抬肘伸臂、屈腕拨指要柔和用力。大拇指和小指要把握方向。

二、行进间投篮

行进间投篮是在快速跑动中接球或运球后做中、近距离投篮时，所采用的一种投篮方法，一般多在快攻结束或突破切入篮下时运用。

行进间投篮动作方法很多，但动作结构基本相同，都是由跨步接球起跳、腾空举球出手和落地3个部分组成。

其脚步动作的共同点：跨第一步的同时接球，跨第二步时跳起空中投篮出手，双脚同时落地，注意屈膝缓冲。在实际运用时，应根据投篮的距离、角度及防守学生所处位置来决定投篮出手的动作方法。在投篮时要控制好身体平衡。跨步的大小、快慢、方向也应根据临场情况的不同而有所变化。

（一）行进间单手肩上高手投篮

行进间单手肩上高手投篮是在比赛中切入篮下时常用的一种投篮方法。

【动作方法】以右手投篮为例，右脚向前跨一大步时接球，接着上左脚蹬地起跳，右腿屈膝上抬，同时双手举球于右肩前上方。腾空后，上体稍后仰，当接近高点时，向前上方抬肘伸臂，用手腕前屈和手指拨球力量将球投出。

【动作要点】跨步一大二小向上跳，节奏要清楚。出手时，腕、指用力要柔和。

（二）行进间单手肩上低手投篮

行进间单手肩上低手投篮是在快速跑动或运球超越对手后，在篮下的一种投篮方法。它具有伸展距离远和出球平稳的优点。

【动作方法】以右手投篮为例。右脚向前跨出一大步的同时接球，左脚跨第二步时用力蹬地向前上方起跳，右腿屈膝自然上提。腾空到最高点，右手五指自然张开，掌心向上，托球的下部，右臂向前上方伸展，接近球篮时，用手腕上挑和手指拨动使球向前旋转进入球篮。

【动作要点】腾空时身体向前上方充分伸展，举球后保持托球的稳定，腕、指上挑动作要柔和协调。

三、如何运用投篮技术

在高度紧张、对抗激烈的比赛中，要想合理地运用投篮技术，并保持较高的命中率，除了掌握正确的投篮技术动作之外，还必须有坚定的自信心、良好的意志品质和稳定的情绪，具有较高的训练水平，善于创造和把握好投篮时机。通常在下述情况中应果断投篮。

（1）持球学生借助各种技术动作或假动作摆脱对手的防守后。

（2）持球学生发现防守学生距离自己比较远，或其注意力分散时。

（3）在自己投篮比较有把握的“投篮点”上得到球时。

（4）同伴占据有利于抢篮板球的位置时。

（5）战术配合中出现了预期的投篮机会时。

（6）比赛中需要强行投篮时。

四、投篮技术的练习方法

（一）原地投篮练习

（1）徒手做原地投篮动作的模仿练习，体会动作方法。

（2）无球篮的投篮练习。

【要求】体会投篮手法和用力过程，注意弧度和旋转。蹬地、伸肘、压腕、拨指分开练习。

① 蹬地主要以徒手模仿和有球 2 人对传时强调发力。

② 伸肘：2 人 1 组，一人平躺在地板上，单手拖住球用力往上推出去，另一人保护。注意手臂完全伸直，伸肘的同时压腕拨指。

③ 压腕拨指：2 人 1 组面对面，单手拖住球成投篮准备姿势，左手抓住右手手臂，只用手指手腕，避免向前甩手臂，此时，教师发令，学生做出压腕拨指动作，将球投向对面的学生。

（3）正面定点投篮练习。

【要求】投篮手法正确，中弧线，球向后旋。

（4）不同角度的投篮练习。

【要求】投篮手法正确，体会瞄准方法。

（二）行进间投篮练习

（1）徒手慢跑做行进间投篮的模仿练习。体会跨步、接球、起跳、举球、出手、落地等动作。

（2）走步式做行进间投篮练习。迈右（左）脚接球，上左（右）脚起跳投篮。

（3）运球接行进间投篮练习。

【要求】运球接行进间投篮动作连贯，体会跨步和抄球的时机。

（4）传切上篮练习。

【要求】传球后要有变向摆脱动作，跑动接球和行进间投篮衔接连贯，注意调整步法。

（三）综合投篮练习

1. 2 人投篮练习

【练习提示】2 人 1 组 1 球。一人连续投篮，另一人抢篮板球并传球。投篮若干次或若干时间后 2 人交换。投篮的距离可从近到远，可以变化多个投篮点。（图 3－66）

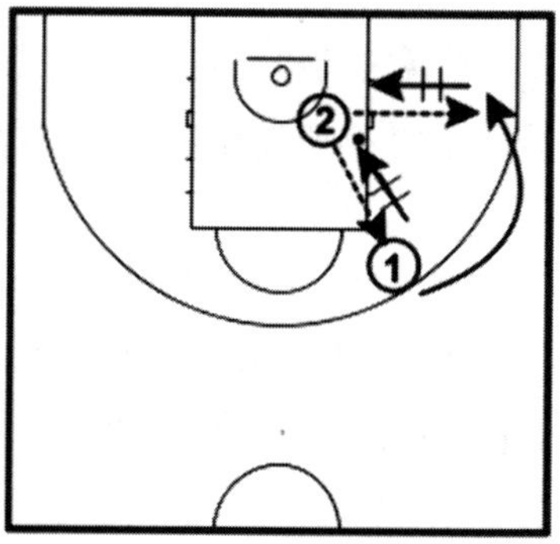

图 3－66

2. 2 人抢篮板球、传球、投篮练习

【练习提示】2 人 1 组 1 球。①号投篮后，抢到篮板球并传球给②号，然后移动到下一个投篮点。②号的动作同上。以此类推，连续进行。每组练习计算方法可采用投 20 球、30 球所用时间或 1 分钟、1.5 分钟内投球个数。根据自己的具体情况来选择。（图 3 – 67）

3. 无球跑动接球投篮练习

（1）篮下兜出，罚球线延长线两步急停接球投篮。

细节：观察掩护学生位置，选择上压跑动。

（2）防守学生绕过掩护学生，射手选择兜出时向更远处跑动。

细节：假上欺骗防守学生，从而拉出空间。

（3）以掩护队友为圆柱体跑动。

细节：没有完全掩护住的情况下，再向里多跑半步，出现投篮机会。（图 3 – 68）

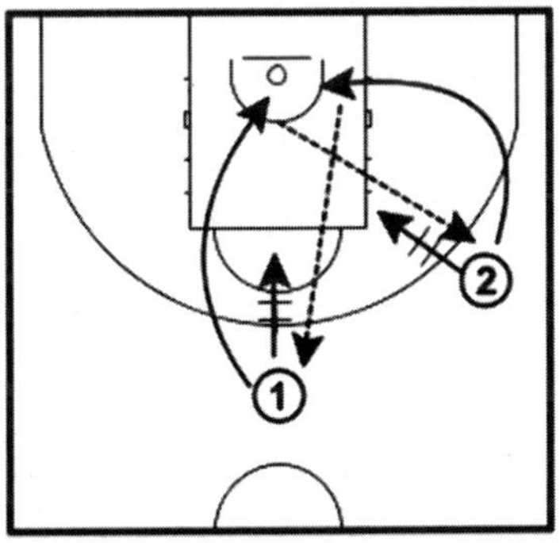

图 3 – 67

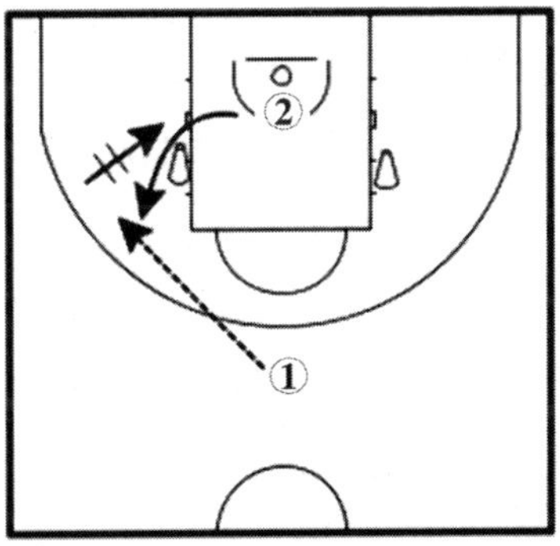

图 3 – 68

4. 判断移动、传球、投篮综合练习

【练习提示】学生①持球先在罚球线附近成三威胁姿势，红、黄、绿、蓝4个标志杆分布在其四周，教师在三分线外移动；当教师发出口令——红色，学生①第一时间将球准确地传给教师，然后快速移动用手触摸红色标志杆后返回至罚球线附近，再接教师的回传球成三威胁姿势。如此重复喊不同颜色3次，教师喊——投篮，则其完成投篮。（图3－69）

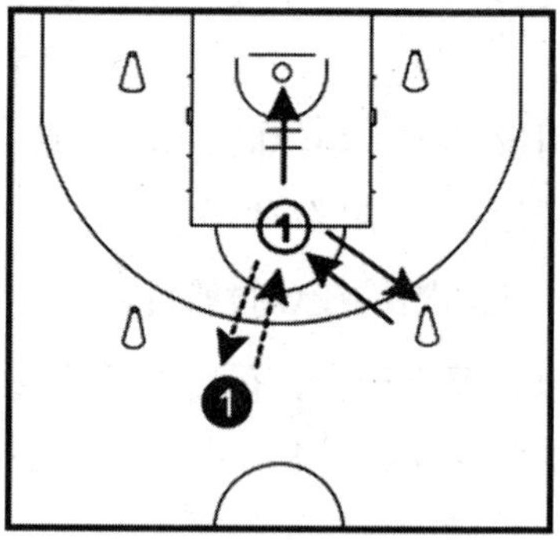

图3－69

5. 弧顶三分线外两侧摆脱接球投篮练习

【练习提示】学生正面三分线附近排成一队，最前面①不拿球，①先摆脱向左切入，接②的传球中距离投篮，后抢篮板球站至队尾；②摆脱向右侧切入，接③的传球投篮，以此类推。（图3－70）

6. 两翼三分线外摆脱溜底线接球投篮练习

【练习提示】①不持球先摆脱切入篮下溜底到对侧接④传球投篮，后抢篮板球落位至⑤后面；④传完球后摆脱切入到对侧篮下接②的传球后投篮，后抢篮板球落位至③后面，以此类推。（图3－71）

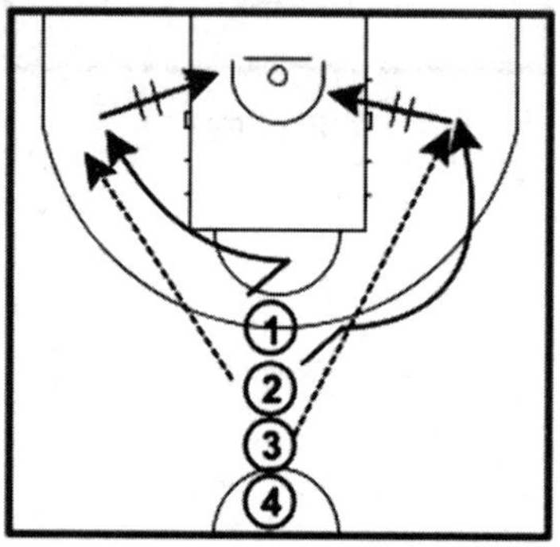

图3－70

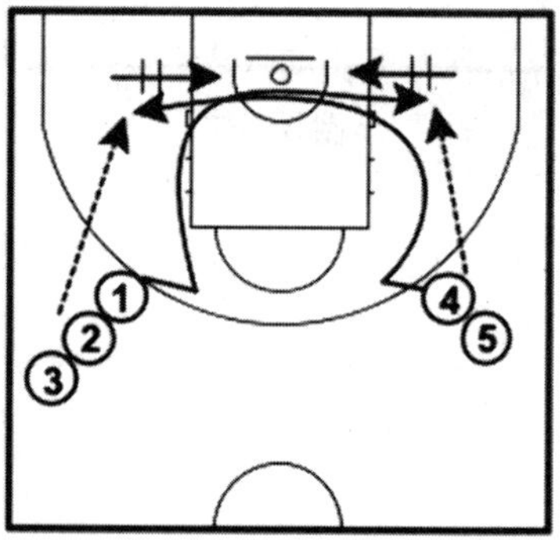

图3－71

7. 左翼三分线外摆脱至罚球线附近接球投篮练习

【练习提示】学生①持球于左侧三分线外，策应学生❶落位于左侧罚球线附近；学生①先传球给策应的学生❶（结合假动作传球），后摆脱接球投篮（可两个方向摆脱）；学生①投篮后变成策应人在罚球线附近准备接球，原策应人❶抢篮板球后站至队尾。（图 3－72）

8. 半场运传球、移动投篮练习

【练习提示】①传球给②后，摆脱溜底线到三分线附近，接②的回传球投篮，注意要调整好自己的脚步。（图 3－73）

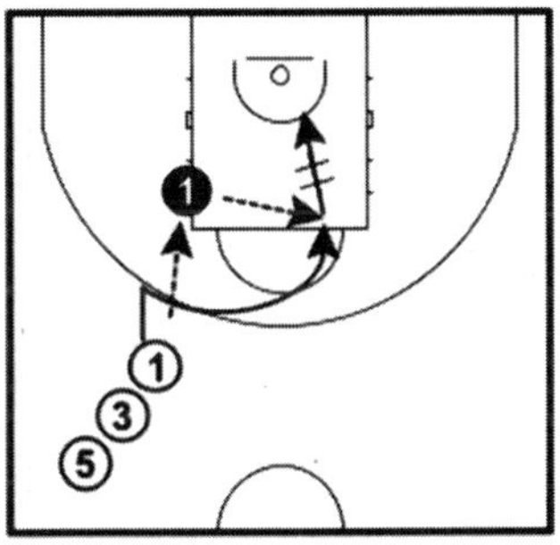

图 3－72

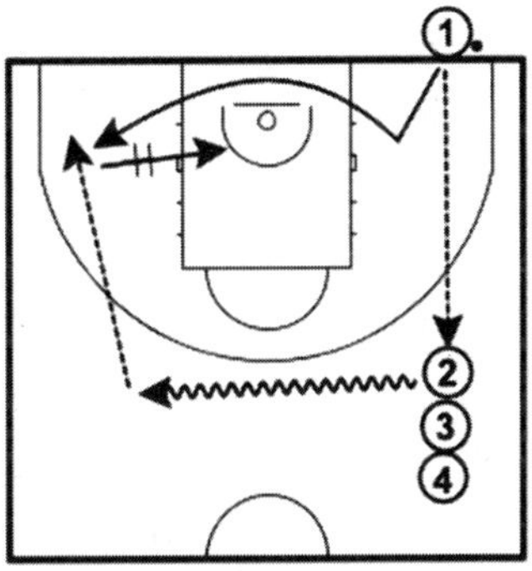

图 3－73

五、投篮游戏

（一）篮下投篮

【目的】提高学生在快速运动中保持投篮的稳定性。

【方法】将全队分为人数相等的 2 组，每组用半场练习。每组先派 2 名学生，每人持球分别站于篮下左右。听比赛开始的信号后 2 人交替地进行投篮，在规定的

1 分钟内，投进次数多者为胜。然后换另外 2 名学生，重复上述的比赛，直至所有学生都做过 1 遍，按总分计胜负。(图3－74)

【规则】同组投篮的 2 人必须交替地进行投篮，1 人不能连投 2 次。

【教学建议】2 人配合协调，投篮速度越快越好，在快速运动中保持稳定，争取每投必中。

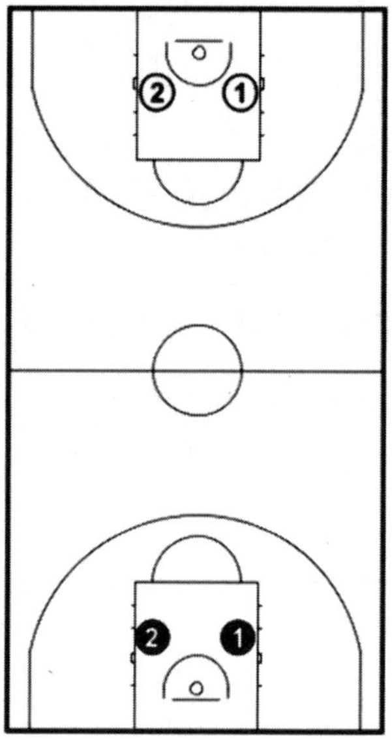

图 3－74

(二) 罚球连中

【目的】建立正确、协调、完整的投篮动作感觉，提高投篮动作的稳定性。

【方法】将全队平均分成 2 组，成一列纵队分别站在罚球线后，每组前 3 名学生持球，2 人负责抢篮板球与传球。听到“开始”的口令后，学生依次进行罚球，直到完成规定的罚球连中次数与组数为止。(图 3－75)

【教学建议】根据学生的技术水平，可以采用从近到远的罚球比赛，规定投中几次后要求后退一定距离进行游戏，这样有利于巩固投篮动作及注意力集中程度；或规定连中次数，以提高学生的积极性。

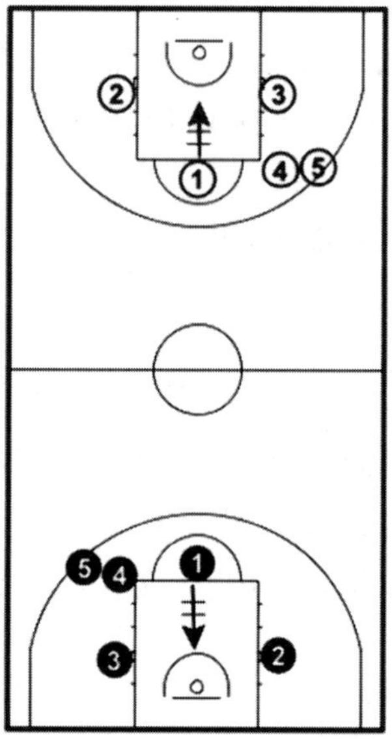

图 3－75

（三）击败“科比”

【目的】提高学生投篮技术和稳定的心理调解能力。

【方法】在篮球场内确定2个固定点，其中一个在罚球线上，另一个在右侧45°角的三分线内。（图3－76）

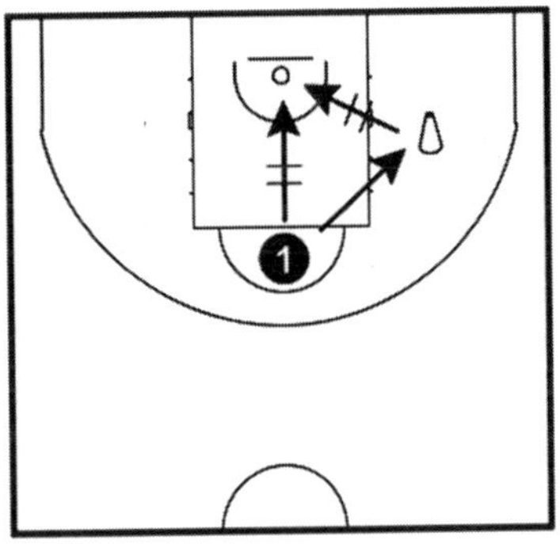

图3－76

比赛开始，1名学生首先在罚球线上罚球，如果罚中，得1分；罚失，则“科比”得3分。然后再到另一固定点投篮，如果罚中，得1分；罚失，则“科比”得2分。然后再到罚球线上罚球。直到学生或“科比”任何一人的得分先达到11分，比赛结束。

【规则】

（1）罚球时运用单手肩上投篮。

（2）固定点投篮时要运用原地跳起投篮。

【教学建议】

（1）教师可以根据学生水平的高低适当调整游戏的难易程度。

（2）固定点投篮也可以根据学生水平，将跳起投篮改为原地投篮。

（3）可以增加投篮点。

（四）“5＋2”投篮比赛

【目的】提高学生投篮与抢篮板球的能力。

【方法】教师将学生分成2组，分别站在罚球线的两端。每名学生每轮只有1次投篮机会。（图3－77）

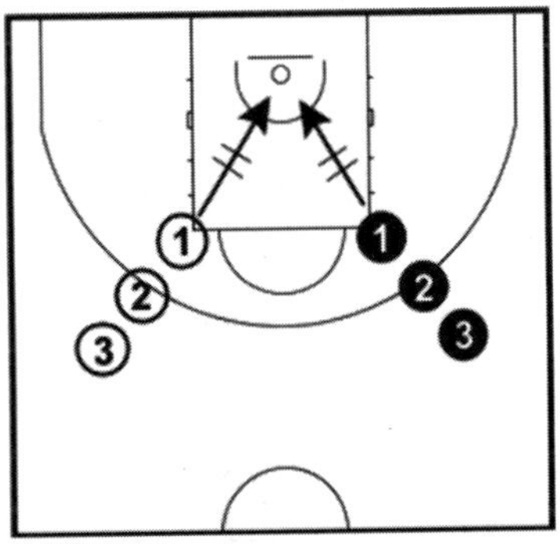

图3－77

比赛开始，每组第一名学生投篮后冲抢篮板球，然后迅速传给本组的下一名学生。每投中 1 次，本组得 1 分。如果 1 个小组要想获胜，必须得到 5 分，然后再连续投中 2 个球。

【规则】

（1）只有投篮学生才能抢篮板球，其他学生不能协助。

（2）1 个小组得到 5 分后，必须再连续投中 2 个球才算获胜。

【教学建议】

（1）教师可以根据学生技术水平的高低适当调整游戏的难易程度。

（2）可以变换投篮地点。

（五）罚球线上罚球比多

【目的】增强学生体质，提高学生投篮的准确性、注意力，以及培养学生勇敢、积极、向上的团队合作意识。

【准备】

（1）场地：根据人数多少，利用整个篮球场。

（2）器材：若干篮球。

（3）裁判员：授课教师。

【方法】每人在罚球后连续投 5 次，看谁投进的多。

【注意事项】不能持球跑，不能踩线。

【温馨提示】大胆、沉着、冷静就能有好的投篮命中率。

（六）投篮淘汰赛——排除

【目的】增强学生体质，提高学生投篮的准确性、注意力，以及培养学生勇敢、积极、向上的团队合作意识。

【准备】

（1）场地：根据人数多少，利用整个篮球场。

（2）器材：若干篮球。

（3）裁判员：授课教师。

【方法】学生 6 人或 8 人排成 1 队，每队 2 个球，在罚球线后站好。

游戏开始，第一个学生投篮，如果投进，自己抢篮板球传给接下来要投篮的学生；如果不进，接着投；第二个学生在第一个学生投篮后，也开始投篮，如果第二个学生比第一个学生先进球，那么第一个学生被淘汰，直到剩下最后一个学生，游戏结束。

【注意事项】必须保证在前的学生先投篮；学生不能故意投失第1个球，然后马上抢篮板上篮；鼓励学生积极参与。

【温馨提示】补篮要快。

（七）投篮淘汰赛——抗压

【目的】增强学生体质，提高学生投篮的准确性、注意力，以及培养学生勇敢、积极、向上的团队合作意识。

【准备】

（1）场地：根据人数多少，利用整个篮球场。

（2）器材：若干篮球。

（3）裁判员：授课教师。

【方法】所有学生在罚球线后站成一条直线，第一个学生拿球或者人手1球。

游戏开始，学生按照顺序开始投篮，前面的人投进球，后面的人也必须投进球，否则被淘汰，直到剩下最后一个学生，游戏结束。

【注意事项】不能故意干扰他人投篮。

【温馨提示】大胆、沉着、冷静，提高自己的抗压能力。

（八）谁是得分王

【目的】增强学生体质，提高学生投篮的准确性、注意力，以及培养学生勇敢、积极、向上的团队合作意识。

【准备】

（1）场地：根据人数多少，利用整个篮球场。

（2）器材：若干篮球。

（3）裁判员：授课教师。

【方法】在半场内放置5个障碍物，在场地内放置几个障碍物后，让学生投篮，距篮近的为1分，距篮远的2分，三分线外的为3分。游戏开始后，1分钟计时，最后得分高的获胜。

【注意事项】不能持球跑，一定在障碍物后投篮。

【温馨提示】可以根据球落地的位置来投，不要总是投三分。

（九）抢篮板与投篮

【目的】增强学生体质，提高学生抢篮板能力、投篮能力、注意力，以及培养学生勇敢、积极、向上的团队合作意识。

【准备】

（1）场地：根据人数多少，利用整个篮球场。

（2）器材：若干篮球。

（3）裁判员：授课教师。

【方法】学生 10 人或 8 人，每队 7 个球，在罚球线后站好。

游戏开始，手里有球的学生去投篮，没球的学生去抢篮板，凡是投中 5 个球后，再抢 1 个球就可以抱着篮球，人和球一起离场。最后，谁的手里没篮球就算失败。

【注意事项】不能持球跑，不准用力推人、撞人、挤人。

【温馨提示】在抢球时容易撞人、摔倒。

（十）赢取障碍物

【目的】增强学生体质，提高学生投篮的准确性、注意力，以及培养学生勇敢、积极、向上的团队合作意识。

【准备】

（1）场地：根据人数多少，利用整个篮球场。

（2）器材：若干篮球。

（3）裁判员：授课教师。

【方法】把学生分成 6 ~ 8 名，根据人数分成两队，每队拥有一样多的障碍物。然后在罚球线后或三分线后准备好。

游戏开始，第一名学生开始投篮，如果没投中，则排队等待投篮；如果投中，则快速跑去对方的位置上拿走 1 个障碍物。直到最后把对方的障碍物拿完为止。

【注意事项】不能持球跑，一定在罚球线后投篮。

【温馨提示】大胆、沉着、冷静就能有好的投篮命中率。

(十一) 运球投篮

【目的】提高球性，提高运球能力，提高高速运动下的投篮命中率，培养协调性。

【方法】把学生分成人数相等的两队，成纵队分别站在底线外面的右侧。教师发令后，各队第一人同时运球，到对方篮下投篮，回来交给本队下一个人，先完成的队为胜。(图3－78)

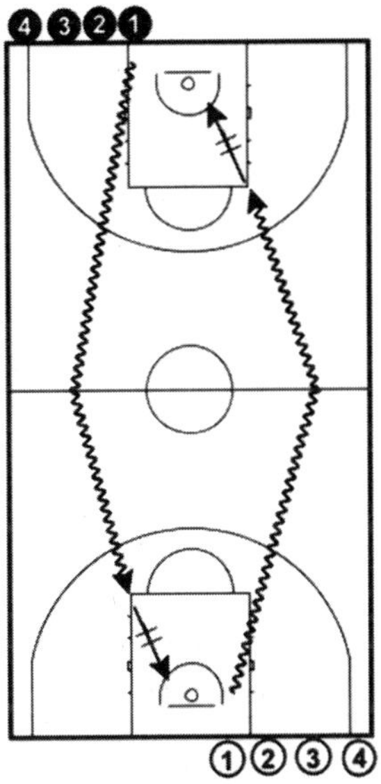

图3－78

【规则】

(1) 运球时球在哪里脱手，就捡回在哪里重新开始。

(2) 投球者不得越过端线。

(3) 交接球只能用手递，不能运传球。

【教学建议】

(1) 可在运球路线上设置障碍。

(2) 可根据学生情况增减难度。

(十二) 快投比准

【目的】提高学生接球后立即投篮的能力，规范投篮手臂伸展与压腕的技术动作。

【方法】把学生分成5人1组，中间的人投篮。其余4人各持1个球，站在投篮人的周围。(图3－79)

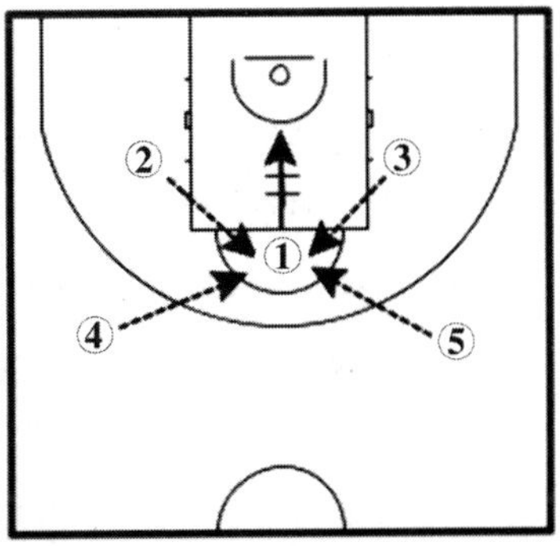

图3－79

游戏开始时，周围的学生依次把球传给中间的学生，中间的学生接球后迅速地在规定的位置原地投篮。谁传出的球，谁负责抢篮板球，并运球回到原来的位置再准备传球，1 分钟后换本组其他学生再投篮。累计本组最终投中的次数，投中次数最多的组获胜。

【规则】

（1）本组所有的学生都要完成投篮任务。

（2）投篮的人必须在规定的投篮位置、规定时间内投中才有效。

【教学建议】根据学生的水平，游戏也可以要求学生在 2 点或多点移动中接球投篮。

（十三）投活动篮

【目的】发展学生灵活性、协调性及投篮的准确性，且可健身娱乐。

【方法】裁判员组织开球。获球后进攻队经过运球、传球，运用简单战术突破防守。采用各种配合力争将球投进活动篮筐，然后攻防交换。扮活动篮筐的游戏者，接到本队的球，判投篮入筐。在规定的比赛时间内，得分多的一队为冠军队。（图 3－80）

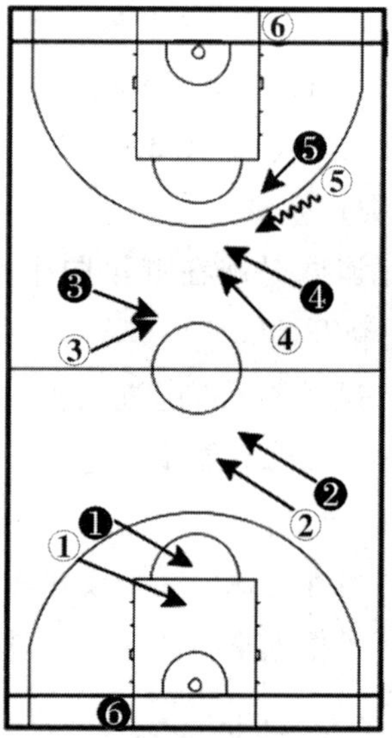

图 3－80

【教学建议】

（1）按照篮球竞赛规则执行。

（2）扮活动篮筐者双脚不得离开 1 × 2 米的活动区域，否则判投篮入筐无效。

（3）在比赛中，学生多运用传接球、抢断球、掩护等技术。

（4）扮活动篮筐的游戏者要主动移动去接球，但要控制好脚的落点，以防犯规。

（十四）拾放球投篮接力

【目的】提高在特殊压力下脚步动作的协调能力与快速运球时的上篮控制力。

【方法】把学生分成人数相等的两队，分别站在底线两端外，中线两端各放 1 个篮球。（图 3 –81）

游戏开始，各队排头快速跑到中线，捡起地面上的球，快速运球上篮。投中后按原路线运球到中线，把球放在地面上，跑回底线。跟下一名学生击掌后，下一名学生继续。直到全队完成，最先完成的球队获胜。

【教学建议】此游戏可以作为一般运球练习，也可以作为运球投篮的练习。可根据学生的技术水平，相应增加持球前后的各种技术练习。

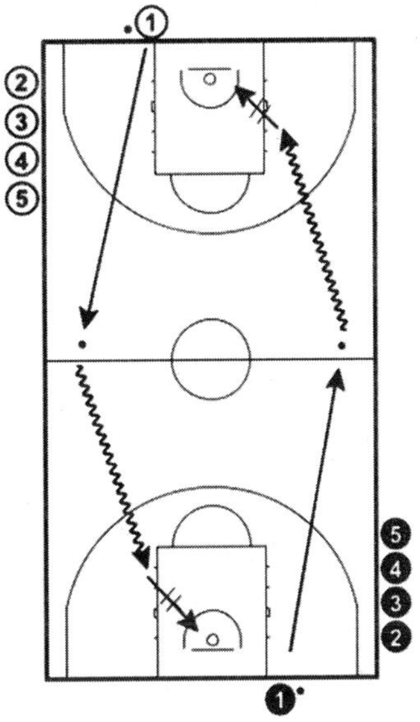

图 3 –81

（十五）罚球得 10 分的比赛

【目的】提高学生罚球与投篮的能力。

【方法】此游戏不限制参加比赛的人数。每名学生依次在罚球线上，只有 1 次罚球的机会。

比赛开始，参加的学生依次在罚球线上罚球 1 次。如果罚中并且空心入筐，得 2 分；罚中但是篮球接触篮筐或篮板，则得 1 分；如果罚失，扣 2 分。首先得到 10 分者为胜。

【规则】

（1）罚球时采用标准投篮姿势。

（2）采用国际篮球规则。

【教学建议】

（1）根据学生技术水平适当调整游戏的难易程度。

（2）可以将学生分为两队进行比赛。

（3）可增加投篮点。

（十六）折回跑罚球接力

【目的】在一定的训练强度下，提高学生的罚球命中率。

【方法】把学生分为人数相等的两队，分别站立于端线后，2个篮球分别放在罚球线的后方。（图3－82）

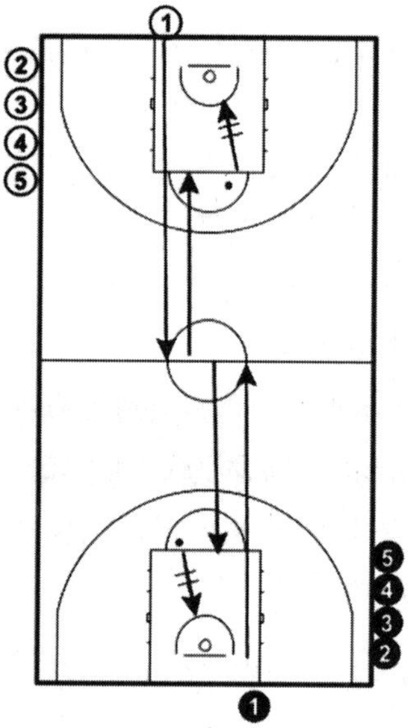

图3－82

游戏开始，各队排头首先起动，快速跑至中线做急停—转身，跑回罚球线，拿起放在地上的球进行罚球。若此球投中，则去抢篮板球，并把球放回原处，然后跑回本队与第二人击掌，第二人以同样方法进行折回跑罚球；若此球未投中，也要去抢篮板球，并跑回到罚球线再次罚球直至罚中，再把球放回原处，然后跑回本队与第三人击掌。以此类推，直到全队每人依次完成1次，先完成的队获胜。

【规则】

（1）投篮学生跑至中线时，必须有一只脚踩到中线才能返回，否则罚其重做1次。

（2）投篮后必须自己把球放回原处，并与下一名学生击掌，否则无效。

（3）未与上一名投篮学生击掌的学生不得起动，否则要返回起点拍击后再起动。

（4）每次罚球都必须罚中才能返回原起点。

（5）其余规定按篮球竞赛的罚球规则执行。

【教学建议】可在2个半场，分4个队同时进行。

（十七）“1+1”投篮

【目的】巩固、提高学生罚球或原地投篮的命中率。

【方法】教师把学生分为人数相等的两队，各队成纵队站于罚球线（或指定的投篮点）后，两排头各持1球。（图3-83）

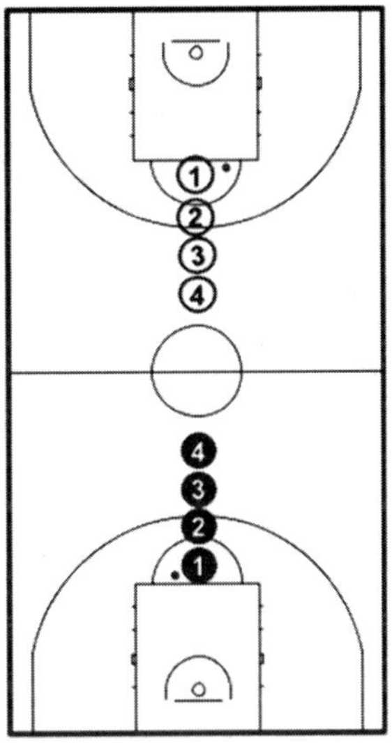

图3-83

游戏开始，从排头起依次进行“1+1”投篮比赛：先投第一球，并自己抢篮板球，若投中则可投第二球；若未投中，把球传给本队下一个人投，自己站到队尾。依次进行，直到全队都投完1遍，累计所投中的个数，多的队为胜。

【规则】

（1）必须在规定的投篮点投篮，否则投中无效。

（2）球在投篮学生手中停留不得超过5秒，否则投中无效。

（3）每人只有1次“1+1”投篮的机会。

【教学建议】

（1）游戏可改为限定投中的球数，以先达到规定次数的队为胜。

（2）游戏也可改为限定时间，看哪个队在规定的时间内投中的次数多。

（十八）上篮加罚球接力

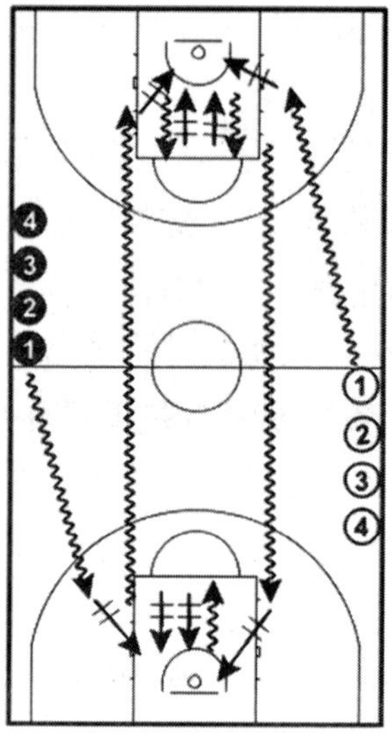

图 3－84

【目的】提高学生在快速奔跑后的罚球命中率。

【方法】把学生分为人数相等的两队，分别站在球场中线与边线交点处各面向 1 个球篮，两排头各持 1 个球。（图 3－84）

游戏开始，排头学生运球上篮投中后，再到罚球线罚中 1 球。然后运球到另一端篮下上篮投中，再加罚 1 次投中后，把球传给本队下一名学生。直到全队做完，先完成的队为胜。

【规则】

（1）跑动路线必须按预定的方向进行，任何学生不得干扰对方学生运球或投篮。

（2）上篮或罚球必须投中，上篮不中时要补中，罚球不中时再罚球。罚球时要执行篮球竞赛的罚球规则。

（十九）半场往返跑投篮接力

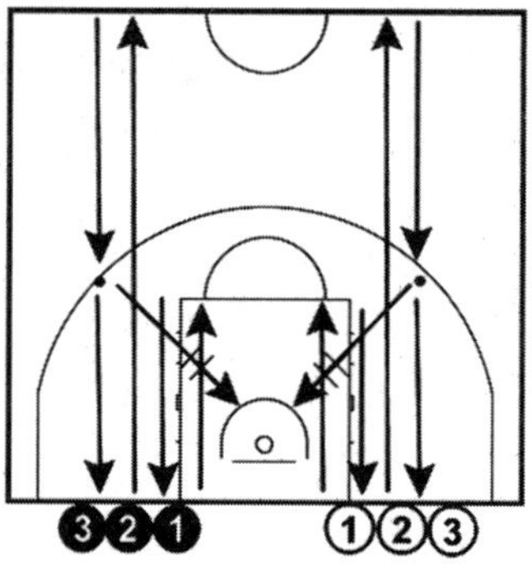

图 3－85

【目的】发展学生在快速移动后和体力消耗大的情况下的投篮能力。

【方法】以篮圈中心到地面的垂直投影点为圆心，以圆心到罚球线的长度为半径画一弧线，规定此弧线以外三分线以内的区域为投篮区，在此投篮区内再画 2 个直径为 1 米的圆圈为放球区，每个圆圈放 1 个篮球。（图 3－85）

把学生分为人数相等的两队，面向场内站在同一半场的端线后球篮两侧。

游戏开始的信号发出后，两队学生依次按以下路线和办法进行比赛：向前快跑—到罚球线用手摸罚球线并迅速转身—跑回原起点处用手摸端线并迅速转身—跑至中线用手摸中线并迅速转身—跑至放球圈拿球—投中或补中—冲抢篮板球—把球放回圆圈—跑回原起点处，拍击下个队友的手。如此反复，直到全队每人完成 1 次，先完成的队为胜。

【规则】

（1）必须按规定路线、方法进行，否则投中无效。

（2）必须投中或补中后才能把球放回圆圈，否则判重做 1 次。

（3）投篮后球必须放回原处，否则返回重新放好。

【教学建议】可用 2 个半场 4 个队同时比赛，用计分多少定胜负。

（二十）抢投抢分

【目的】练习投篮基本功，提高学生对抗中快速出手的投篮能力。

【方法】在半场范围内，以篮圈中心在地面的垂直投影点为圆心，以圆心到罚球线的距离为半径画一条弧线，此线以外即为比赛的“投篮区”。

把学生分为人数相等的甲、乙两队。

游戏开始，双方各出 1 人进行对抗；2 人均自投自抢并进行防守。例如，甲 1 与乙 1 对抗，甲 1 投篮后即去抢篮板球，并把球传给乙 1，同时上前封盖乙 1 的投篮，而乙 1 在接到甲 1 的传球且尚未来得及封盖前即投篮出手，并以同样方法去抢篮板球和把球传给甲 1 并对甲 1 进行防守。如此在规定时间内反复循环，命中次数多的一方得 1 分。以同样方法进行，直至双方全部完成 1 次，以得分多的队为胜。

【规则】

（1）投篮双方均不得超越投篮区的限制线，否则投篮无效。

（2）双方接球后即出手，不得以运球或突破避开对方防守，否则投中无效。

（3）双方投篮后即冲抢篮板球把球传给对方，不得走步，否则算对方直接得分。

【教学建议】

（1）可在 2 个半场内同时进行 4 ~6 组的对抗。

（2）可根据情况规定或不规定投篮方式，延长或缩短投篮距离。

（二十一）全场投三分球比赛

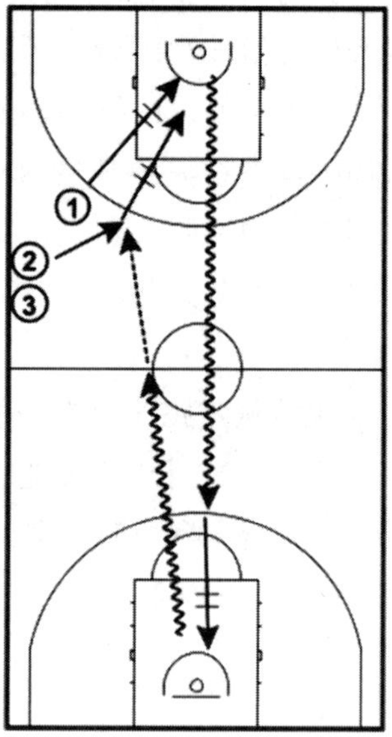

图 3－86

【目的】提高学生投三分球的准确性，加强学生投篮的基本功。

【方法】把学生分为人数相等的两队，站于两侧边线外，排头持球。

游戏开始，双方第一名学生上场，在三分线外投篮，不管投中与否自抢篮板球，向另一篮筐快速运球至前场三分线外再次投篮出手（不管投中与否），抢篮板球后快速向起点运球，在运球过中线前把球传给已在三分线外等候的本队第二名同伴，该学生接球后以同样方法进行三分投篮，直到全队每人都完成1次，以投中三分球数多的队为胜。（图3－86）

【规则】

（1）只有在三分线外投篮才算有效，踩线或过线出手均无效。

（2）出现投篮时走步、二次运球等违例，投篮命中无效。

【教学建议】

（1）根据学生技术水平，投篮方式和投篮点可以做相应的规定。

（2）也可不规定投篮方式，只要在三分线外出手就算有效。

第六节　突　破

突破是篮球比赛中一项重要的技术，也是个人技术中重要的一项技术，是利用脚步动作的运球技术迅速超越对手的一项攻击性极强的进攻技术。突破分为持球突破和运球突破。

一、持球突破技术

持球突破是持球学生运用合理的脚步动作与运球技术相结合，快速超越防守学生的一项攻击性很强的进攻技术。在比赛中，及时地把握突破时机，合理地运用突破技术，是直接切入篮下得分的重要手段。持球突破可打乱对方的防御部署，为同伴创造更多更好的投篮机会。持球突破若能巧妙地与投篮、传球等结合运用，使突破技术灵活多变，就能更好地发挥突破技术的攻击力。

持球突破技术由蹬跨、转体探肩、推放球和加速4个环节组成。在突破前首先要确定中枢脚，接球时采用一步急停，这样两只脚都可以作为中枢脚，接球后成三威胁姿势。突破时，非中枢脚移动，中枢脚蹬地的同时，上体前倾并转体使重心前移，以带动移动脚迅速向突破方向跨出。跨出的第一步要稍大，争取第一步就接近甚至超越对手。在蹬地跨步、上体前移的同时，要转体探肩，身体紧贴防守人，切着防守人而过，身体重心前移，加快突破速度。在蹬跨、转体探肩的同时，将球由体前推放至远离防守学生一侧，并在中枢脚离地前推放球离手，用远离防守人一侧的手运球。在完成上述动作后，中枢脚要有力蹬地，加速超越对手。持球突破包括顺步突破、交叉步突破和前后转身突破。

（一）持球突破技术基本练习方法

持球时两腿弯曲，重心下降，保持三威胁姿势，中枢脚跟提起，球落地前中枢脚不得移动。体会并熟练掌握蹬、跨、转、探、推放、加速和抄球技术。

（1）做原地的蹬、转、探、跨徒手练习：学生成两列体操队形，根据教师的信号向左、右侧做徒手练习；同时要求动作连贯，使学生掌握突破的第一步。

（2）突破障碍练习：让学生站成两路纵队，2人1组练习。进攻学生持球，相距一步为防守学生，不做防守动作，进攻学生做教师指定的突破动作，运球越过后停球转身交给防守学生，此时防守学生与进攻学生互换。如此交替练习，直至另一端线为1组练习，可以反复做5~6组。使学生体会有防守情况下突破时脚蹬地跨步方向及转体探肩动作。对持球突破动作有初步的动作定型。

（3）突破上篮练习：学生每人1球，依次交替做突破和防守，不做防守动作的上篮练习。其中，中锋反复做5~6组，前锋和后卫反复做10~12组。要求学生蹬地有力，第一步迈至防守人脚的后侧，侧身紧贴防守人持球突破。

（4）原地跨步虚晃后突破上篮练习：以右脚为例，学生在突破前左脚先向左边跨出半步再迅速向右蹬地、侧身、跨步、推拍运球突破上篮。固定的防守学生随假动作移动位置，但不做跟随防守动作。要求学生在练习时虚晃不要失去重心，突破动作正确、迅速而有力。

（5）移动接球急停突破练习：学生传球给固定助攻学生后，从45°三分线快速插入接做指定突破动作上篮。在学生突破时要求脚步清楚，突破动作合理。

（6）背对篮的前后转身突破练习：2 人 1 组，一方进攻，另一方防守。进攻方背对篮做假动作后转身突破上篮。要求防守学生跟随移动消极防守，攻守互换交替练习。

（7）左右脚分别为中枢脚突破练习：根据新规则“先落地脚为中枢脚”的要求，使学生熟练掌握以两脚分别做中枢脚完成顺步、交叉步和转身突破，在不走步违例的前提下提高起动的速度和冲击力。

（8）在消极防守情况下练习突破：进攻学生在持球突破前用瞄篮跨步、虚晃调动防守，防守学生根据突破学生的动作进行移动防守，进行 1 对 1 的攻守练习。练习时要求防守学生不打球，不破坏运球但应根据进攻学生的动作进行合理移动防守，而进攻学生应根据防守位置进行突破。

（9）1 对 1 突破练习：练习方法与消极防守下的练习相同，而不同的是要求积极的防守，使进攻学生在高强度下巩固对突破动作的理解和掌握。

（二）持球突破训练中易犯错误及纠正方法

在训练中学生是主体部分，所以任何原因都有可能让学生在练习时犯错误，以下是学生易犯的错误和纠正方法。

易犯错误：第一步跨步太小，不能摆脱防守；突破时没有转探，并绕过防守学生；突破时的重心过高，轴脚移动。

针对易犯错误的纠正方法：讲解突破第一步大的优越性和作用，并做正确的示范，使学生建立正确的概念，可以在地面上画出 1～1.2 米的标志线，要求学生练习时要踏到标志线上，练习时让学生从 2 个相距半米的人中间突破，迫使学生在突破时转体、侧肩，并贴近防守人过，指导者站在突破者前面 1 米处，手臂侧平举。令学生从教师的手臂底下通过，每次练习教师都应指出学生是否走步，帮助学生分化和形成条件反射。

二、运球突破技术

运球突破技术是持球学生运用合理的脚步动作与运球技术，快速超越防守学生的一项攻击性很强的进攻技术。在比赛中，及时地把握突破时机，合理地运用突破技术，是直接切入篮下得分的重要手段。运球突破可打乱对方的防御部署，为同伴创造更多更好的投篮机会。运球突破若能巧妙地与投篮、传球等结合运用，使突破技术灵活多变，就能更好地发挥突破技术的攻击力。

和持球突破技术有所区别，运球突破技术强调的是在运球过程当中，通过脚步的变化和运球的改变完成超越防守学生，因此可以理解为起始状态是一种动态的持球状态。

三、突破的综合练习方法

（一）全场 2 人连续行进间接球突破练习

【目的】练习交叉步持球突破和同侧步突破技术。

【方法】2 人 1 组 1 球，从一侧底线出发练习至另一侧底线，为拉开球场空间，1 次同时上 2 组。首先，2 人 1 组 1 球，①接②的传球，跳步急停突破，向前运球突破然后转身；然后待①突破后，②转身接①的球，跳步急停突破，注意要结合假动作，不要走步。以此类推，连续进行。（图 3－87）

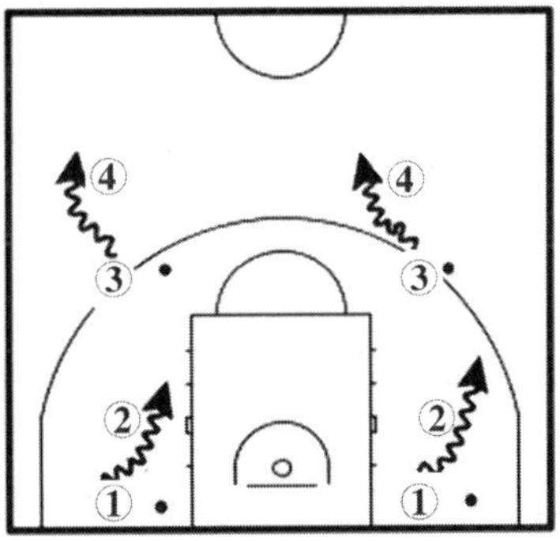

图 3－87

【要求】身体腾空接球，两脚同时着地；主动靠近对手，缩短突破距离；错开对手位置，抢占有利空间；选择合理步法，快速突破对手。

（二）2 人底线突分配合（左、右侧）

【目的】练习底线突破分球的技术，增强学生之间的默契配合。

【方法】2 人左侧上下落位。首先，②号学生从底线突破，假设在 3 秒区遇包夹后，将球传给做假动作后切入内线的①号。（图 3－88）

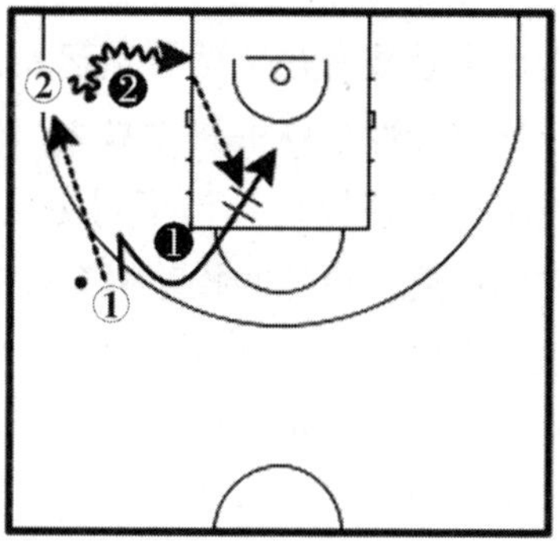

图 3－88

【要求】

（1）完整的配合练习，掌握配合的位置、路线、时机、技术。

（2）提高练习的速度、难度，增加防守的对抗练习。

（3）②号左手运球从底线突破后分球，①号同时起动，切入到罚球线附近接球跳投或上篮。

（三）2 人正面突分配合（左、右侧）

【目的】练习正面突破分球的技术，增强学生之间的配合默契。

【方法】2 人左侧上下落位。首先，①从正面突破，在罚球线附近遇包夹后，将球传给做假动作后切入内线的②学生。（图 3－89）

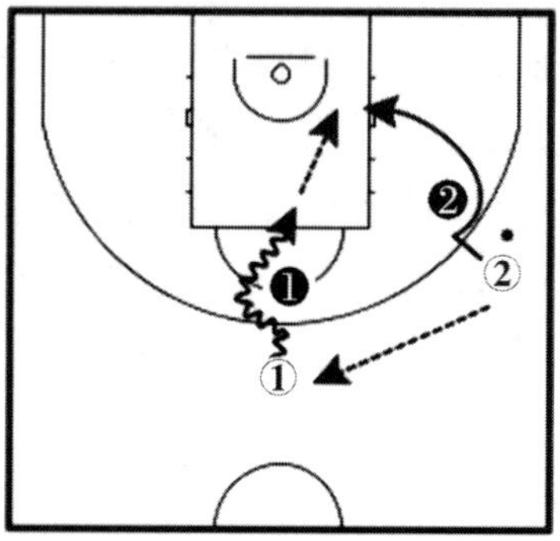

图 3－89

【要求】

（1）完整的配合练习，掌握配合的位置、路线、时机、技术。

（2）提高练习的速度、难度，增加防守的对抗练习。

（3）①左手运球从上线突破后分球给②，在①突破时同时起动，切入到罚球线附近接球跳投或上篮。

(四) 正面弧顶突破，衔接运球后转身投篮练习

【练习提示】所有学生持球于中圈附近，体前变向运球绕过障碍物，再衔接运球后转身绕过罚球线附近的障碍物完成投篮练习。左边重复。(图 3－90)

图 3－90

(五) 半场运球突破投篮

【练习提示】①、②、③持球落位于中圈附近，①右手运球加速到弧顶三分线附近做虚晃（内外运球、体前变向 1 次运球、体前变向 2 次运球、体前变向＋背后运球、胯下运球＋背后运球），完成中距离急停跳投。(图 3－91)

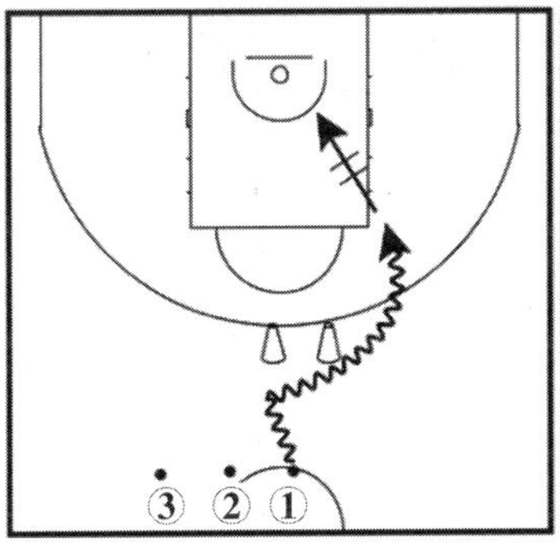

图 3－91

【要求】运球中保持抬头。要有速度、节奏的变化，教师可位于限制区用挡板进行干扰。

【变换练习】

(1) 可做上篮练习。

(2) 可先左手运球出发完成上述练习。

(3) 换位置。持球人落位于左侧（右侧）边线、中线夹角处，向左翼（右翼）附近左手（右手）快速运球完成虚晃，其他同上。

（六）全场高速运球过人练习

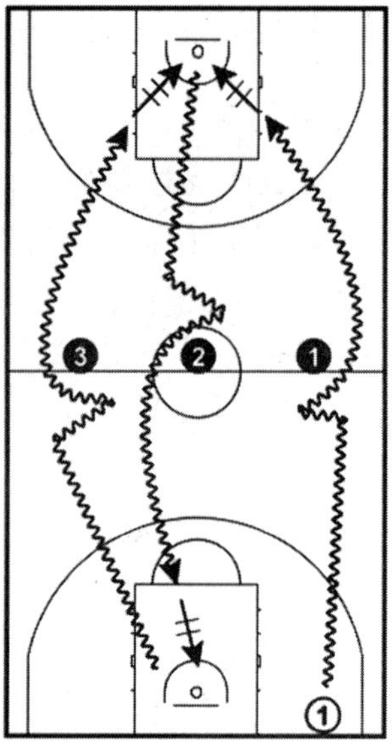

图 3 –92

【练习提示】全场分成 3 个区域，防守的❶、❷、❸位列中线附近，学生①持球于底线左侧附近；①快速运球在左侧区域内，靠近防守人❶时，通过运球节奏的变化，运用组合技术快速突破防守人❶上篮，随后再依次突破防守人❷、❸完成上篮。整个练习要求快速完成，突破时不要超出所在区域。（图 3 –92）

四、常见的突破技术

（一）动作突破过人

【练习提示】先从右手运球开始，之后把球运到左边。然后马上做一个向右边突破的假动作，也就是学生的右脚要往右侧一伸，并压低重心，制造突破假象。接下来防守者的重心会移向右边，防守者会以为进攻者要向右侧突破，这时进攻者马上向左边突破防守。

（二）后撤拜佛接连续快速胯下运球过人

【练习提示】先从右手运球开始，之后来一个后撤拜佛，将对手重心晃起，让其以为要投。接下来衔接 2 个快速胯下运球过掉对手。（第一个变向要突然，向左后方；第二个变向要快速，重心要低，保护好球）

（三）向前一小跳步 + 体前变向过人（剪刀脚过人）

【练习提示】先从右手运球开始，加一个向前小跳步移动，带防守者先动起来。当防守者往进攻者即将要变向的反方向移动（哪怕只有一点点的移动趋势）时都会让进攻者之后的变向效果增强。

（四）内外运球过人

【练习提示】先从右手运球开始，加速运球靠近防守人。减速、降低重心，右手运球向左下方移动，左脚向左前方伸出，配合肩部、头部、眼神的假动作，带动防守人重心左移。左脚蹬地、重心右移，右脚向右前方跨出突破对手。

（五）体前变向＋背后运球过人

【练习提示】先从右手运球开始，加速运球靠近防守人。降速、降低重心，右手体前变向运球至左边，同时右脚向左前方跨出一小步，球弹起落到左手时顺势将球从背后向右前方拉球突破对手。

（六）胯下运球＋向前一小跳步＋体前变向过人

【练习提示】左手运球突破开始，先做一个胯下运球，加一个向前小跳步移动，带防守者先动起来。当防守人往进攻者即将要变向的反方向移动（哪怕只有一点点的移动趋势）时迅速变向到左边突破对手。

（七）胯下运球＋背后运球过人

【练习提示】左手运球突破开始，先做一个胯下运球，注意降低重心，配合眼神带动防守人往右边移动，球弹起落到右手时顺势将球从背后向左前方拉球突破对手。

（八）内外运球＋背后运球过人

【练习提示】右手运球突破开始，右手先做一个内外运球，降低重心，保护好球；重心先左后右，球弹起落到右手时顺势将球从背后向左前方拉球突破对手。

（九）内外运球＋运球转身过人

【练习提示】右手运球突破开始，右手先做一个内外运球，降低重心，保护好球，重心先左后右；球弹起落到右手时，顺势上左脚靠近防守人，降低重心，右手大力运球的同时后转身拉球突破对手。

（十）假转身过人

【练习提示】防守学生紧贴进攻学生防守（另一侧），持球向前高速前进；前进到合适的位置，急停，降低重心，重运球，同时重心落在前脚；球弹起回到手时顺势向后拉（肩），重心跟着转移至后脚，防守学生跟着重心移动至假转身的位置；拉球终止，后脚用力蹬地，运球突破。

五、游 戏

（一）运球过障碍抢标志物

【目的】锻炼灵敏素质，提高动作速度和运球技术，培养战术意识。

【方法】首先把障碍物摆成半径 5 米的小圆圈，把标志物摆成半径 10 米的大圆圈。障碍物的个数与学生人数相等，标志物的个数比学生总人数少 1 个。（图 3－93）

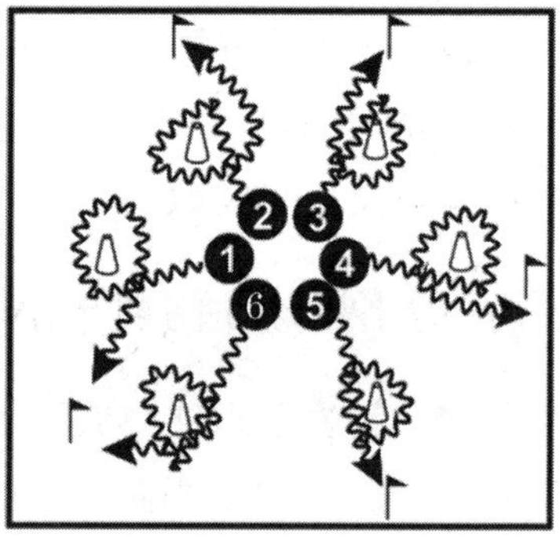

图 3－93

游戏开始后，所有学生都在由障碍物围成的小圆圈内，面朝圆心原地运球。当听到教师发出的信号后，所有学生立即转身运球，绕障碍物 1 周后，分别去抢摆成大圆圈的标志物。没有抢到者罚做 5 次俯卧撑。

【规则】游戏开始后，游戏者必须不停地在原地运球，运球时不得触及障碍物。

（二）运球折返跑比赛

【目的】提高学生在快速运球中变换动作和控制球的能力。

【方法】如图所示放标志物。把学生分为人数相等的两队，均位于无标志物的端线后，面向场内站立，排头持1球。（图3－94）

图3－94

游戏开始，两队从排头开始，依次运球到每个标志物，并用单手把标志物碰倒。运球返回时，再将碰倒的标志物扶起，然后回到出发点，用手递手的方式把球交给下一个同伴。如此循环，直到全队每人完成1次，先完成的队获胜。

【规则】

（1）无论是碰倒标志物还是扶起标志物，都必须一只手做低运球，另一只手碰或扶标志物，其他同伴不得协助，否则罚其最后重做1次。

（2）运球返回起点时，必须用手递手方式把球交给下一名学生，否则罚其在最后重做1次。

（3）运球中出现失误时，必须从失误处重新开始，否则罚其最后重做1次。

（三）运球突破接力比赛

【目的】有针对性地提高学生的运球技术动作质量。

【方法】在场地上放 4 个标志物，把学生分为人数相等的两队，面向标志物在同一端线后站立，排头持球。（图 3 –95）

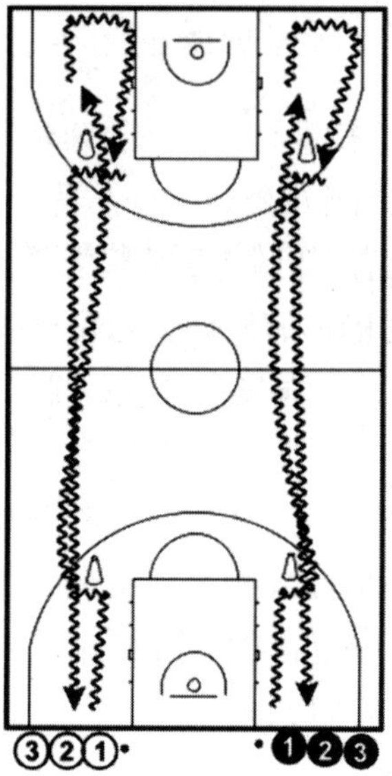

图 3 –95

游戏开始，从排头起每名学生按图示路线依次把球运至标志物，并以规定动作运球突破，返回时仍按原路线和动作进行，并以手递手方式把球交给下一名学生，直至每人完成 1 次，以完成速度快的队为胜。

【规则】

（1）必须按规定要求在标志物前运球突破，否则罚其在最后重做 1 次。

（2）必须以手递手的方式把球交给下一名学生，否则罚其在最后重做 1 次。

（3）运球至前场后必须有一只脚踩端线才能折回，否则罚其在最后重做 1 次。

【教学建议】

（1）可以把多个运球动作综合起来，如出发后可以运用运球急停、急起，返回时用体前变相或运球后转身等运球动作。

（2）可以以下列动作作为规定运球动作：运球急停、急起，体前变向运球，运球后转身，胯下运球，背后运球。

（四）综合运球比赛

【目的】在快速运球中，提高学生的各种不同运球方式的动作质量及变换能力。

【方法】在球场两条罚球线的延长线两端分别放上标志物，再把学生分成人数相等的两队，并站立于端线后，面向球场内，排头各持1个篮球。（图3－96）

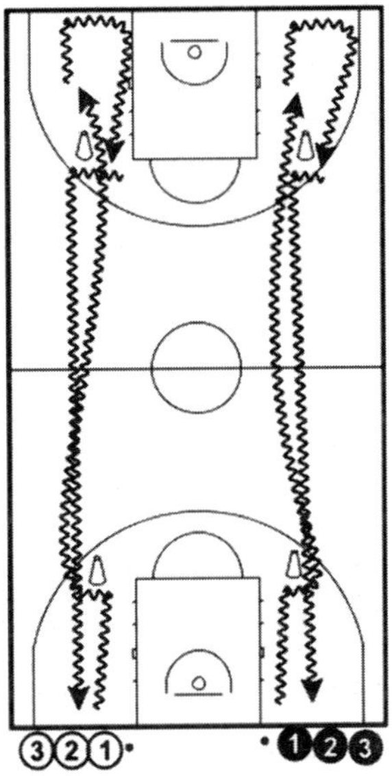

图3－96

游戏开始后，各队排头迅速运球到第一个标志物前，做体前变方向运球，然后再快速运球到第二个标志物前，做背后运球，再运球至端线返回，在2个标志物前依次做运球后转身、胯下运球，最后返回原起点把球交给第二个学生，自己回到队尾。全队依次按照上述方法和路线运球往返，直至全部完成。先完成的队获胜。

【规则】

（1）必须在规定的标志物前做规定的运球技术动作变换，如果换错动作，必须返回原处按规定重做后才能继续前进。

（2）必须脚踏端线才能返回。

（3）必须用手递手的方式把球交给下一人，不得传球递交。

（4）运球失误后必须从失误处重新做。

【教学建议】

（1）变换运球的方式可根据学生的技术水平进行适当调整。

（2）不必要求学生在1次运球往返中变换所有动作。

（五）组合运球接力

【目的】提高学生在快速运动中运用各种方式运球的能力。

【方法】把4个标志物放于球场两半场的三分线上，再把学生分为人数相等的两队，面向场内分别站立于球场两端线后方，两名排头学生各手持1球。(图3－97)

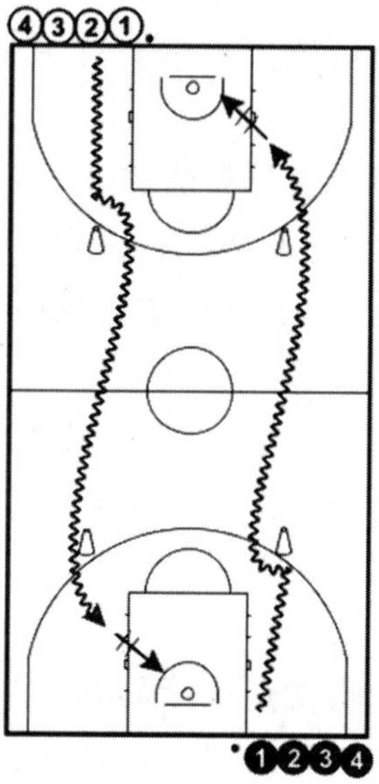

图3－97

游戏开始，两排头同时起动，运球至第一个标志物前，做体前变向运球，再运球至第二个标志物前做运球后转身上篮，投不中篮必须补篮投中；拿到篮板球后往回运球，到第一个标志物前，做运球后转身，运球到第二个标志物前，做体前变向运球，运球到端线交给下一人。如此反复进行，直到全队每人完成，先完成的队获胜。

【规则】

（1）每人1次，每次必须投中球，否则无效，判其在该队最后重做1次。

（2）上篮时二次运球、带球走，投中无效，判其在该队最后重做1次。

（六）运1球滚1球

【目的】提高学生的运球技术，发展其下肢力量。

【方法】把学生分为人数相等的两队，各成纵队面向球场内站在同一端线后，两队的排头各持1球。

游戏开始，持球者用一只手运球，另一只手推滚球前进，至中线后返回，把球交给本队下一人，然后回到队尾。以此类推，直到全队完成，以先完成的队获胜。

【规则】

（1）左右手运球均可，但另一只手推滚球时，必须保持球在身边，球不离地，手不离球，否则运球无效，罚其重做1次。

（2）运球时必须有一只脚踏上中线才能返回，返回时，必须有一只脚踏上端线方能把球交给下一个人，否则该次运球无效，罚其重做。

【教学建议】

（1）此游戏可改为设置几个标志物进行曲线运球、滚球。

（2）此游戏可规定用弱手运球，以提高弱手运球能力。

（七）叫数抱团运球

【目的】增强学生体质，提升学生人球结合的能力，培养学生勇敢、积极、向上的团队合作意识。

准备：

（1）游戏场地：1块篮球场。

（2）游戏器材：若干篮球。

（3）裁判员：授课教师。

【方法】学生沿着整个篮球场的边线跑。教师喊数字几，几个人就围成1个圆圈运球。

【注意事项】反应时间为5秒，在有限的时间内没有聚在一起的学生，就地做俯卧撑。

【温馨提示】反应要快，就近找人。

（八）叫号接力比赛

【目的】增强学生体质，提升学生人球结合的能力和注意力，培养学生勇敢、积极、向上的团队合作意识。

【准备】

（1）场地：1 块篮球场。

（2）器材：若干篮球。

（3）裁判员：授课教师。

【方法】让学生分成人数相等的组，在起跑线后站立，给每个学生都编上号，待教师叫号后，被叫到的学生运球到终点后绕过障碍物返回，把球交给下一名学生，先越过终点的队得 1 分，最后得分多的为胜方。（图 3－98）

【注意事项】不准带球跑，不准踢球，不准跨越障碍物，不准传球，手递手交接球，接球人不准在线内接球。

【温馨提示】运球时，篮球要保持在身体侧前方，运球高度尽量不要过腰。

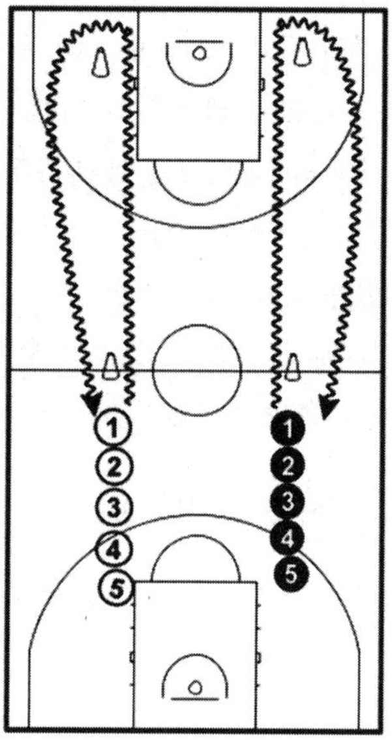

图 3－98

（九）14 米直线运球，每人 2 趟往返接力比赛

【目的】增强学生体质，提升学生人球结合的能力，培养学生勇敢、积极、向上的团队合作意识。

准备：

（1）场地：1 块篮球场。

（2）器材：若干篮球。

（3）裁判员：授课教师。

【方法】让学生分成人数相等的组，在起跑线后站立，教师发令后，第一名学生运球到终点后绕过障碍物，往返2趟，把球交给下一名学生，哪个队先结束即为胜方。（图3－99）

【注意事项】不准带球跑，不准踢球，不准跨越障碍物，不准传球，手递手交接球，接球人不准在线内接球。

【温馨提示】运球时，篮球要保持在身体侧前方，运球高度尽量不要过腰。

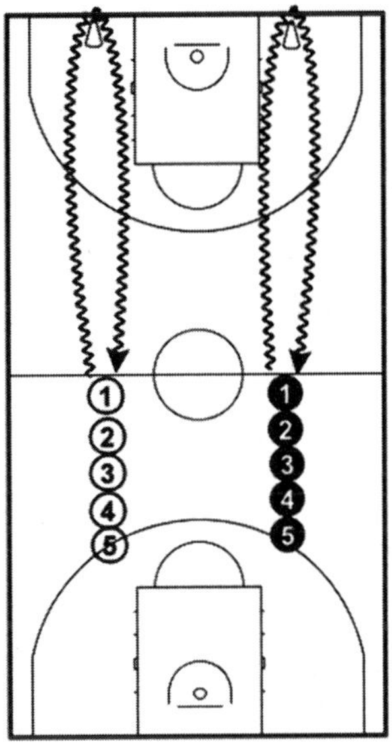

图3－99

（十）移动交换运球

【目的】增强学生体质，提升学生人球结合的能力，培养学生勇敢、积极、向上的团队合作意识。

【准备】

（1）场地：1块篮球场。

（2）器材：若干篮球。

（3）裁判员：授课教师。

【方法】若干人1组，围成1个圆圈，学生在原地拍球，当教师下达口令后，2人互换位置去拍同伴的球，但球不能自行跳2次以上再去拍。3人以上可围成圆圈来做。

【注意事项】必须按节奏来拍球，口令下达后没有拍到同伴的球的，要离开场地，不能参加这一时段的游戏。

【温馨提示】拍同伴的球时要配合好且及时。

（十一）角马抢渡尼罗河

【目的】增强学生体质，提升学生人球结合的能力，培养学生勇敢、积极、向上的团队合作意识。

【准备】

（1）场地：1块篮球场。

（2）器材：若干篮球。

（3）裁判员：授课教师。

【方法】学生在底线后持球站立，教师发令后，学生（角马）运球向前冲，但在中场有条4米的"河"，河中还有2名学生（鳄鱼），如果"角马"在过河时被"鳄鱼"抓住，则要离开场地，直到学生（角马）全部被捕完为止。

【注意事项】学生不得抱球跑。

【温馨提示】看准机会果断过河。

（十二）蜈蚣运球

【目的】增强学生体质，提升学生人球结合的能力，培养学生勇敢、积极、向上的团队合作意识。

【准备】

（1）场地：1块篮球场。

（2）器材：若干篮球。

（3）裁判员：授课教师。

【方法】在篮球场的底线站好，学生5人1组，分成2组。每人1个篮球，左手都拿着同一根绳子。每组学生向前运球，看哪组在没有掉1个篮球的前提下先过终点，并以此定胜负。（图3－100）

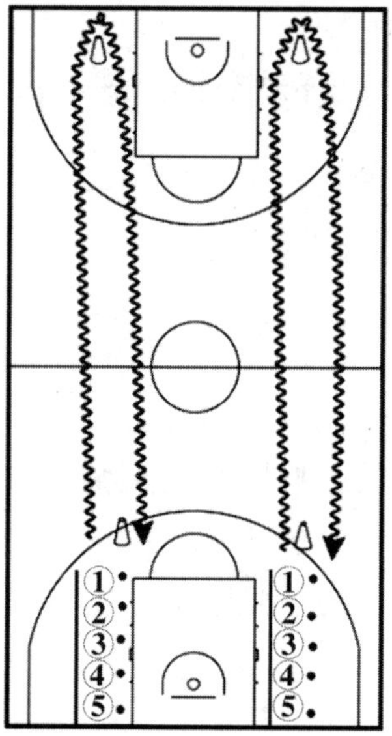

图3－100

【注意事项】中间不得掉球；若掉球，从掉球的地点重新开始运球。

【温馨提示】组内的学生都要以同样的速度运球，避免混乱。

（十三）双龙戏珠、同舟共济

【目的】增强学生体质，提升学生人球结合的能力，培养学生勇敢、积极、向上的团队合作意识。

【准备】

（1）场地：1 块篮球场。

（2）器材：若干篮球。

（3）裁判员：授课教师。

【方法】

学生在篮球场的底线站好，2 人 1 组，分成 2 组。每人 1 个篮球，同组的 2 人同时钻进呼啦圈，背对背站立，左手都握着呼啦圈。听口令向前运球，看哪组先运过终点。（图 3－101）

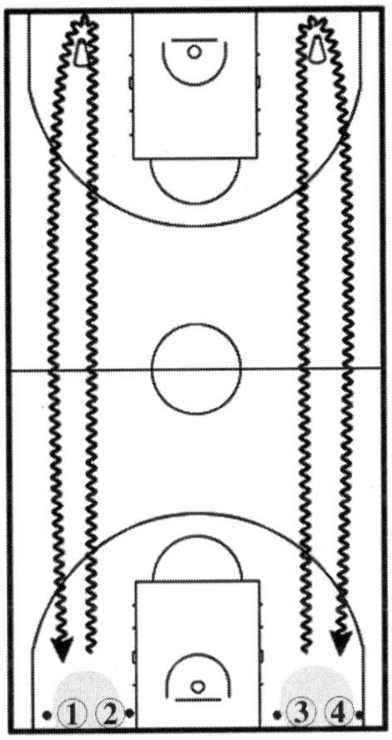

图 3－101

【注意事项】中间不得掉球，有 1 人掉球，从掉球的地点开始重新运球。

【温馨提示】2 人速度要互补，以免因速度不同而掉球。

第七节　专项体能训练

现代篮球运动的突出特征就是“在一定限制条件下，直接、全面对抗”。“一定限制条件”是指规则的限制，规则直接影响和制约教师训练的方向和内容，规则发展演变，教师就要及时调整，改进训练设计和要求，以尽快适应形势的发展。“直接、全面对抗”是指篮球竞赛中参赛者面对面地直接接触，这种接触具有激烈的对抗色彩，而且这种对抗是全面的，它包括了身体的抗衡、技术的抗衡、战术的抗衡、心理的抗衡、谋略的抗衡等。在竞赛中，这种全面的对抗表现是综合性的。根据这一突出特征，学生不但要有一定的身高、体重，而且运动素质（包括力量、速度、耐力、灵敏、柔韧、协调）要全面发展；技术也要全面，而且有绝招儿和特长，并达到一定的水平；战术要从“变”字上面做文章；心理上要开发智力，注重意识；谋略则主要体现为临场战术的指挥。

一、热身运动

热身运动的目的是提高参与运动的各器官、系统的工作能力，使学生的身体机能达到比赛或训练所需要的状态。热身运动在增强运动能力的同时，可以减少运动损伤。

热身运动的主要方法有慢跑、腰腹运动、拉伸、运球、投篮等。

一次完整的篮球热身活动大约占用20～30分钟，经历3个阶段。

（1）一般性热身活动，如慢跑等。

（2）全身动力性拉伸、全身静力性拉伸等。

（3）行进间运动，如动力性拉伸，多种变速、变向跑和专项热身运动等。

（一）静力性拉伸

静力性拉伸是在一定的时间、一定的关节活动范围内以固定姿势拉伸肌肉的练习。做静力性拉伸一般每个动作停顿15～30秒。

（1）颈部拉伸，前屈、后仰、侧仰。

（2）上肢拉伸，上臂颈后拉伸、躯干侧屈伸。

（3）下肢拉伸，其中包括以下站姿与坐姿的拉伸方法。

【站姿】

① 两脚侧开立，压左腿和右腿。

② 两脚侧开立，下压。

③ 前弓步。

④ 侧弓步。

⑤ 髂胫韧带拉伸。

⑥ 直立拉伸股四头肌。

⑦ 直立（扶墙）拉伸腓肠肌。

【卧姿】

① 坐式腹股沟拉伸。

② 坐式后背拉伸。

③ 坐式交叠拉伸。

④ 仰卧单膝及胸拉伸。

⑤ 仰卧大腿后侧肌群拉伸。

⑥ 仰卧交叉拉伸。

⑦ 仰卧侧臀肌拉伸。

（二）动力性拉伸

动力性拉伸是指有节奏地、速度较快地重复同一动作的拉伸练习的方法。例如，侧摆腿、前后踢腿、小步跑、高抬腿跑、跨步跑、后踢臀跑、交叉步跑、后退跑。

二、柔韧性训练

健美力量训练专家，加拿大约克大学的博蒙巴博士把柔韧性列为三大力量训练准则的第一条："在发展肌肉力量之前，先发展关节的柔韧性。"提高柔韧素质，有利于提高学生的运动能力，同时对提高力量素质、动作的幅度、预防运动损伤、疲劳后的恢复等都有很好的作用。

提高柔韧素质常用的方法有静态柔韧性练习和动态柔韧性练习。

（一）静力性牵拉

立位体前屈交叉腿拉伸：两腿交叉站立，体前屈，两手够脚尖。左右腿交替，各 10 秒。目的是拉伸大腿后侧肌群。

立位体前屈：两腿伸直并拢，体前屈，两手够脚尖，10 秒。目的是拉伸大腿后侧肌群。

直臂横拉：自然站立，左臂体前平举，肘部内侧接近右肩，掌心向下。右手握拳，手腕内侧抵住左臂肘部，屈肘向内压左臂。目的是拉伸三角肌后束。

肘部头上后拉：自然站立，左臂屈肘上举，肘部在前，前臂在后，掌心向下。右臂经头上屈肘，右手握住左肘，向后拉。目的是拉伸肱三头肌。

扶墙压跟腱：两手扶墙，两腿前后站立，左腿在前，右腿在后，前腿屈，后腿伸直足跟着地，身体重心前移，拉右跟腱；左右换腿做，各牵拉 10 秒。

扶墙牵拉股四头肌：右手扶墙，右腿支撑，左腿屈膝后抬，左手从后面抓住左腿踝关节向后上方牵拉。然后换右腿再做。

（二）动力性牵拉

扶墙前后摆腿：单腿尽量后摆。向前内侧摆腿时，要摆到水平位置，左右各 10 次。

扶墙左右摆腿：单腿在身前尽量左右摆。摆腿时，要摆到水平位置，左右各 10 次。

扶墙跨栏起跨摆腿：一腿支撑，另一摆动腿连续做跨栏式前后摆，前后各 10 次。

侧弓步牵拉：左腿屈，右腿直成侧弓步。上体正向前，臀部后坐、直腰、挺胸抬头，左大腿与地面平行，脚尖指向斜前方，膝盖与脚尖方向一致，但不能超过脚尖。右腿伸直，脚尖指向前方，脚掌不能离地。左弓步做完以后，换右腿做。

前后弓步牵拉：接侧弓步，上体左转，左腿屈，成前后弓步。要求左大腿与地面平行，脚尖向前，膝盖与脚尖方向一致（不要超过脚尖），右腿屈膝着地，脚尖抵地。做完左前后弓步后，换右腿做。

后弓步走：上体前倾，后退的步幅要大，后退脚要贴着地面走，不要后撩，前脚的大腿与地面平行，脚尖指向正前方，膝盖与脚尖方向一致。

双手扳膝走：屈膝提大腿超过水平面，双手扳住小腿继续提膝至胸前，左右腿交替进行。

前弓步走：连续向前弓步走，后腿膝部着地，左右腿交替进行。

侧弓步走：右腿向右跨出成侧弓步，左腿并拢，连续进行；然后换左腿跨出成侧弓步，右腿并拢，连续进行，左右腿交替进行。

三、灵敏性训练、协调性训练、速度训练

篮球是一项需要学生往前、往后、往侧面和往斜对角进行移动的运动。同时要求学生在一瞬间改变方向，从全速迅速变为急停，然后又快速回到全速。快速的脚步移动是一名成功的篮球学生所必须具备的能力。具备良好的完成上述脚步

移动的能力，对于学生在比赛中取得成功具有明确的影响。

（一）绳梯练习

绳梯训练是在 1 条有 20 个方格的软梯上进行的，对提高学生的身体协调能力、控制重心转换能力、快速移动能力和脚步灵活性有特殊作用。绳梯每个方格长 40～50 厘米、宽 40～45 厘米。

（1）向前快速跑。（图 3－102）

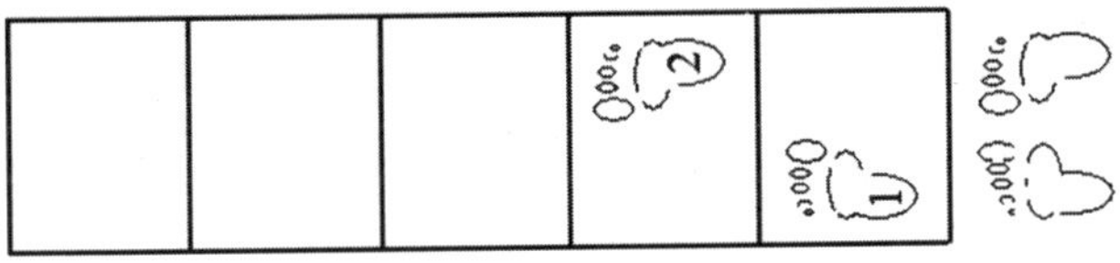

图 3－102

（2）后退跑。（图 3－103）

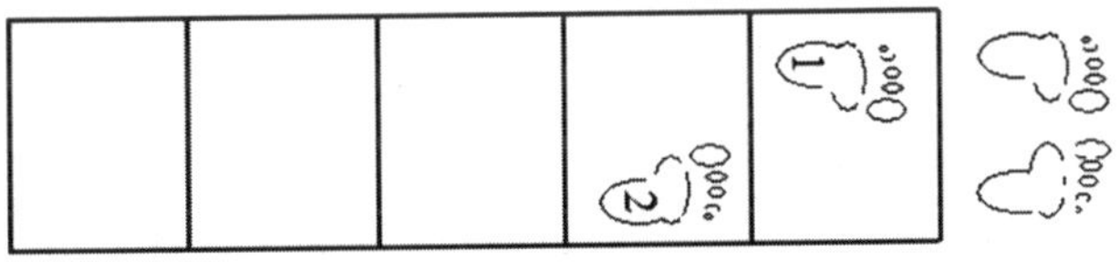

图 3－103

（3）高抬腿跑，向前快速跑，再后退跑回来。（图 3－104）

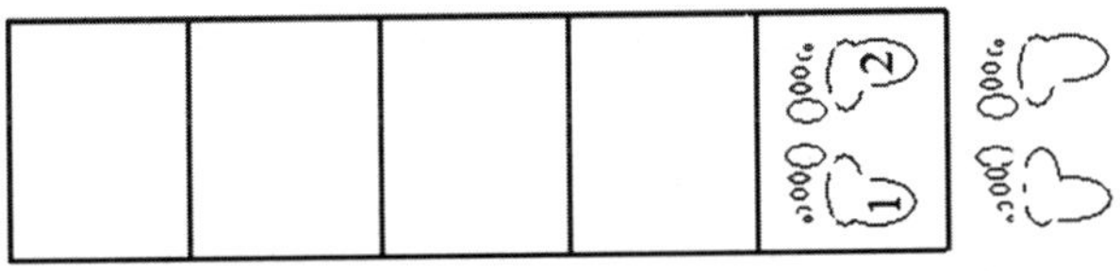

图 3－104

（4）侧高抬腿跑，摆臂准确、快速；再反向做回来。（图 3－105）

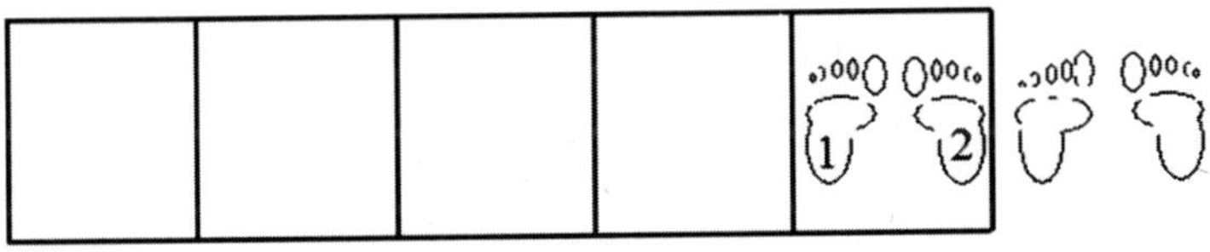

图 3－105

（5）一脚内一脚外，高抬腿快速向前；再后退做回来。（图 3－106）

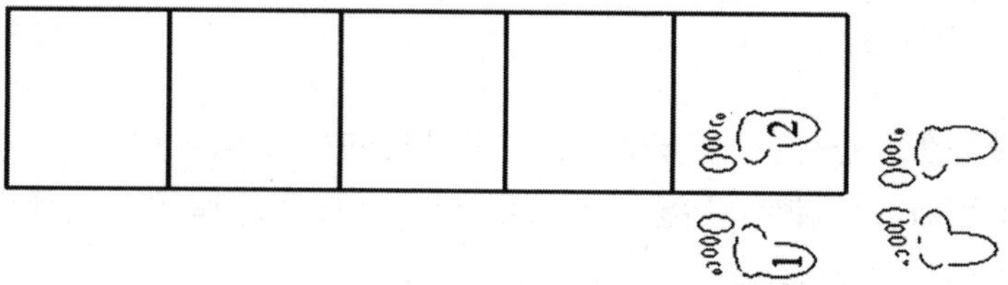

图 3－106

（二）菱形图案脚步训练

这些训练方案是让学生在一个菱形图案内进行训练。要求学生在菱形图案内进行变换不同路线和类型的脚步动作。当学生逐渐熟练掌握大的菱形图案的训练后，就使用小的菱形图案进行训练。因为篮球场上很多动作都是在很小的空间范围内进行的。学生必须在菱形图案内沿两个方向做动作。

学生必须绕过每个锥形障碍，而且干脆利落地进行转身变向，重点强调正确的技术动作。这个训练方案要求脚步的快速移动，等到学生熟练掌握之后，让学生同时运球完成每组动作。

（1）大的菱形图案。每个锥形障碍之间的距离为 4.5 米，从一侧到另一侧的距离为 9 米，每个方向做 1～2 次。（图 3－107）

（2）小的菱形图案。每个锥形障碍之间的距离为 2.25 米，从一侧到另一侧的距离为 4.5 米，每个方向做 1～2 次。（图 3－108）

（3）在大的菱形图案开始学习各种训练方案，然后逐渐过渡到小的菱形图案内进行训练（学生在做这些训练时结合运球动作）。

（4）训练方案。

① 菱形图案。1 代表冲刺，2 代表转身、交叉步，3 代表转身、滑步，4 代表转身、交叉步，5 代表转身、滑步，6 代表后退，7 代表冲刺，8 代表后退。（图 3－107）

② 蝴蝶结。1 代表后退，2 代表滑步，3 代表交叉步，4 代表冲刺，5 代表滑步，6 代表交叉跑。（图 3－108）

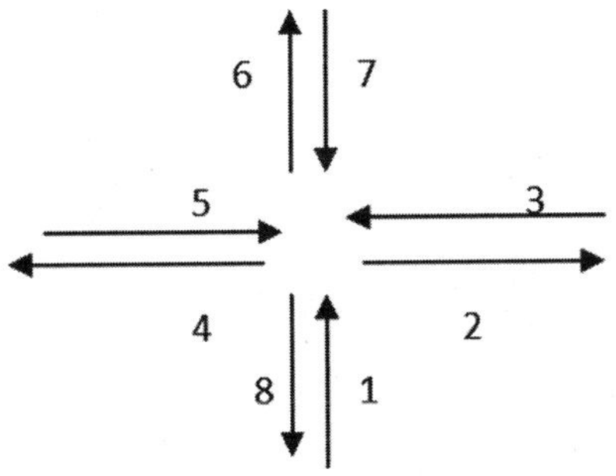

图 3－107

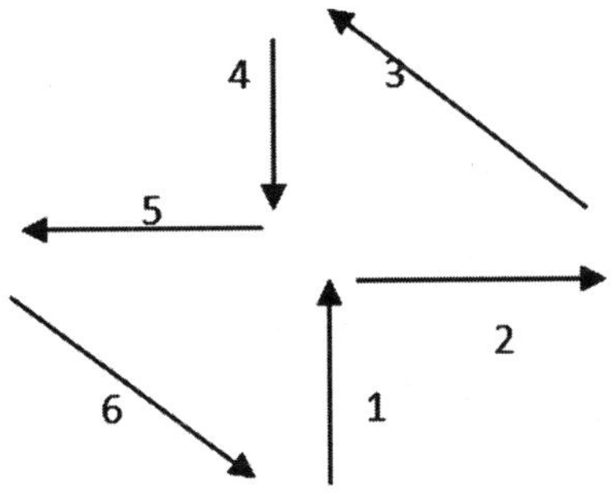

图 3－108

四、专项耐力训练

(一) 莱格尔测试

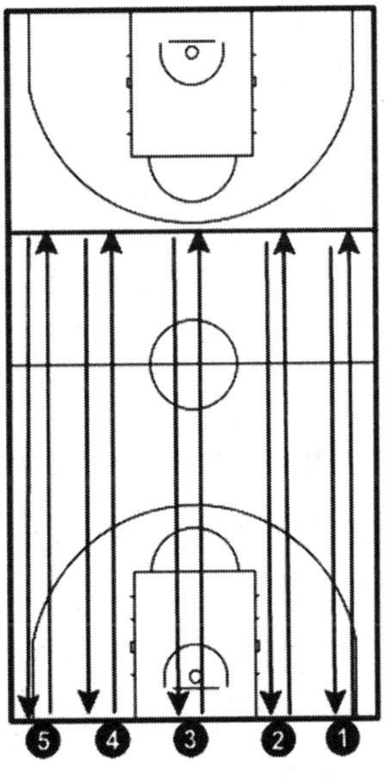

图 3－109

全体学生在端线站成 1 排。练习开始，学生听到“哔”声响，开始跑步，必须在下次“哔”声响之前跑至 20 米外另一侧的标志线处，且至少必须有一只脚踏到线上，之后向后折返至端线，在“哔”声响之前到达端线，且必须有一只脚踏到端线上，如此连续进行。如果学生在“哔”声响之前到达，必须在标志线或端线处等候，在“哔”声响之后再继续跑。如果学生在“哔”声响之前未能到达标志线或端线，第一次未到达继续参加练习，第二次未在“哔”声响前到达则被淘汰。此练习分为多级，每级又分为不同水平，学生在被淘汰时，需记住自己被淘汰时的水平，然后上报给教师。“哔”声的间隔会渐渐变短，所以学生一定要越跑越快。(图 3－109)

【注意事项】

(1) 不要在一开始时就努力冲刺，否则除了浪费体力并在另一侧标志线做无谓等候外，等到速度加快之后反而后继无力。

（2）最理想的情况就是当“哔”声响起时已经到达标志线并刚好完成向后转的动作，即刻可以出发。

（3）初始速度是 8.5 千米/小时，也就是说最初的 20 米必须在 8.47 秒内跑完。

（4）同样的速度会持续 1 分钟，之后速度会加快 0.5 千米/小时，所以“哔”声的间隔会缩短。

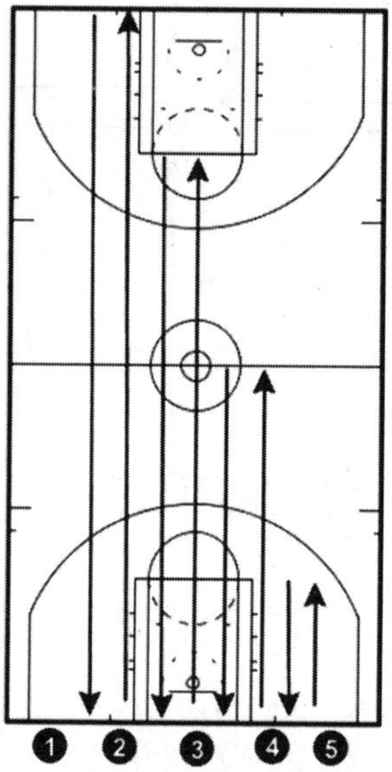

图 3－110

（二）全场见线折返跑

学生从球场一底线出发，跑到罚球线位置，返回底线；再跑到中线，返回底线；再跑到对侧罚球线，返回底线；最后跑到对面底线并返回出发点。（图 3－110）

（三）15 米×17 次跑（4 组）

15 米×17 次跑的距离是 255 米，属于乳酸供能，可评价学生的速度耐力。

【方法】跑整个球场的宽度，从一边到另一边，共跑 17 次。从一边跑到另一边再返回计作 2 次。组间休息时间为 2 分钟。（图 3－111）

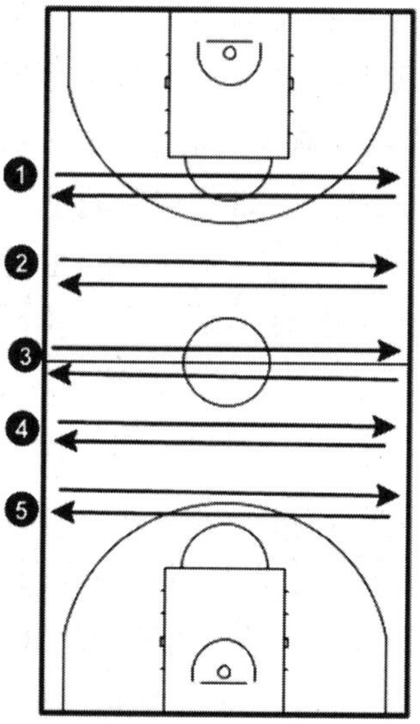

图 3－111

五、专项速度训练

篮球是一项追求速度的运动。标准篮球场地的尺寸是长 28 米、宽 15 米，而且比赛的大部分时间是在一个较小的区域内进行的，比如说集中在一个半场。因此，要求学生必须在最短时间内达到最快的速度，才能在场上打败或者防守住对手的对位学生。学生在场上往前跑动、后退跑动和跑各种弧线，必须随时准备好从防守的姿势转换成全速进攻跑动。在某些情况下，学生刚刚后退跑动，一瞬间就要变向，尽全力往前加速跑动。

在进攻中，学生常常需要往一侧做假动作，然后马上改变方向冲刺到场上另外一个位置。一个很典型的例子就是进攻方经常要从 3 秒区顶弧做“V”形切入，转换方向，跑动掩护，然后冲刺到对角接球。学生的跑动路线更接近一条弧线，而防守方则必须紧跟他所盯防的对方学生，所以其就必须尽全力冲刺来跟上对方学生。防守方抢到篮板球后，双方场上学生都必须以最快的速度加速，往对侧半场跑动。进攻方在快攻中通过全速冲刺超过所有防守方上篮，而防守方则必须随时准备追上快攻方，这就要求防守方迅速从缓慢移动的状态转换到全速跑动。攻防双方学生都必须随时准备从静止的状态转换到全速跑动状态，以完成教师安排的攻防任务。例如，学生可能站在球场的一角，而球在球场对侧队友的手里，因此他就必须全速冲刺到球场的另外一侧，以便接队友传球完成投篮。而防守他的对方学生同样需要全力冲刺来跟上他。通常学生在场上的速度要根据对方对位学生的场上速度来决定。由于篮球运动需要在运球条件下的冲刺能力，所以学生的运球能力同样也决定了该学生加速和跑动的速度。快速进行加速的能力是篮球运动员必备的能力。让学生以平常 5 倍的速度，尽全力去摆臂是一种很好的教会学生提高脚步速度的方法。同时，必须加强改善学生起动时前 5 步的加速技术，强调前 5 步的步幅要逐步加大。

（一）跑动步幅训练

跑动的步幅根据教学和训练要求，可以分解为3个阶段的训练：提膝训练；前腿往前伸，积极回收下压训练和后腿伸展训练。第一个进阶采用走路或者抬腿走路，第二个进阶采用换腿跳跃，第三个进阶采用跑动。

1. 提膝训练

（1）将膝盖抬高，然后放下，往前抬腿走。强调的动作是始终保持前脚掌着地，并且在膝盖抬高时往上提腿。摆动腿的大腿要和地面平行，支撑腿要保持笔直。勾脚尖，脚掌处于抬高的膝盖的正下方。

（2）换腿，膝盖抬高到高抬腿跳跃的高度。

（3）提膝训练的最后一个阶段。这个阶段的训练方法是提膝跑。随着学生训练的进步，应做到每米跑3步。

2. 前腿往前伸，积极回收下压训练

（1）学生往前走，并且抬起主动腿的膝盖（图3－112），伸展小腿（图3－113），并且向后扒地（积极地向后）（图3－114），然后脚跟向上够臀部（图3－115）。

图3－112

图3－113

图 3－114

图 3－115

学生在伸展小腿之前要把提膝动作做充分。积极的扒地动作非常重要，因为学生扒地越用力，地面给足底的反作用力越大，给学生往前的推动力就越大。扒地的脚应靠近支撑脚着地，这样能够最大程度地利用推动力。如果扒地的脚离学生支撑脚太远，动量会被地面吸收，扒地的能量会大幅降低。

（2）和“（1）”相似，不同的是要换腿跳。

（3）要注意抬高膝盖，摆动腿前伸和积极扒地进行跑动。这个训练方法的关键在于积极扒地的动作。摆动腿落地的动作必须缓慢，同时强调保持身体倾斜度。摆动腿着地时，学生的上半身必须在身体重心的前面，而且必须是前脚掌着地，而不能整个脚掌着地。积极扒地要强调用力扒地的动作，同时脚跟向上去够臀部。勾脚尖和脚跟上够臀部是个跟进动作，可以让腿部和脚掌处于一个合适的位置，去快速有效地重复驱动动作。这个训练方法对于加强冲刺动作需要的腘绳肌和臀肌力量非常有益。

3. 后腿伸展（跨步跳）训练

该部分是冲刺步幅的第三阶段。

（1）摆动腿要按照提膝训练方法的要求抬腿。重点就是要尽量往高处跳，摆动腿的膝盖尽力往上提，蹬地腿用力蹬地，完全伸展。当摆动腿的膝盖下落时，学生就交换左右两条腿的动作。

（2）两条腿交替进行跨步跳。重点强调的同样是后腿的伸展。在这个训练中，学生每 1 步换 1 次腿，右腿—左腿—右腿—左腿。前腿的膝盖往上提，并且保持腾空，同时后腿充分蹬地或者伸展。鼓励学生延长腾空时间。训练中跨步距离很重要。要注意后腿的完全伸展，用脚趾蹬离地面。整个训练过程要保持正确的手臂动作。

（二）足跟踢臀部训练

柔韧性和良好的后踢技术，会增加学生的关节活动度和加长学生的步幅。足跟踢臀部是提高学生步幅的另一种训练方式。学生在场地上跑动时，要用两脚的脚跟交替往上踢，且都要碰到臀部。

提高难度的进阶训练方法是，让往前移动的速度变慢，而足跟要用最快的速度向上踢到臀部，同时要控制好身体的平衡。整个训练过程要保持正确的摆臂动作：保持肘关节弯曲角度，放松地从肩部往下摆，然后有力地向后摆。

（三）加速训练

4 步训练方法：4 步训练方法可以帮助学生发展快速加速的能力。学生起跑时的前 4 ~ 5 步非常重要，必须充分发挥自己的爆发力。这个训练主要是教会学生在从静止状态转换到全速冲刺状态的过程中，怎样每步逐渐增长步幅。当学生熟练掌握加速技术后，在这个训练中要求学生运球进行加速。在球场两端按照推荐的 4 步加速距离［起跑线和第一步之间 76. 2 厘米（30 英寸），第一步和第二步之间 101. 6 厘米（40 英寸），第二步和第三步之间 127 厘米（50 英寸），④第三步和第四步之间 152. 4 厘米（60 英寸）］进行标记。球场的每侧贴 6 排标志点。（图 3 – 116）

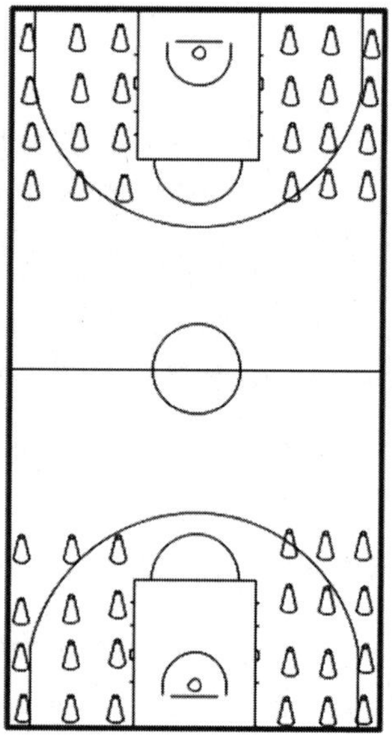

图 3 – 116

学生站在起跑线后面。第一趟加速跑只用达到自己最快速度 1/4 的努力程度来跑，并且在第一步和第二步之间要避免犹豫和停顿。每个脚步都要在落在相邻 2 个标记点的中间位置。就像一辆四级变速的汽车一样，平稳的加速过程非常重要。学生要像飞机起飞一样，在起跑过程中逐渐将身体调整到合适的位置。这个过程中强调手臂要用力向后摆动：摆臂的力度越大，对侧腿部的驱动力也就越大。学生在接下来的加速跑中逐渐提高到用一半的最大速度来跑，然后过渡到 3/4 的最大速度，最后过渡到用最大努力进行全速的加速跑。学生的所有跑步训练，起跑阶段都必须通过起跑加速标记区。

（四）低栏架侧身跑和加速跑

学生通过 1 组 7.62 厘米（3 英寸）高的低栏架进行侧身跑，然后加速通过两侧的 4 步加速软梯。这个练习中，学生可以背对加速软梯进行侧身跑，然后急转身加速通过软梯。每个方向做 10 组练习。（图 3－117）

图 3－117

（五）皮筋阻力训练

使用强力的皮筋，将皮筋套在学生的腰间，同伴在身后拉住皮筋，提供阻力，学生尽力摆臂蹬地，往前冲刺要求的距离。学生听到“出发”口令后，对抗皮筋阻力向前冲刺。在后面拉皮筋的学生让皮筋拉着自己也往前跑，然后以 4～5 步非常快的脚步加速，超过在前面跑的学生。

六、专项力量训练

（一）篮球专项力量负荷的训练方法

1. 最大负荷法

主要采用大重量进行训练，即以最大负荷量的 90%～100% 的负荷做 1～2 次练习，做 8～10 组，可很好地发展最大力量。

2. 金字塔训练法

使所负重量不断增加，直到极限，这样训练可使力量快速增长。

3. 大负荷训练法

这种训练方法不但能使最大力量得到提高，而且能使中枢神经系统发放的冲动强度大频率提高，能最大限度地激励运动单位尽可能达到目的和同步的活动。

4. 中小负荷训练法

这种方法可以使肌肉快速收缩，但是这种方法产生的刺激强度，可能还不足以诱发足够的神经冲动发放频率完成全部单位的缉获。因此，大负荷训练法优于中、小负荷训练法，但中小负荷的训练是力量训练很好的补充。

5. 大幅度训练法

增加学生练习动作的用力距离，在训练中可通过改进动作技术和发展身体各部位关节柔韧性来实现。

6. 超常训练法

肌肉先进行快的离心收缩，紧接着爆发性地完成向心收缩，这对提高学生的支撑能力、快速力量有着其他训练方法无可比拟的独特训练效果。

（二）篮球专项腿部力量与弹跳力训练方法

（1）肩负杠铃做半蹲或全蹲，一般为最大负荷的80%左右，重复3～4次，慢蹲快起，躯干正直，防止塌腰翘臀，注意保护。

（2）肩负最大负荷量40%～50%的杠铃在软地或地毯上做半蹲跳8～12次，做4～6组，跳起要快，脚腕要绷直。

（3）肩负最大负荷量40%～50%的杠铃做箭步交换腿跳。

（4）徒手或负重做单腿深蹲起。

（5）徒手或负重做单足或双足的各种连续跳、多级跳。此外，前脚掌、脚弓、踝关节和小腿肌群的爆发力对学生的弹跳力也很重要，可以做负重（最大负荷量的95%）提踵、跳栏架等练习。

（三）篮球专项发展腰腹力量训练方法

（1）仰卧斜板起坐，仰卧屈膝起坐，仰卧做“元宝”收腹折体（双手要碰到脚背）；仰卧双手握住同伴的双踝做收腹举腿（同伴双手用力将学生举起的腿推下）；俯卧“两头起”（尽量出背弓）。

（2）利用杠铃负重转体、挺身等练习。

（3）跳起空中折体、转身等，空中传接球、投篮等练习。

（4）单杠上，双臂悬挂，做收腹举腿成90°角，并保持4～5秒。

（5）宽握杠铃，做直臂抓举；利用40～50千克杠铃做高立抓举。

（6）肩负杠铃做体前屈起（不准弓腰起）；肩负杠铃做转体（脚平行开立稍宽于肩，直膝转体，脚掌不能动）。

（7）向头后抛掷实心球；原地双脚跳起摸篮板。

（四）篮球专项运动员发展手指、手腕、手臂肌群训练

投篮、传接球、抢打球动作等都需要手指、手腕、手臂肌群的力量，其力量水平的强弱直接关系到这些动作技术运用的效果。发展手指、手腕、手臂肌群力量的练习方法主要有指卧撑、连续做击掌俯卧撑等练习；握力器、握捏铅球等练习；双手握哑铃或杠铃杆直臂快速屈手腕练习。

（1）空手用力张握，要求高速率，坚持15～30秒；张开手指，用力下扣手腕，要求高速率，坚持15～30秒。

（2）2人各紧握接力棒一端，做相对抗的捻转接力棒。

（3）对传实心球。

（4）坐地双手传接球。

（5）握哑铃做翻腕练习。

（6）抓接铅球，手指和掌心向下抓住铅球，在屈肘上提球的过程中松手，在球下落时，用另一只手接住铅球。

（7）做指卧撑或连续做击掌俯卧撑练习。

（8）握力器、握捏网球和抛接铅球等练习。

（9）2人坐地用指腕力量传递篮球或实心球。

（10）双手握杠铃杆，直臂做快速屈伸手腕练习。

（五）发展上肢力量的练习方法

（1）用杠铃做各种举重练习（卧推、推举、颈后举等）。

（2）引体向上。

（3）双杠臂屈伸。

（4）负重做传球、投篮动作等练习。

（5）用实心球做传球、投篮动作练习。

（6）快速连续传球练习。

（六）发展下肢力量的练习方法

（1）负重杠铃深蹲或半蹲练习。

（2）负重杠铃快速用力起跳练习（或连续提踵练习）。

（3）蛙跳、立定跳远、多级跳、跳绳、跳深等练习。

（4）徒手肩负不超过最大力量60%～80%重的杠铃做提踵练习。

（5）连续跳起摸篮板（圈）或连续深蹲跳起等练习。

（6）臀桥。臀桥动作对于臀部有显著的训练效果，同时对大腿后侧也有着很好的训练效果。

起始姿势：身体平躺在垫上，双手掌心向下平放于身体两侧，双腿分开略宽于肩，并弯曲成60°角，两脚掌平踏于垫面。

动作过程：吸气，同时收紧臀部，并依靠臀部的力气将下腰部抬起（收紧臀部并腰部上挺）使身体成一条直线，至最高点后稍停5秒，顶峰收缩臀部肌肉（夹紧），然后慢慢下放髋部，还原以后不要再接触地面，而是下放到腿部几乎接近地面的位置即停止下放。

要点提示：

① 臀部发力，髋部向上顶，是髋部发力不是腰椎，过程中保持腰椎的稳定，不要出现顶腰的错误姿态。

② 在动作的顶端努力地去挤压臀部肌肉，臀部夹紧。

（七）提高身体对抗能力的训练方法

通过对抗性练习强化学生在移动中的时空感觉，掌握移动作用力的时机，使用正确的用力方法，与比赛的要求一致。

训练方法：

（1）以少打多的练习方法。在训练中安排对抗或者以小打大、以弱打强，设置训练障碍，增加对抗用力的频率和难度。

（2）辅助阻力的练习方法。在各种基本技术训练中人为地制造阻力，加上器械对抗，提高有碰撞的技术用力。

第四章

CBTA运动员等级评价标准

一、CBTA运动员等级评价标准

CBTA运动员等级评价标准，详见表4－1。

表4－1　CBTA运动员等级评价标准

		初级（5～10岁）			中级（11～14岁）			高级（15～16岁）			备注
		1级	2级	3级	4级	5级	6级	7级	8级	9级	
专项技术	运球	半场左右手运球，见线折返			半场往返绕杆上篮			多种变向运球上篮			
		满分为30分			满分为25分			满分为20分			
	投篮	左右手行进间高手、低手、双手投篮			1分钟五点投篮			1分钟自投自抢投篮			
		满分为30分			满分为25分			满分为20分			

续表

		初级（5~10 岁）			中级（11~14 岁）			高级（15~16 岁）			备注
		1 级	2 级	3 级	4 级	5 级	6 级	7 级	8 级	9 级	
身体素质	速度	全场 3/4 加速跑			全场 3/4 加速跑			全场 3/4 加速跑			
		满分为 10 分			满分为 10 分			满分为 10 分			
	耐力	15 米 ×7 次折返跑			15 米 ×13 次折返跑			15 米 ×17 次折返跑			
		满分为 10 分			满分为 10 分			满分为 10 分			
	力量	原地双脚跳摸高			助跑单脚跳摸高			助跑单脚跳摸高			
		满分为 10 分			满分为 10 分			满分为 10 分			
综合技术与素质		原地双手胸前传球			原地双手胸前传球			原地双手胸前传球			
		满分为 10 分			满分为 10 分			满分为 10 分			
实战		无			分组对抗			分组对抗			
					满分为 10 分			满分为 20 分			
总分		100 分			100 分			100 分			
分级标准		0 级：0~19 分 1 级：20~59 分 2 级：60~84 分 3 级：85~100 分			降级：0~19 分 4 级：20~59 分 5 级：60~84 分 6 级：85~100 分			降级：0~19 分 7 级：20~59 分 8 级：60~84 分 9 级：85~100 分			

二、测试方法

（一）专项技术测试方法

1. 半场左右手运球，见线折返

（1）适应等级：初级（5~10 岁）。

（2）测试目的：测试学生的移动控球能力。

（3）测试设备：标准篮球场地、篮球、秒表。

（4）测试方法：受测学生①持球站在篮球场地端线外成准备姿势，裁判员发令同时开始计时，测试者迅速用右手运球至罚球线，急停转身起动用左手运球返回到端线，急停转身起动用右手运球至球场中线，急停转身起动用左手运球返回到端线，共2个来回；然后立即捡球变成两手运2个球再做同样的折返2个来回，共4个来回，测试者运球到端线后停表。每人测试2次，取最好成绩。（图4－1）

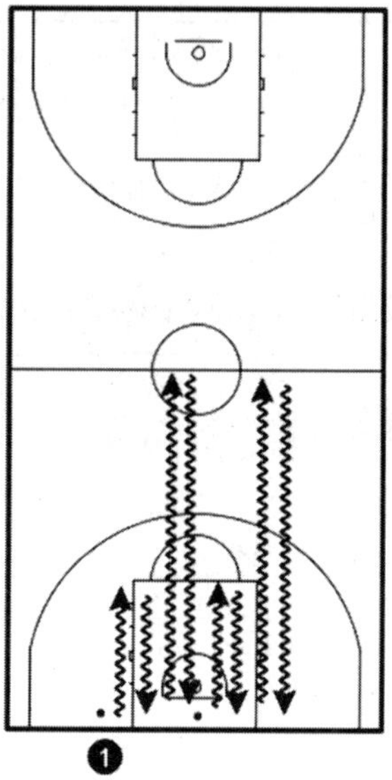

图4－1

（5）测试场地：在标准篮球场（28米×15米）进行测验，起点到第一折返线的距离为5.8米，到第二折返线的距离为14米，到第三折返线的距离为5.8米，到第四折返线的距离为14米，每名测试学生手中持1个篮球，底线外放置1个篮球。

（6）测试要求：运球不能走步违例；在折返时必须脚踩线。

（7）测试细则：

① 以组为单位进行测试，每组2～4人。

② 每名学生测试2次。

③ 5名裁判员，1人发令，2人计时（每人计1名受试者）兼检查底线位置是否违例。每一条折返线上安排1名裁判员，观察是否踩线，是否出现犯规现象，如果踩线或犯规，裁判员鸣哨即被罚下，重新测试，如再次违例，即取消本项目测试成绩。

2. 半场往返绕杆上篮

（1）适应等级：中级（11～14岁）。

（2）测试目的：测试学生的移动控球能力。

（3）测试设备：标准篮球场地、篮球、秒表、标志杆。

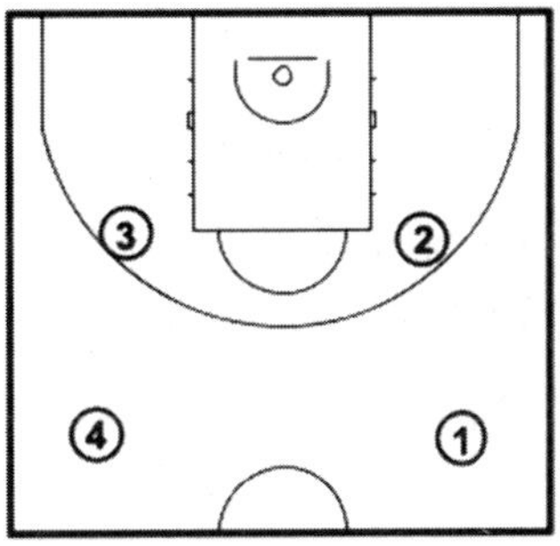

图 4－2

(4) 测试方法：学生在出发区内持球（双脚均不得越线或踩线），准备就绪后自行出发，计时器开始自动计时。按照图 4－2 的要求运球推进依次绕过 1、2 号标志杆后运球行进间投篮，投中后再继续沿 3、4 号标志杆的外侧推进，依次绕过 4、3 号标志杆后运球行进间投篮，投中后徒手快速返回出发点。必须均用外侧手运球绕杆。往返 2 次，全程共投篮 4 次，每次投篮的运球路线都相同，行进间投篮不中必须补中，补篮地点及投篮方式不限。每人测试 2 次，取最好成绩。

(5) 测试场地：在标准篮球场（28 米 ×15 米）进行测验，起点在边线与中线的交点上，起点即为终点。每名测试学生手中持 1 个篮球。

(6) 测试要求：运球不能走步违例或二次运球；必须按照规定的方式运球、投篮；不能碰倒标志杆；如出现违例或没有按照规定方式运球或投篮，每次增加 1 秒。

(7) 测试细则：

① 以组为单位进行测验。

② 每名学生测试 2 次。

③ 必须按照规定方法、规定路线在规定区域内完成运球和投篮，如出现投篮不中，必须将球补进，补篮方式不限。

④ 2 名裁判员，1 名裁判员计时，另外 1 名检查违例或违规次数。

3. 多种变向运球上篮

(1) 适应等级：高级（15～16 岁）。

(2) 测试目的：测试学生的移动控球能力和运球推进速度。

(3) 测试设备：标准篮球场地、篮球、秒表、卷尺、粉笔。

（4）测试方法：学生在球场端线中点外出发区持球站立，当其身体任意部位穿过端线外沿的垂直面时开始计时。学生用右手运球至①处，在①处做右手背后运球，换左手向②处运球，至②处做左手后转身运球，换右手运球至③处，在③处做右手胯下运球后右手上篮。球中篮后方可用左手运球返回③处，在③处做左手背后运球，换右手向②处运球，在②处做右手后转身运球，换左手向①处运球，在①处做左手胯下运球后左手上篮。球中篮后做同样的动作再重复 1 次，最后一次上篮命中后，持球冲出端线，学生身体任意部位到达端线外面时停止计时，记录完成时间。每人测试 2 次，取最好成绩。（图 4 –3）

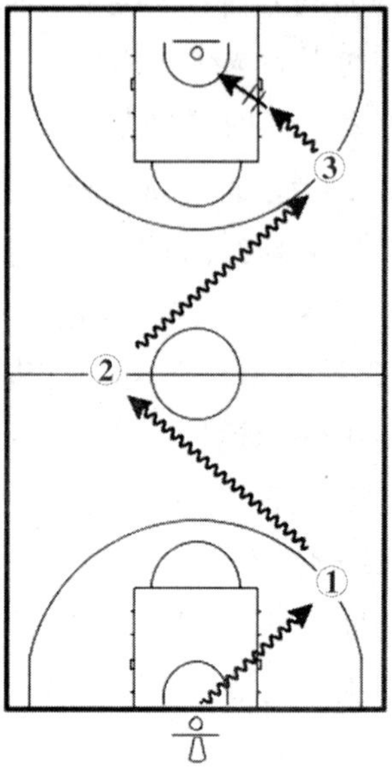

图 4 –3

（5）测试场地：在标准篮球场（28 米 ×15 米）进行测验，起点在底线终点处，起点即为终点。每名测试学生手中持 1 个篮球。篮球场地上的标志①、②、③为半径 40 厘米的圆圈。①、③圆圈中心点到端线内沿距离为 6 米，到边线内沿的距离为 2 米。②在中线上，到中圆中心点的距离为 2. 8 米。

（6）测试要求：运球不能走步违例或二次运球；学生在测试时必须任意一脚踩到圆圈线或圆圈内地面，方可运球变向，否则视为无效，不予计分；运球上篮必须投中，若球未投中仍继续带球前进，则视为无效，不予计分。学生在运球行进的过程中不得违例，每次违例计时追加 1 秒；必须使用规定的手上篮，即左右手各上 2 次篮，错 1 次计时追加 1 秒。

（7）测试细则：

① 以组为单位进行测试。

② 每名学生测试 2 次。

③ 必须按照规定方法、规定路线在规定区域内完成运球、变向和投篮，如出

现投篮不中，必须将球补进，补篮方式不限。

④ 2 名裁判员，1 名裁判员计时，1 名检查违例或违规次数。

4. 左右手行进间高手、低手、双手投篮

（1）适应等级：初级（5～10 岁）。

（2）测试目的：测试学生行进间投篮的稳定性。

（3）测试设备：标准篮球场地、篮球、秒表、障碍物。

（4）测试方法：受测学生①位于篮球场地右侧 45°三分线外，用右手运球行进间投篮，投篮没中必须补中，自己抢球之后右手运球到左侧 45°绕过三分线处障碍物，换为左手运球行进间投篮。在右侧用右手运球依次做行进间高手、低手、双手投篮；在左侧用左手运球依次做行进间高手、低手、双手投篮。学生运球起动时裁判员开始计时，左侧双手投篮完毕左手运球回到起点，停表，记录时间。每人测试 2 次，取最好成绩。（图 4－4）

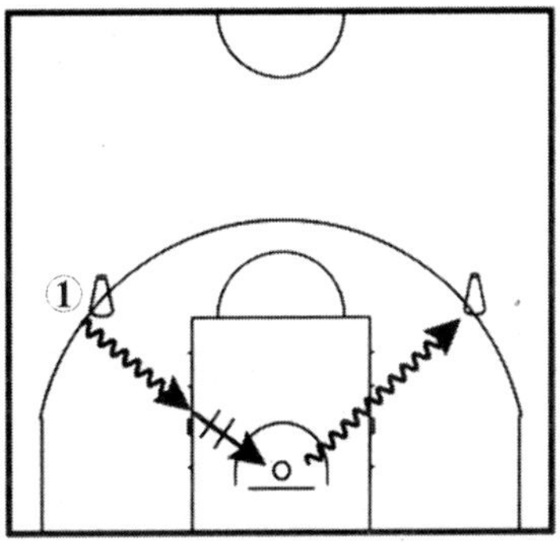

图 4－4

（5）测试场地：在标准篮球场（28 米×15 米）进行测验，分别在球场左右侧三分线处设立 2 个障碍物，障碍物分别设置在罚球线的延长线与三分线的 2 个交点上，障碍物的外沿在三分线的内沿上。

（6）测试要求：必须按规定顺序、规定区域、规定方式投篮，投篮不中必须补篮，补篮方式不限，不能违例。如果学生出现不按照规定顺序、规定区域、规定方式投篮等违例行为，出现 1 次则在总时间上增加 1 秒。

（7）测试细则：

① 以组为单位进行测验。

② 1 人测验，2 块表计时。

③ 必须按规定路线、规定投篮方式完成测试，投篮不中必须补篮，补篮方式不限。

④ 必须按照规定方法、规定路线在规定区域内完成运球、变向和投篮，如出

现投篮不中，必须将球补进，补篮方式不限。

⑤ 裁判 2 人，1 人计时，1 人检查学生是否违例。

5. 1 分钟五点投篮

（1）适应等级：中级（11～14 岁）。

（2）测试目的：测试学生中距离投篮技术的稳定性。

（3）测试设备：标准篮球场地、篮球、秒表、红色胶带、翻分牌。

（4）测试方法：在标准篮球场（28 米×15 米）进行测验，以篮圈中心在地面的投影点为圆心，以投影点到罚球线的距离为半径画半圆弧。线外 0°、45°、90°、135°、180°的位置分别放置 3 个球，测试学生必须分别在这 5 个位置原地投篮 3 次，共计投篮 15 次，1 分钟内完成。每人测试 2 次，取最好成绩。（图 4－5）

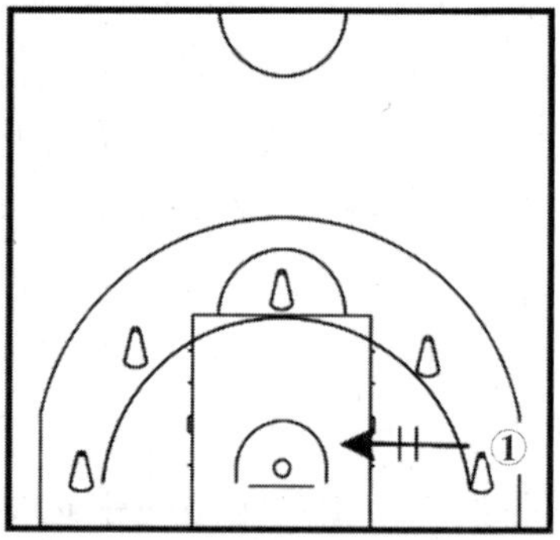

图 4－5

（5）测试场地：在标准篮球场（28 米×15 米）进行测验，以篮圈中心在地面的投影点为圆心，以投影点到罚球线的距离为半径画半圆弧，学生在弧线外 0°、45°、90°、135°和 180° 5 个位置投篮。

（6）测试要求：测试者踩线投中无效，但可以记录 1 次投篮次数；男生必须用单手投篮，女生投篮方式不限；必须 1 分钟之内完成。

（7）测试细则：

① 以组为单位进行测验。

② 男生用单手投篮，女生投篮方式不限。

③ 踩线、走步或运球违例，投中无效。裁判员告知其进球无效，不计入总分。

④ 抢篮板球后要运球出投篮区域。

⑤ 总表计时，翻分牌计数。

⑥ 裁判员 3 名，1 名裁判员计数，1 名裁判员检查是否违例，另外 1 名裁判员计时。

6. 1分钟自投自抢投篮

（1）适应等级：高级（15～16岁）。

（2）测试目的：测试学生中距离投篮技术的稳定性。

（3）测试设备：标准篮球场地、篮球、秒表、红色胶带、翻分牌。

（4）测试方法：受测学生①持球站立于篮球场地距离篮筐4.5米线外任意一点，裁判员发令同时开表计时，测试者立即开始跳投，投篮出手后自己抢篮板球，并运球到4.5米线外再次投篮，测试者可以在标志线外任意一点投篮，1分钟时间到时停止投篮。记录测试者投篮次数和投中次数。每人测试2次，取最好成绩。（图4－6）

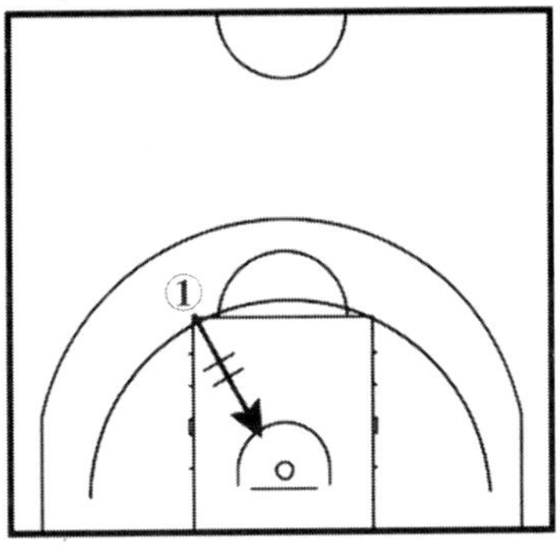

图4－6

（5）测试场地：在标准篮球场（28米×15米）进行测验，以篮圈中心在地面的投影点为圆心，以4.5米为半径画半圆弧，学生在弧线外投篮。

（6）测试要求：测试者踩线投中无效，但可以记录1次投篮次数；抢到篮板球必须运球出4.5米线，否则投中无效；球从篮板反弹到场外，不准其他人帮助捡球；男生必须跳投，女生投篮方式不限。

（7）测试细则：

① 以组为单位进行测验。

② 男生用跳投，女生投篮方式不限。

③ 踩线、走步或运球违例，投中无效。裁判员须告知其进球无效，不计入总分。

④ 抢篮板球后要运球出投篮区域。

⑤ 总表计时，翻分牌计数。

⑥ 裁判员3名，1名裁判员计数，1名裁判员检查是否违例，1名裁判员计时。

（二）身体素质测试方法

1. 全场3/4加速跑

（1）适应等级：初、中、高级（5～16岁）。

（2）测试目的：测试学生场上最快速度的冲刺能力。

（3）测试设备：标准篮球场地、秒表。

（4）测试方法：测试学生站在篮球场底线外，裁判员发令同时开表计时。测试者听到裁判员发令后，快速起动加速跑，快速跑过中场并冲刺到前场罚球线，通过罚球线时（脚踩罚球线）裁判员停表。测试者起动时，脚不许踩线，不许抢跑，要尽最大努力快速跑完全程，全速通过罚球线后才能减速。每人测2次，取最好成绩。（图4－7）

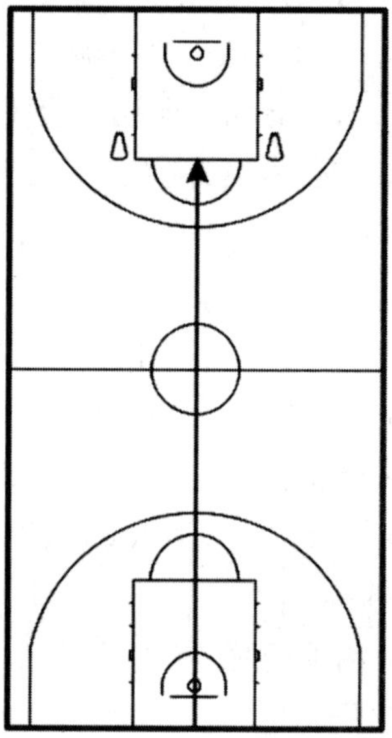

图4－7

（5）测试要求：反应迅速，起动快而有力，起跑后身体前倾角度大，两腿快速交替后蹬和摆动，后蹬有力。上体随着步频加快和步幅加大逐渐抬起，两臂配合两腿做积极有力的摆动，整个跑动过程加速明显，身体姿态平稳，动作自然放松；跑至终点处达到最高速度。

（6）测试细则：

① 以组为单位进行测验。

② 以前场底线为起点，以后场罚球线为终点。

③ 每人测2次，取最好成绩。

④ 起跑时，学生不得踩线，如出现踩线、抢跑等现象，裁判员警告1次，如若再次违例，即取消本项目测试成绩。

⑤ 裁判员2名，1名裁判员发令，1名裁判员计时。

2. 15米×7次、15米×13次、15米×17次折返跑

（1）适应等级：初、中、高级（5～16岁）。

（2）测试目的：测试学生的速度耐力。

（3）测试设备：标准篮球场地、秒表。

（4）测试方法：受测学生①在球场的边线外站立，裁判员发令同时开表计时。测试者听到裁判员口令后起动加速跑，跑至球场对面边线做急停并转身起动算1次，然后在球场两条边线之间用最快速度往返做7～17次折返跑（5～10岁为15米×7次、11～14岁为15米×13次、15～16岁为15米×17次）。测试者在两边线折返时必须有一脚踩到边线，否则算违例；最后一次折回时脚踩到边线停表。起动时脚不许踩线，不许抢跑，每次折回时必须有一脚踏到边线，如脚未踩线，裁判员鸣笛，即被罚下。每人测2次，取最好成绩。（图4－8）

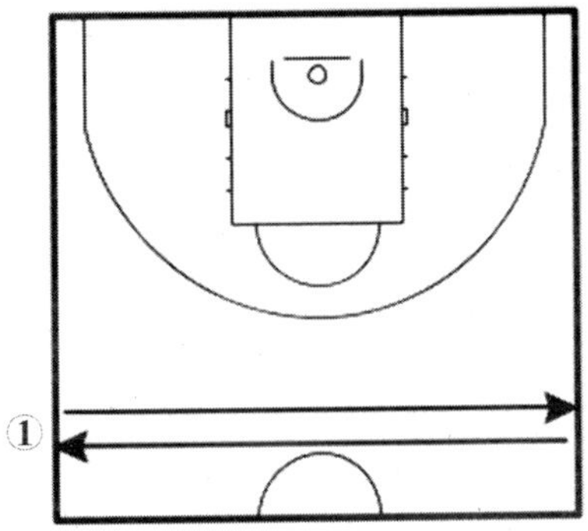

图4－8

（5）测试要求：出发前，准备姿势正确，两脚自然开立，稍屈膝，降重心，上体放松稍前倾，目视前方。信号发出后反应迅速，起动快而有力，上体迅速前倾，重心前移，后脚蹬地快速有力。见线急停快速、稳定；再起动时蹬地转身快速有力。急停转身协调连贯（急停时由第一步脚跟着地迅速过渡到全脚掌抵地制动、屈膝、降重心并后移。第二步落地时，前脚掌内侧用力蹬地，身体稍侧转。两臂屈肘自然张开，帮助控制身体平衡）。转身起动加速明显，自始至终动作快速、连贯、稳定。折返跑全过程跑动速度快，速度保持好，跑动中身体姿态平稳、自然放松。

（6）测试细则：

① 以组为单位测验，每组4～6人。

② 以边线为起点和终点。

③ 每名学生测试2次。

④ 5名裁判员，1人发令，并检查违例。4人计时（每人计1名受试者）兼检

查是否违例，如出现违例，裁判员鸣笛，受试者即被罚下，重新测试，如再次违例，即取消本项目测验成绩。

3. 原地双脚跳摸高

（1）适应等级：初级（5～10岁）。

（2）测试目的：测试学生腿部肌肉爆发力及协调性。

（3）测试设备：标准篮球场地、白粉、测试篮板或摸高器。

（4）测试方法：受测学生事先在手上涂白粉，原地两脚站立于测试篮板下（左侧或右侧不限），或直接站立在摸高器下，两手上举成准备姿势。动作开始时两腿迅速弯曲，两手快速下摆，然后两手尽力向上挥摆提肩，伸展手臂并带动腰腹伸展，两腿快速蹬伸发力向上起跳，用指尖在测试篮板或摸高器上留下标记，记录标记高度。起跳前双脚不许移动，如跳步或并步起跳算违例。每人测2次，取最好成绩。

（5）测试要求：准备动作充分，起跳姿势正确。起跳时，单双脚均无移动，摆臂充分，重心平稳，爆发力强，起跳有力，起跳后空中伸展，能在达到最高点时用单手触碰摸高器。

（6）测试细则：

① 以组为单位进行测验。

② 学生连续测试2次，取最好成绩。

③ 起跳前双脚不得挪动（脚跟可提起），双脚脚尖离开地面算起跳1次。

④ 摸到刻度板以内的成绩有效，未在刻度板上留下痕迹为测试失败1次。

⑤ 计算成绩以厘米为单位，如摸到超出315厘米位置但未达到316厘米，仍按315厘米计算。

⑥ 2名裁判员，1人发令，1人记录。

4. 助跑单脚跳摸高

（1）适应等级：中、高级（11～16岁）。

（2）测试目的：测试学生腿部肌肉爆发力及协调性。

（3）测试设备：标准篮球场地、白粉、测试篮板或摸高器。

（4）测试方法：受测学生事先在手上涂白粉，直接站立于篮球场地上适宜助跑起跳的位置（助跑移动路线不限）。测试者助跑起动沿助跑路线跑至测试篮板或摸高器下，利用左脚或右脚单脚快速向上起跳，一只手臂上举用指尖触摸测试篮板或摸高器的最高点，在测试篮板或摸高器上留下标记，记录标记高度。运动员如果没有留下痕迹则重测。每人测 2 次，取最好成绩。

（5）测试要求：助跑姿势正确，第一步跨踏步大而有力，第二步加速跟进，起跳有力。起跳时有明显的重心制动、前移和发力动作，空中移动距离适中，身体与手臂动作伸展，能在达到最高点时用指尖碰触摸高器。

（6）测试细则：

① 以组为单位进行测验。

② 学生连续测试 2 次，取最好成绩。

③ 学生左脚起跳测右手摸高，右脚起跳测左手摸高，取其最好成绩。

④ 摸到刻度板以内的成绩有效，未在刻度板上留下痕迹为测试失败 1 次。

⑤ 计算成绩以厘米为单位，如摸到超出 315 厘米位置但未达到 316 厘米，仍按 315 厘米计算。

⑥ 2 名裁判员，1 人发令，1 人记录。

5. 原地双手胸前传球

（1）适应等级：初、中、高级（5 ~ 16 岁）。

（2）测试目的：测试学生上肢肌肉力量及协调性。

（3）测试设备：标准篮球场地，卷尺，5、6、7 号标准篮球。

（4）测试方法：测试学生双手持篮球（5 ~ 10 岁 5 号标准篮球、11 ~ 14 岁 6 号标准篮球、15 ~ 16 岁 7 号标准篮球），原地双脚站立于篮球场底线外，进行双手胸前传球将球用力传出。篮球的落点到底线的垂直距离即为测试成绩。传球的整个过程，两脚不能移动，不能跳起，篮球传出以后，落地前，两脚不能超越底线，否则即为违例。每人测 2 次，取最好成绩。

（5）测试要求：测试时，必须严格采用双手胸前传球的标准动作，身体重心要随着传球的动作前后移动。传球时不能单手用力，两手不能偏离胸前；双脚不能移动，不能跳起；篮球传出以后，落地前，两脚不能超越底线，否则记违例 1 次，若 2 次均违例，则取消本项目测验成绩。每人只有 2 次测试机会。

（6）测试细则：

① 以组为单位进行测验。

② 学生连续测试 2 次，取最好成绩。

③ 测试用的篮球必须为标准比赛用球，其重量必须在标准范围内。

④ 学生必须严格遵守比赛规定，双脚不能移动，不能跳起，允许单脚离地，但在球落地之前，不得超越底线。必须严格按照双手胸前传球的标准动作来测试，传球时不能单手用力，双手不能偏离胸前。

⑤ 测量距离时，必须测量篮球的落点到底线的垂直距离，即为测试成绩。

⑥ 裁判员 4 名，1 人发令并检查违例，2 人测量，1 人记录。

（三）实战能力的测试方法

（1）适应等级：中、高级（11 ~ 16 岁）。

（2）测试目的：对学生的技术动作的正确、协调、连贯程度，技战术运用水平及配合意识等方面进行综合评定。

（3）测试设备：标准篮球场地、篮球、场上裁判员。

（4）测试方法：按照篮球比赛规则，根据实际测试学生的人数来确定具体的比赛方式。正常比赛方式采用全场 5 对 5 分组比赛，比赛时间为 5 分钟 1 节，每名测试学生至少参加 2 节比赛。如果需要，可多进行 1 节比赛。

（5）测试要求：学生在分组比赛前，要做好准备活动，充分热身，避免在比赛过程中受伤。分组比赛时，应严格遵守比赛规则，尊重裁判，尊重对手，尊重队友。在有限的时间里，尽可能全面地展现自己的技战术水平，展现自己对篮球比赛的理解程度。

（6）测试细则：

① 以组为单位进行测验。

② 比赛时间为 5 分钟 1 节，每名学生至少参加 2 节比赛。

③ 学生必须严格遵守比赛规则，尊重裁判，尊重对手，尊重队友。

④ 测试学生较少时，需安排陪练学生参加比赛。

⑤ 裁判员至少 7 名，场上裁判 2 名，评委裁判 5 名或以上。统计成绩时，采用去掉 1 个最高分，去掉 1 个最低分，取剩下评委裁判所评分数的平均成绩。

三、各级别评价标准

(一) CBTA初级 (5~10岁) 学生测试评价标准

CBTA初级（5~10岁）学生测试评价标准详见表4-2。

表4-2 CBTA初级 (5~10岁) 学生测试评价标准

分值/分	半场左右手运球见线折返/秒	左右手行进间高手、低手、双手投篮/秒	全场3/4加速跑/秒	15米×7次折返跑/秒	原地双脚跳摸高/米	原地双手胸前传球/米
100	34.27	35.81	3.81	24.9	2.75	11.9
99	34.7	36.35	3.83	25.05		
98	35.13	36.89	3.85	25.2		
97	35.56	37.43	3.87	25.33	2.74	11.8
96	35.99	37.97	3.89	25.46		
95	36.42	38.51	3.91	25.59		
94	36.85	39.05	3.93	25.72	2.73	11.7
93	37.28	39.59	3.95	25.85		
92	37.71	40.13	3.97	25.98		
91	38.14	40.67	3.99	26.11	2.72	11.6
90	38.57	41.21	4.01	26.24		
89	39	41.75	4.03	26.37		
88	39.43	42.29	4.05	26.5	2.71	11.5
87	39.86	42.83	4.07	26.63		
86	40.29	43.37	4.09	26.76		
85	40.72	43.91	4.11	26.89	2.7	11.4
84	41.15	44.45	4.13	27.02		
83	41.58	44.99	4.15	27.15		

续表

分值/分	半场左右手运球见线折返/秒	左右手行进间高手、低手、双手投篮/秒	全场3/4加速跑/秒	15米×7次折返跑/秒	原地双脚跳摸高/米	原地双手胸前传球/米
82	42.01	45.53	4.17	27.28	2.69	11.3
81	42.44	46.07	4.19	27.41		
80	42.87	46.61	4.21	27.54		11.2
79	43.3	47.15	4.23	27.67	2.68	
78	43.73	47.69	4.25	27.8		11.1
77	44.16	48.23	4.27	27.93		
76	44.59	48.77	4.29	28.06	2.67	11
75	45.02	49.31	4.31	28.19		
74	45.45	49.85	4.33	28.32		10.9
73	45.88	50.39	4.35	28.45	2.66	
72	46.31	50.93	4.37	28.58		10.8
71	46.74	51.47	4.39	28.71		
70	47.17	52.01	4.41	28.84	2.65	10.7
69	47.6	52.55	4.43	28.97		
68	48.03	53.09	4.45	29.1	2.64	10.6
67	48.46	53.63	4.47	29.23		
66	48.89	54.17	4.49	29.36	2.63	10.5
65	49.32	54.71	4.51	29.49		
64	49.75	55.25	4.53	29.62	2.62	10.4
63	50.18	55.79	4.55	29.75		
62	50.61	56.33	4.57	29.88	2.61	10.3
61	51.04	56.87	4.59	30.01		
60	51.47	57.41	4.61	30.14	2.6	10.2

续表

分值/分	半场左右手运球见线折返/秒	左右手行进间高手、低手、双手投篮/秒	全场3/4加速跑/秒	15米×7次折返跑/秒	原地双脚跳摸高/米	原地双手胸前传球/米
59	51.9	57.95	4.63	30.27	2.59	
58	52.33	58.49	4.65	30.4	2.58	10.1
57	52.76	59.03	4.67	30.53	2.57	
56	53.19	59.57	4.69	30.66	2.56	10
55	53.62	60.11	4.71	30.79	2.55	
54	54.05	60.65	4.73	30.92	2.54	9.9
53	54.48	61.19	4.75	31.05	2.53	
52	54.91	61.73	4.77	31.18	2.52	9.8
51	55.34	62.27	4.79	31.31	2.51	
50	55.77	62.81	4.81	31.44	2.5	9.7
49	56.2	63.35	4.83	31.57	2.49	
48	56.63	63.89	4.85	31.7	2.48	9.6
47	57.06	64.43	4.87	31.83	2.47	
46	57.49	64.97	4.89	31.96	2.46	9.5
45	57.92	65.51	4.91	32.09	2.45	
44	58.35	66.05	4.93	32.22	2.44	9.4
43	58.78	66.59	4.95	32.35	2.43	
42	59.21	67.13	4.97	32.48	2.42	9.3
41	59.64	67.67	4.99	32.61	2.41	
40	60.07	68.21	5.01	32.74	2.4	9.2
39	60.5	68.75	5.02	32.87	2.39	
38	60.93	69.29	5.03	33	2.38	9.1
37	61.36	69.83	5.04	33.13	2.37	

续表

分值/分	半场左右手运球见线折返/秒	左右手行进间高手、低手、双手投篮/秒	全场3/4加速跑/秒	15米×7次折返跑/秒	原地双脚跳摸高/米	原地双手胸前传球/米
36	61.79	70.37	5.05	33.26	2.36	9
35	62.22	70.91	5.06	33.39	2.35	
34	62.65	71.45	5.07	33.52	2.34	8.9
33	63.08	71.99	5.08	33.65	2.33	
32	63.51	72.53	5.09	33.78	2.32	8.8
31	63.94	73.07	5.1	33.91	2.31	
30	64.37	73.61	5.11	34.04	2.3	8.7
29	64.8	74.15	5.12	34.17	2.29	8.6
28	65.23	74.69	5.13	34.3	2.28	8.5
27	65.66	75.23	5.14	34.43	2.27	8.4
26	66.09	75.77	5.15	34.56	2.26	8.3
25	66.52	76.31	5.16	34.69	2.25	8.2
24	66.95	76.85	5.17	34.82	2.24	8.1
23	67.38	77.39	5.18	34.95	2.23	8
22	67.81	77.93	5.19	35.08	2.22	7.9
21	68.24	78.47	5.2	35.21	2.21	7.8
20	68.67	79.01	5.21	35.34	2.2	7.7

(二) CBTA 中级 (11 ~14 岁) 学生测试评价标准

CBTA 中级 (11 ~14 岁) 学生测试评价标准详见表 4 –3。

表 4 –3 CBTA 中级 (11 ~14 岁) 学生测试评价标准

分值/分	半场往返绕杆上篮/秒		1 分钟五点投篮/个		全场 3/4 加速跑/秒		15 米 ×13 次折返跑/秒		助跑单脚跳摸高/米		原地双手胸前传球/米	
	男	女	男	女	男	女	男	女	男	女	男	女
100	32	37	13	12	3. 22	3. 63	40. 01	44. 16	3. 33	3. 03	18. 1	15. 9
99	32. 3	37. 3			3. 25	3. 65	40. 41	44. 37	3. 32			
98	32. 6	37. 6	12		3. 28	3. 67	40. 84	44. 58	3. 31	3. 02	18	15. 8
97	32. 9	37. 9			3. 31	3. 69	41. 29	44. 79	3. 3			
96	33. 2	38. 2			3. 34	3. 71	41. 4	45	3. 29	3. 01	17. 9	15. 7
95	33. 5	38. 5	11		3. 37	3. 73	42. 18	45. 21	3. 28			
94	33. 8	38. 8		11	3. 4	3. 75	42. 5	45. 42	3. 27	3	17. 8	15. 6
93	34. 1	39. 1			3. 43	3. 77	42. 55	45. 63	3. 26			
92	34. 4	39. 4			3. 46	3. 79	42. 59	45. 84	3. 25	2. 99	17. 7	15. 5
91	34. 7	39. 7		10	3. 49	3. 81	43. 18	46. 05	3. 24			
90	35	40	10		3. 53	3. 83	43. 32	46. 26	3. 23	2. 98	17. 6	15. 4
89	35. 3	40. 3			3. 57	3. 85	43. 53	46. 47			17. 5	15. 3
88	35. 6	40. 6			3. 58	3. 87	43. 74	46. 68	3. 22	2. 97	17. 4	15. 2
87	35. 9	40. 9			3. 59	3. 89	43. 95	46. 89			17. 3	15. 1
86	36. 2	41. 2			3. 6	3. 91	44. 16	47. 1	3. 21	2. 96	17. 2	15
85	36. 5	41. 5	9	9	3. 61	3. 93	44. 37	47. 31			17. 1	14. 9
84	36. 8	41. 8			3. 62	3. 95	44. 58	47. 52	3. 2	2. 95	17	14. 8
83	37. 1	42. 1			3. 63	3. 97	44. 79	47. 73			16. 9	14. 7
82	37. 4	42. 4			3. 64	3. 99	45	47. 94	3. 19	2. 94	16. 8	14. 6
81	37. 7	42. 7			3. 65	4. 01	45. 21	48. 15			16. 7	14. 5

续表

分值/分	半场往返绕杆上篮/秒		1分钟五点投篮/个		全场3/4加速跑/秒		15米×13次折返跑/秒		助跑单脚跳摸高/米		原地双手胸前传球/米	
	男	女	男	女	男	女	男	女	男	女	男	女
80	38	43	8	8	3. 66	4. 03	45. 42	48. 36	3. 18	2. 93	16. 6	14. 4
79	38. 3	43. 3			3. 67	4. 05	45. 63	48. 57			16. 5	14. 3
78	38. 6	43. 6			3. 68	4. 07	45. 84	48. 78	3. 17	2. 92	16. 4	14. 2
77	38. 9	43. 9			3. 69	4. 09	46. 05	48. 99			16. 3	14. 1
76	39. 2	44. 2			3. 7	4. 11	46. 26	49. 2	3. 16	2. 91	16. 2	14
75	39. 5	44. 5			3. 71	4. 13	46. 47	49. 41			16. 1	13. 9
74	39. 8	44. 8		7	3. 72	4. 15	46. 68	49. 62	3. 15	2. 9	16	13. 8
73	40. 1	45. 1	7		3. 73	4. 17	46. 89	49. 83			15. 9	13. 7
72	40. 4	45. 4			3. 74	4. 19	47. 1	50. 04	3. 14	2. 89	15. 8	13. 6
71	40. 7	45. 7			3. 75	4. 21	47. 31	50. 25			15. 7	13. 5
70	41	46			3. 76	4. 23	47. 52	50. 46	3. 13	2. 88	15. 6	13. 4
69	41. 3	46. 3			3. 77	4. 25	47. 73	50. 67			15. 5	13. 3
68	41. 6	46. 6		6	3. 78	4. 27	47. 94	50. 88	3. 12	2. 87	15. 4	13. 2
67	41. 9	46. 9			3. 79	4. 29	48. 15	51. 09			15. 3	13. 1
66	42. 2	47. 2			3. 8	4. 31	48. 36	51. 3	3. 11	2. 86	15. 2	13
65	42. 5	47. 5			3. 81	4. 33	48. 57	51. 51	3. 1		15. 1	12. 9
64	42. 8	47. 8			3. 82	4. 35	48. 78	51. 72	3. 09	2. 85	15	12. 8
63	43. 1	48. 1	6		3. 83	4. 37	48. 99	51. 93			14. 9	12. 7
62	43. 4	48. 4		5	3. 84	4. 39	49. 2	52. 14	3. 06	2. 84	14. 8	12. 6
61	43. 7	48. 7			3. 85	4. 41	49. 41	52. 35			14. 7	12. 5
60	44	49			3. 86	4. 43	49. 62	52. 56	3. 03	2. 83	14. 6	12. 4
59	44. 3	49. 3			3. 87	4. 45	49. 83	52. 77		2. 82		
58	44. 6	49. 6			3. 88	4. 47	50. 04	52. 98	3	2. 81	14. 3	12. 1

续表

分值/分	半场往返绕杆上篮/秒		1 分钟五点投篮/个		全场 3/4 加速跑/秒		15 米×13 次折返跑/秒		助跑单脚跳摸高/米		原地双手胸前传球/米	
	男	女	男	女	男	女	男	女	男	女	男	女
57	44.9	49.9			3.89	4.49	50.25	53.19		2.8		
56	45.2	50.2			3.9	4.51	50.46	53.4	2.98	2.79	14	11.8
55	45.5	50.5	5		3.91	4.53	50.67	53.61		2.78		
54	45.8	50.8			3.92	4.55	50.88	53.82	2.97	2.77	13.7	11.5
53	46.1	51.1			3.93	4.57	51.09	54.03		2.76		
52	46.4	51.4			3.94	4.59	51.3	54.24	2.96	2.75	13.4	11.2
51	46.7	51.7			3.95	4.61	51.51	54.45		2.74		
50	47	52			3.96	4.63	51.72	54.66	2.95	2.73	13.1	10.9
49	47.3	52.3		4	3.97	4.65	51.93	54.87		2.72		
48	47.6	52.6			3.98	4.67	52.14	55.08	2.94	2.71	12.8	10.6
47	47.9	52.9			3.99	4.69	52.35	55.29		2.7		
46	48.2	53.2			4	4.71	52.56	55.5	2.93	2.69	12.5	10.3
45	48.5	53.5	4		4.01	4.73	52.77	55.71		2.68		
44	48.8	53.8			4.02	4.75	52.98	55.92	2.92	2.67	12.2	10
43	49.1	54.1			4.03	4.77	53.19	56.13		2.66		
42	49.4	54.4			4.04	4.79	53.4	56.34	2.91	2.65	11.9	9.7
41	49.7	54.7			4.05	4.81	53.61	56.55		2.64		
40	50	55	3	3	4.06	4.83	53.82	56.76	2.9	2.63	11.6	9.4
39	50.3	55.3			4.07	4.84	54.03	56.97	2.89	2.62	11.5	9.3
38	50.6	55.6			4.08	4.85	54.24	57.18	2.88	2.61	11.4	9.2
37	50.9	55.9			4.09	4.86	54.45	57.39	2.87	2.6	11.3	9.1
36	51.2	56.2			4.1	4.87	54.66	57.6	2.86	2.59	11.2	9
35	51.5	56.5			4.11	4.88	54.87	57.81	2.85	2.58	11.1	8.9

续表

分值/分	半场往返绕杆上篮/秒		1分钟五点投篮/个		全场3/4加速跑/秒		15米×13次折返跑/秒		助跑单脚跳摸高/米		原地双手胸前传球/米	
	男	女	男	女	男	女	男	女	男	女	男	女
34	51.8	56.8			4.12	4.89	55.08	58.02	2.84	2.57	11	8.8
33	52.1	57.1			4.13	4.9	55.29	58.23	2.83	2.56	10.9	8.7
32	52.4	57.4	2		4.14	4.91	55.5	58.44	2.82	2.55	10.8	8.6
31	52.7	57.7		2	4.15	4.92	55.71	58.65	2.81	2.54	10.7	8.5
30	53	58			4.16	4.93	55.92	58.86	2.8	2.53	10.6	8.4
29	53.3	58.3			4.17	4.94	56.13	59.07	2.79	2.52	10.5	8.3
28	53.6	58.6			4.18	4.95	56.34	59.28	2.78	2.51	10.4	8.2
27	53.9	58.9			4.19	4.96	56.55	59.49	2.77	2.5	10.3	8.1
26	54.2	59.2			4.2	4.97	56.76	59.7	2.76	2.49	10.2	8
25	54.5	59.5			4.21	4.98	56.97	59.91	2.75	2.48	10.1	7.9
24	54.8	59.8			4.22	4.99	57.18	60.12	2.74	2.47	10	7.8
23	55.1	60.1			4.23	5	57.39	60.33	2.73	2.46	9.9	7.7
22	55.4	60.4			4.24	5.01	57.6	60.54	2.72	2.45	9.8	7.6
21	55.7	60.7			4.25	5.02	57.81	60.75	2.71	2.44	9.7	7.5
20	56	61	1	1	4.26	5.03	58.02	60.96	2.7	2.43	9.6	7.4

（三）CBTA 高级（15 ~16 岁）学生测试评价标准

CBTA 高级（15 ~16 岁）学生测试评价标准详见表 4 –4。

表 4 –4 CBTA 高级（15 ~16 岁）学生测试评价标准

分值/分	多种变向运球上篮/秒		1 分钟自投自抢投篮/个		全场 3/4 加速跑/秒		15 米 ×17 次折返跑/秒		助跑单脚跳摸高/米		原地双手胸前传球/米	
	男	女	男	女	男	女	男	女	男	女	男	女
100	35	38	13	12	3.12	3.53	50.72	57.03	3.36	3.05	21.3	18
99	35.25	38.25			3.15	3.55	51.14	57.33	3.35		21.2	17.9
98	35.5	38.5	12		3.18	3.57	51.56	57.63	3.34	3.04	21.1	17.8
97	35.75	38.75			3.21	3.59	51.98	57.93	3.33		21	17.7
96	36	39			3.24	3.61	52.4	58.23	3.32	3.03	20.9	17.6
95	36.25	39.25	11		3.27	3.63	52.82	58.53	3.31		20.8	17.5
94	36.5	39.5		11	3.31	3.65	53.14	58.83	3.3	3.02	20.7	17.4
93	36.75	39.75			3.33	3.67	53.56	59.13	3.29		20.6	17.3
92	37	40			3.36	3.69	53.98	59.43	3.28	3.01	20.5	17.2
91	37.25	40.25		10	3.39	3.71	54.4	59.73	3.27		20.4	17.1
90	37.5	40.5	10		3.42	3.73	54.82	60.03	3.26	3	20.3	17
89	37.75	40.75			3.43	3.75	55.24	60.43	3.25		20.2	16.9
88	38	41			3.44	3.77	55.66	60.83	3.24	2.99	20.1	16.8
87	38.25	41.25			3.45	3.79	56.08	61.23			20	16.7
86	38.5	41.5			3.46	3.81	56.5	61.63	3.23	2.98	19.9	16.6
85	38.75	41.75	9	9	3.47	3.83	56.92	62.03			19.8	16.5
84	39	42			3.48	3.85	57.34	62.43	3.22	2.97		
83	39.25	42.25			3.49	3.87	57.65	62.83				
82	39.5	42.5			3.5	3.89	58.07	63.23	3.21	2.96	19.6	16.3

续表

分值/分	多种变向运球上篮/秒		1分钟自投自抢投篮/个		全场3/4加速跑/秒		15米×17次折返跑/秒		助跑单脚跳摸高/米		原地双手胸前传球/米	
	男	女	男	女	男	女	男	女	男	女	男	女
81	39.75	42.75			3.51	3.91	58.49	63.63				
80	40	43	8	8	3.52	3.93	58.91	64.03	3.2	2.95		
79	40.25	43.25			3.53	3.95	59.33	64.43			19.4	16.1
78	40.5	43.5			3.54	3.97	59.75	64.83	3.19	2.94		
77	40.75	43.75			3.55	3.99	60.17	65.23				
76	41	44			3.56	4.01	60.59	65.63	3.18	2.93	19.2	15.9
75	41.25	44.25			3.57	4.03	61.01	66.03				
74	41.5	44.5		7	3.58	4.05	61.43	66.43	3.17	2.92		
73	41.75	44.75	7		3.59	4.07	61.85	66.83			19	15.7
72	42	45			3.6	4.09	62.27	67.23	3.16	2.91		
71	42.25	45.25			3.61	4.11	62.69	67.53				
70	42.5	45.5			3.62	4.13	63.11	67.83	3.15	2.9	18.8	15.5
69	42.75	45.75			3.63	4.15	63.53	68.13				
68	43	46		6	3.64	4.17	63.95	68.43	3.14	2.89		
67	43.25	46.25			3.65	4.19	64.37	68.73			18.6	15.3
66	43.5	46.5			3.66	4.21	64.79	69.03	3.13	2.88		
65	43.75	46.75			3.67	4.23	65.21	69.33				
64	44	47			3.68	4.25	65.63	69.63	3.12	2.87	18.4	15.1
63	44.25	47.25	6		3.69	4.27	66.05	69.93				
62	44.5	47.5		5	3.7	4.29	66.47	70.23	3.11	2.86		
61	44.75	47.75			3.71	4.31	66.89	70.53	3.1		18.2	14.9
60	45	48			3.72	4.33	67.31	70.83	3.09	2.85		
59	45.25	48.25			3.73	4.35	67.73	71.13				

续表

分值/分	多种变向运球上篮/秒		1分钟自投自抢投篮/个		全场3/4加速跑/秒		15米×17次折返跑/秒		助跑单脚跳摸高/米		原地双手胸前传球/米	
	男	女	男	女	男	女	男	女	男	女	男	女
58	45.5	48.5			3.74	4.37	68.15	71.43	3.06	2.84	18	14.7
57	45.75	48.75			3.75	4.39	68.57	71.73				
56	46	49			3.76	4.41	68.99	72.03	3.03	2.83		
55	46.25	49.25	5		3.77	4.43	69.41	72.33			17.8	14.5
54	46.5	49.5			3.78	4.45	69.83	72.63	3	2.82		
53	46.75	49.75			3.79	4.47	70.25	72.93				
52	47	50			3.8	4.49	70.67	73.23	2.98	2.81	17.6	14.3
51	47.25	50.25			3.81	4.51	71.09	73.53				
50	47.5	50.5			3.82	4.53	71.51	73.83	2.97	2.8		
49	47.75	50.75		4	3.83	4.55	71.93	74.13			17.4	14.1
48	48	51			3.84	4.57	72.35	74.43		2.79		
47	48.5	51.25			3.85	4.59	72.77	74.73				
46	49	51.5			3.86	4.61	73.19	75.03	2.96	2.78	17.2	13.9
45	49.5	51.75	4		3.87	4.63	73.61	75.33			17.1	13.8
44	50	52			3.88	4.65	74.03	75.63		2.77	17	13.7
43	50.5	52.25			3.89	4.67	74.39	75.93	2.95	2.76	16.9	13.6
42	51	52.5			3.9	4.69	74.81	76.23		2.75	16.8	13.5
41	51.5	52.75			3.91	4.71	75.23	76.53		2.74	16.7	13.4
40	52	53	3	3	3.92	4.74	75.65	76.83	2.93	2.73	16.6	13.3
39	52.5	53.5			3.93	4.75	76.07	77.13	2.92	2.72	16.5	13.2
38	53	54			3.94	4.76	76.49	77.43	2.91	2.71	16.4	13.1
37	53.5	54.5			3.95	4.77	76.91	77.73	2.9	2.7	16.3	13
36	54	55			3.96	4.78	77.33	78.03	2.89	2.69	16.2	12.9

续表

分值/分	多种变向运球上篮/秒		1分钟自投自抢投篮/个		全场3/4加速跑/秒		15米×17次折返跑/秒		助跑单脚跳摸高/米		原地双手胸前传球/米	
	男	女	男	女	男	女	男	女	男	女	男	女
35	54.5	55.5			3.97	4.79	77.75	78.33	2.88	2.68	16.1	12.8
34	55	56			3.98	4.8	78.17	78.63	2.87	2.67	16	12.7
33	55.5	56.5			3.99	4.81	78.59	78.93	2.86	2.66	15.9	12.6
32	56	57	2		4	4.82	79.01	79.23	2.85	2.65	15.8	12.5
31	56.5	57.5		2	4.01	4.83	79.43	79.53	2.84	2.64	15.7	12.4
30	57	58			4.02	4.84	79.85	79.83	2.83	2.63	15.6	12.3
29	57.5	58.5			4.03	4.85	80.27	80.13	2.82	2.62	15.5	12.2
28	58	59			4.04	4.86	80.69	80.43	2.81	2.61	15.4	12.1
27	58.5	59.5			4.05	4.87	81.11	80.73	2.8	2.6	15.3	12
26	59	60			4.06	4.88	81.53	81.03	2.79	2.59	15.2	11.9
25	59.5	60.5			4.07	4.89	81.95	81.33	2.78	2.58	15.1	11.8
24	60	61			4.08	4.9	82.37	81.63	2.77	2.57	15	11.7
23	60.5	61.5			4.09	4.91	82.79	81.93	2.76	2.56	14.9	11.6
22	61	62			4.1	4.92	83.21	82.23	2.75	2.55	14.8	11.5
21	61.5	62.5			4.11	4.93	83.63	82.53	2.74	2.54	14.7	11.4
20	62	63	1	1	4.12	4.94	84.05	82.83	2.73	2.53	14.6	11.3

（四）实战能力的评价标准

考官必须参照实战能力评分细则（表4－5），独立对考生动作的正确、协调、连贯程度，技、战术运用水平以及配合意识等方面进行综合评定，采用100分制评分。

表4－5 实战能力评分标准

等级（分值范围）	评价标准
优（100～86分）	动作正确、协调、连贯、实效；技术运用合理、运用效果好；战术配合意识强、实战效果好
良（85～76分）	动作正确、协调；技术运用较合理、运用效果较好；战术配合意识较强、实战效果较好
中（75～60分）	动作基本正确、协调；技术运用基本合理、运用效果一般；战术配合意识一般、实战效果一般
差（60分以下）	动作不正确、不协调；技术运用不合理、运用效果差；战术配合意识差、实战效果较差

附　录

CBTA 概况及内部会员管理规定

一、CBTA 概况

（一）什么是 CBTA

（中国）篮球培训联盟

英文名称：China Basketball Training Alliance

英文缩写：CBTA

CBTA（中国）篮球培训联盟是由 CBA 首席技战术分析师庞启蒙倡导，与 CBA 资深教练李春江等一群热身于中国篮球培训事业，从事篮球培训产业开发、教研推广、应用服务的企业单位、学研机构及相关机构人员自愿组成的社会团体。

以篮球训练为基石，职业科研团队为支撑的（中国）篮球培训一站式服务供应商，依托众多手段，倾力打造（中国）篮球培训联盟首项赛事——CBTA 青少年超级篮球联赛，为参赛选手及家长带来全新体验。

CBTA 品牌、标识、经营管理权，隶属于广州中训篮球体育发展有限公司。

（二）CBTA 的使命、愿景、核心价值观

使命（Mission）：旨在提升中国篮球培训机构专业水平综合能力，增强青少年篮球基础水平，打造快乐篮球文化。

愿景（Vsion）：成为中国篮球培训一站式服务平台。

价值观（Core Values）：专业、进取、合作、共赢。

（三）国内体育产业政策背景及行业分析

2014 年 10 月 20 日，国务院发布《关于加快发展体育产业促进体育消费的若

干意见》，随后各省陆续出台《关于促进体育产业发展的若干措施》。国家和地方体育产业政策的陆续出台，将全民健身上升为国家战略，国内体育产业迎来井喷式发展。2016 年 5 月 5 日，国家颁布《体育发展“十三五”规划》，到 2020 年全国体育产业总规模超过 3 万亿元，在国内生产总值中的比重达到 1%，体育服务业增加值占比超过 30%。体育消费额占人均居民可支配收入比例超过 2.5%。

（四）国内篮球培训现状

随着国民生活水平的不断提高，篮球培训需求量大。虽然国内篮球培训机构众多，但品牌影响力较大的机构都深扎在一线城市，竞争激烈、资源浪费且分布不均，而中小城市篮球培训机构存在势单力薄、专业性欠缺等问题。CBTA 由此应运而生。

（五）CBTA 的核心优势

1. 国内专业的篮球培训科研团队——CBTA 专家委员会团队

李春江

1990 年入选国家队并获得当年亚运会冠军。

2001 年开始成为广东宏远篮球俱乐部主教练，至 2013 年共带队拿下 7 个 CBA 总冠军。国家篮球高级教练员，现为浙江广厦男篮主教练。

王怀玉

原河北队球员，1994 年加入广东宏远队，1995—1998 年为 CBA 球员。2000—2006 年担任广东宏远青年队助理教练，2006 年担任广东青年队主教练，2013—2016 年担任广东宏远助理教练，2012 年被选为中国 U18 青年男篮主教练。

张勇（博士）

北京体育大学副教授，硕士研究生导师。工作单位：国家体育总局篮球运动管理中心。多次在全国篮球教练员培训班（中级班和高级班）任讲师和教研组组长；多次任测试组组长参与全国 CBA、WCBA 及全国青年男女篮的集训和测试工作；国家女篮备战 2012 伦敦奥运会督导组成员。

项明强（博士）

广州体育学院副教授。主要研究方向：运动心理学。广东省高等学校“千百十人才培养工程”培养对象；担任广东省职业鉴定中心心理咨询师考评员；广东中大职业培训学院心理咨询师培训讲师。

韦伟（博士）

研究方向：公共体育服务。主持国家社科项目“公众需求导向下的公共体育服务供给有效性研究”，并参与多项国家重点项目。

陆柳（博士）

研究方向：体育教育和篮球专项体能。国家女篮科研团队成员。主持国家体育总局女篮体能训练课题，并参与多项国家课题。

魏国梁（国际级裁判）

2007 年晋升国家级裁判，2009 年晋升国家 A 级裁判，2012 年晋升国际级裁判。获得 2016 年广东省联赛最佳裁判，CBA 现役裁判，曾执裁 2015—2016 赛季 CBA 全明星赛。

孟令刚（博士）

研究方向：体育产业。主持国家体育总局课题“体育品牌赛事培育发展中地方政府作用研究”。

丁青（博士）

研究方向：公共体育服务信息服务。国家社科基金重点项目“国家公共体育服务标准体系研究”主要参与者。

王红雨（博士）

研究方向：国民体质监测。主持教育部课题“全民健身国家战略背景下老年人体质健康综合评价及运动干预研究”。

曾海（博士）

研究方向：幼儿篮球教育。主持教育部课题“幼儿篮球体适能研究”。

2. 国内专业的篮球培训教练团队——CBTA 篮球培训专业教练团队

庞启蒙（篮球硕士）

被媒体誉为中国第 1 球探，中国篮协小篮球推广大使，广州体育学院篮球硕士，CBA 首位专职篮球技战术分析师。

姜勇（篮球硕士）

广州民航学院篮球主教练，副教授，篮球高级教练员，篮球一级裁判。2007年、2008年中国男篮督导组成员。

杜春杰（华南师范大学篮球教师）

中国青少年成长指导师（高级），华南师范大学幼儿园园长班体适能讲师，广东省少数民族体育协会竞赛部主任，广东省残疾人体育协会秘书长。

张辉（篮球硕士）

深圳大学篮球队主教练，篮球一级运动员，篮球一级裁判。曾在核心期刊发表多篇篮球训练方向论文。

彭伟（篮球硕士）

篮球二级运动员，篮球一级裁判，国家二级社会体育指导员。

李虎（篮球硕士）

从事篮球拓展培训多年，获拓展训练 TOT 证及安全指导资质证书、中国红十字会急救证书、国际户外体验式培训国际认证及安全指导资质证书。

史　建

山东运动家体育文化发展有限公司创始人，CBTA 营销总监，CBTA 山东区域负责人，CBTA 0—300 理论创始人。

邢振超（篮球硕士）

篮球二级运动员，篮球一级裁判员。

姜志军（篮球硕士）

广东工程职业技术学院篮球队主教练。篮球二级运动员，篮球一级裁判员。

刘阳（运动训练硕士）

篮球二级运动员，篮球一级裁判员。

孙雅琴（运动医学硕士）

河南女篮队医。

蔡军英

CBTA 幼儿篮球培训总监，广州励菁幼儿篮球总教练，从事一线青少年、幼儿篮球培训多年，目前主要负责 CBTA 幼儿篮球教研及教练培训。

3. 国内覆盖最广的青少年篮球赛事——CBTA 全国青少年篮球超级联赛

CBTA 全国青少年篮球超级联赛是由 CBTA（中国）篮球培训联盟创办的青少年精品篮球赛事，旨在为全国基层篮球培训机构和青少年篮球爱好者提供一个公开交流、学习的机会，希望通过实践比赛，激发青少年对篮球运动的热情和对梦想的追求，发掘有潜力的学员，为他们以后的篮球发展搭建更好的平台。

CBTA 全国青少年篮球超级联赛分为 3 个阶段，分别是市级分区赛、省级分区赛和全国总决赛。每个组别的冠、亚军球队将有资格参加下一阶段的分区赛，直至最后参加全国总决赛，其中 CBTA 核心会员有资格直接参加全国总决赛。

到今天，CBTA 全国青少年篮球超级联赛已经走过了 3 个年头，“2017—2018 赛季 CBTA 全国青少年男子篮球超级联赛”在全国 26 个省、自治区、直辖市的省级赛区掀起了篮球风暴，并于 8 月 7 日在山东邹城打响了 2017—2018 赛季 CBTA 全国青少年男子篮球超级联赛的总决赛。

（六）CBTA 能为篮球培训机构带来什么?

① 帮助机构降低运营成本，提供物美价廉的篮球专业装备。

② 免费提供专业教学大纲及课程、运动员等级评价体系等专业技术后盾，提高教学质量。

③ 通过培训可获得国家认证的教练员证书。

④ 实行地区保护，每区县只做一家最专业的篮球训练篮球培训机构，保证其利益最大化。

⑤ 不收取高额的加盟费用，同时享受免费专家咨询篮球相关专业知识。

⑥ 免费提供全国性质的比赛平台，使学员得到锻炼，同时借助球队冠名和赛场广告来提高培训班的知名度。

⑦ 人才输送全面打通，中学、大学、CUBA、CBA 无缝对接。提供 CBA、CUBA各职业球队的青少年梯队试训机会，篮球人才输送更通畅。

⑧ 共享媒体、外教、游学等专业资源，从而达到全面共赢的局面。

⑨ 近千元的趣培网培训教学管理软件免费使用，教学管理更高效。

（七）CBTA 未来发展计划

1. 初期发展

快速发展联盟数量；做好教练员培训、裁判员培训、篮训装备开发、CBTA 全国联赛、篮球游学等；标准公司化运营、CBTA 的 App 基础开发。

2. 中期发展

CBTA 体系打造：训练营开发体系、培训教育体系、篮训装备体系、全国赛事体系等；公司化运营升级，成立省级分公司/子公司，区域运营管理；CBTA 的 App 整体开发。

3. 后期发展

资本市场融资，借力，倍增，成为中国名列前茅的篮球培训专业服务平台，上市……

二、CBTA 内部会员管理规定

（一）教练员素质要素

1. 尊　重

要成为受孩子尊重的人，而不是让孩子感到害怕的人。

2. 责　任

把每一堂课都当成最后一堂课来上，你不仅传授篮球技术，更可能影响孩子的一生。

3. 耐　心

再令人头疼的孩子也有自己的闪光点，站在他的角度看看世界，别忘了你曾经也是个孩子。

4. 快　乐

运动让人快乐，这一刻你是“孩子王”，带领着他们享受篮球的快乐。

（二）教练员基本守则

1. 课前要求

① 检查场地安全。
② 提前两天熟练备课。
③ 提前到岗布置场地。
④ 教练员着装整洁并统一训练服。
⑤ 与助教分工明确。
⑥ 尊重家长，尊重学员。
⑦ 建立一个家长微信群，定期发布课程内容。

2. 课间要求

① 做好签到表。
② 严格执行课堂基本礼仪，不玩手机。
③ 不在训练场内吸烟，说脏话。
④ 严格要求学员。
⑤ 批评讲究艺术。
⑥ 做好家长的沟通服务工作。

3. 课后要求

① 安排值日生检查场地卫生，回收器材（归属感）。
② 确保每名学员由父母接走。
③ 签到表核实后发在家长微信群。

（三）学员基本守则

1. 课　前

① 装备要统一。
② 提前做好训练准备，备好水杯、毛巾、篮球、训练服、球鞋等。
③ 不迟到，不早退，不无故请假、旷课。

2. 课　间

① 遵守课堂纪律，为课堂打造良好训练环境。

② 教练员讲解时，要认真听讲，统一听口令。

③ 上课期间严格执行教练安排。

④ 上课期间身体感到不适，要及时告知教练。

⑤ “学打球先学好做人”，尊重教练，尊重家长，尊重队友。

3. 课 后

① 下课要跟教练员说再见。

② 认真复习课程内容，完成课后作业。

③ 有计划地自我训练，调整好作息时间。

④ 不懂就问，随时请教，做好笔记。

（四）家长基本守则

1. 课 前

① 叮嘱学员训练所需装备。

② 学员请假向微信群主教练申请。

2. 课 间

① 不得大声喧哗。

② 上课期间不得在场地随意走动。

③ 未经允许不得向学员递水、帮学员擦汗、让学员休息。

④ 未经教练员允许不得带学员离开场地。

3. 课 后

① 认真叮嘱学员完成教练员布置的作业。

② 遵守家长微信群管理规范。

（五）如何提升团队意识

① 准备活动前主教练讲述本节课的上课内容，讲解结束后和球队一起抱团，队长带头喊某某队，全体人员大声喊“加油”（要有仪式感）。

② 每次课安排 2 个游戏，准备活动或准备部分安排 1 个游戏，中间环节针对课程内容，设计 1 个游戏活跃课堂气氛，以激发学员对篮球的兴趣。（每个游戏

5～15 分钟）

③ 下课前教练员总结本次课的学习内容和大家的表现情况，以表扬为主地结束课程，全队抱团队长喊某某队，全队大声喊“加油”。（要有仪式感）

（六）如何提高训练质量

① 每次课必须组织比赛，结束部分前安排，比赛要求有奖惩（可积分制，设 MVP），教练员必须做好裁判和教练工作，可以吹停比赛直接讲解指导。

② 每节课安排投篮练习，重视投篮练习的重要性，想办法提高趣味性。

③ 多做技术、技能示范，帮助学员纠正错误动作。

④ 提供视频教学分析。

⑤ 每周开展教练员教研活动，包括培训、示范课、技术训练、比赛等，使所有教练员熟练掌握所有课程体系。

⑥ 定期参加 CBTA 教练员培训。

⑦ 课后及时总结、解答，并以视频形式留一定量的训练作业。

（七）比赛流程

队员赛前热身——记录台鸣哨，队员退场，教练布置战术——围一圈喊“加油”——升国旗，奏唱国歌——主持人介绍队员入场——队员、教练员相互握手致意——首发队员与裁判员握手致意——比赛跳球开始。

（八）比赛注意事项

比赛过程中，要服从教练员安排，严格执行教练员的战术安排。尊重裁判，尊重规则，服从判罚，严禁与裁判员发生争执。尊重队友，队友之间要精诚协作，努力拼搏，相互信任，相互鼓励，严禁相互抱怨。队友倒地时，如果比赛暂停，要及时跑过去搀扶。尊重对手，如若比赛过程中发生过大肢体接触或违例、犯规动作，要及时道歉或搀扶。

比赛结束后，双方队员都要相互握手以示友好。然后感谢裁判员，感谢教练员，感谢观众。最后要围一圈喊“加油”。教练员与队员要及时总结讨论，积累经验，发现问题，以便在今后的训练中去解决问题。